성서,
퀴어를 옹호하다

성서,
퀴어를
옹호하다

박경미 지음

성서학자가 들려주는 기독교와 성소수자 이야기

한티재

이 책을 쓰면서, 성소수자에 대한 차별과 냉대로

혼자 괴로워하다 삶의 줄을 놓아버린 사람들,

세상에 자신을 커밍아웃하고 차별에 맞서 싸웠던 사람들,

특히 육우당과 성소수자부모모임의

여러 분들을 떠올렸습니다.

부족한 이 책을 그분들께 바칩니다.

임보라

섬돌향린교회

2020년 여름, 포괄적 차별금지법 제정을 둘러싼 논쟁이 연일 이어지고 있다. 기독교에 서로 다른 하느님이 존재하는 것이냐며 교계의 찬성과 반대 입장을 바라보는 비기독교인의 시선 또한 뜨겁다. 이러한 시기에 책 제목부터 갈증을 해소해주는 『성서, 퀴어를 옹호하다』의 출판 소식은 그야말로 '복음'(기쁜 소식)이었다.

이 책은 한국 성소수자 인권 현황을 소개하고, "동성애를 반대"하는 근거로 늘 등장하는 성서의 구절들에 대한 다양한 해석을 담음으로써, 오늘이라는 현장에서 어떤 렌즈로 성서를 읽어야 할지 고민하는 수많은 그리스도인들의 숨통을 틔워준다.

한국 기독교 교단 중 8개 교단 이단대책위원회와 5개 교단으로부터 나에 대한 '이단 결의'가 있기 전부터 내가 강사로 초대된 강의에 대한 방해 공작이 왕왕 있어왔지만, 책에 등장하는 이화여자대학교와 이화여대 신학대학원 공동주최의 강연회는 가장 기억에 남는 사건으로 손꼽을 수 있다. 이렇게 폭력적으로 공격할 줄 몰랐다며, 하지만 절대 취소하지 않을 것이라는 결의에 찬 목소리로 오히려 나를 위로했던 당시 신학대학원 원장이었던 저자 박경미 교수는 결국 갖은 외압에도 꿋꿋하게 강연 약속을 지켜냈다. 이 책의 첫 부분을 읽어 내려가자마자 눈물이 흘러내리기 시작한 것은 당시 상황이 파노라마처럼 눈앞을 스쳐가서이기도 하지만, 시의적절하게 꼭 필요한 책을 써 내려가면서 기울였을 정성이 절절히 전해지기 때문이다.

"성서의 역사기술의 한 가지 중요한 특징은 가난하고 억압받는 사람들의 관점에서, 다시 말해 아래서부터의 관점에서 씌어졌다는 것이다. 아마도 이것이 역사의 주인은 하느님이라는 성서의 신앙고백의 실질적인 의미일 것이다."

"문자적 성서해석을 통해 동성애 혐오를 정당화하는 것은 성서의 권위를 인정하지 않는 것이다."

이는 성서신학자로서의 양심의 소리이며, 하늘 뜻을 울려내는 소리통이 된 한 신앙인의 호소이기도 하다.

이 책은 기독교인과 비기독교인 모두가 쉽게 읽을 수 있도록 되어 있으며 누구에게든 성서의 '참' 권위가 무엇인지 생각해볼 수 있도록 길잡이가 되어준다. 또한 성서를 내세워 누군가를 배제하고, 사랑이라 말하지만 듣는 당사자들에게는 혐오를 담은 폭력일 수밖에 없는 말들을 내뱉는 기독교 근본주의자들에게 경종을 울린다.

이 책이 하느님의 품마저 빼앗겼다 여기는 이들에게 단비와 같은 기쁜 소식이 되어주기를 기원한다.

자캐오

성공회 용산나눔의집(길찾는교회) 원장 사제

나는 2014년 신촌에서 진행된 제15회 서울퀴어문화축제의 퍼레이드 축복식을 계기로 성소수자 인권운동에 공개적인 연대를 시작했다. 그때 내 앞에는 임보라 목사님을 비롯해 참 많은 분들이 계셨다. 그분들이 모두 공개적인 활동을 하지는 못했지만, 우리는 우리가 만나고 믿고 따르는 하느님이 우리를 '은총과 환대, 사랑과 연대의 길'로 이끄는 분이라고 고백했다.

그리고 오늘 나는 박경미 선생님의 글을 읽으며, 또 다른 층위의 '환대와 연대'를 경험했다. "삶이 계명보다 우선한다. 예수는 삶의 곤궁 속에 있는 한 사람 한 사람에 주목하고, 그 곤궁으로부터 벗어나 생명을 구하고 존엄성을 지키는 것이 율법과 계명의 본뜻임을 천명했다." 이 대목을 읽으며, 내가 만나고 동행하는 예수를 이보다 더 간명하게 설명할 수 있을까 싶었다.

저자는 이 책의 1부에서 성소수자에 대한 이해를 돕기 위해 신뢰할 만한 많은 자료들을 성실하게 요약 정리해주고 있으며, 2부에서는 철저히 비평적 성서학의 입장에서 성서를 분석하되 이를 독자가 이해하기 쉽도록 안내해주고 있다. 성서 구절이 위치한 전체 맥락을 입체적으로 보여주면서, 성소수자 이슈에 논점이 되는 성서 구절들을 문자주의적 성서이해를 벗어나 입체적으로 이해할 수 있도록 돕는다. 또한 가부장제 중심의 가치와 구조를 '신적 율법'으로 여기는 고대 이스라엘의 반응이나 바울 사도가 대응하고 있는 상황과 맥락을 분석해, 현대를 사는 우리는 어떻게 이해하고 그 한계를 넘어서야 하는지 친절히 보여준다.

우리는 이 책을 통해 고대인들의 지혜와 한계는 그것대로 존중하되, 그들이 지키려 했던 '율법과 예언, 복음의 기본정신'을 오늘날에 어떻게 재해석하여 적용할 수 있는지 살펴 배울 수 있다. 그때로부터 지금까지 일관되게 응용할 수 있는 '보편 윤리'와, 시대적·사회적인 편견과 한계가 담긴 '금기'를 구분하는 지혜를 얻을 수 있다.

성서는 '사람'을 하느님께서 창조하신 존재라고 말한다. 시대나 사회, 교회의 한계와 편견 때문에 낯설고 잘못된 존재로 취급당해온 이들이 '신의 은총과 사랑, 환대' 앞에서 동등하며 특별한 또 한 명의 사람임을, 이 책을 읽는 이들은 확인하리라 믿는다. 신은 우리가 낯설게 만든 이들의 얼굴과 삶을 통해 우리에게 다가오기 때문이다.

"복잡하고 다층적인, 하나의 신비일 수밖에 없는 살아 있는 인간을 오로지 성적인 원리로 환원하여 기계적으로 규정하는 것은 그 자체로 폭력이며, 죄이다. 왜냐하면 그것은 살아 있는 이웃을 물건으로 대하는 것이고, 관계 자체를 포기하는 것이기 때문이다."

한채윤

비온뒤무지개재단 상임이사

　기독교인으로서 동성애에 대해 어떻게 접근해야 할지 망설이는 분이 있다면 이 책을 권한다. 성소수자로서 자신의 기독교 신앙을 지키고 싶지만 기독교 교리와 충돌하는 것 때문에 괴로워하는 분이 있다면 이 책을 꼭 읽어보시길 바란다. 평소 "동성애는 죄악이다"라는 말이 불편했지만 딱히 뭐라고 반박해야 할지 몰라서 답답했던 분들에게도 역시 필독서로 강력 추천한다.

　한마디로 말해, 『성서, 퀴어를 옹호하다』는 기독교와 성소수자 문제에 관심을 갖고 있는 독자들의 다양한 요구에 잘 부합하는 장점이 뚜렷한 책이다. 오랫동안 기독교인으로 살았지만 동성애는 나의 문제가 아니라고 생각하던 성서학자가 어느 날 마음이 불편해지기 시작했다. 자신의 종교인 개신교가 성소수자에 대해 광적인 혐오를 드러내는 것을 보면서 의문이 생겼고, 그래서 그전까지는 눈 돌리지 않았던 영역을 공부하고 고민했다. 책에는 이런 여정이 그대로 담겨 있기에 독자의 신앙 여부와 상관없이, 지적 탐구가 세상과 사람에 대한 이해를 얼마나 넓혀주는지 그 즐거움과 따뜻함을 누리게 해준다.

책의 1부에는 성소수자와 인권 등 여러 학문 분야에서 축적된 연구 성과들을 저자가 성실하게 읽고 공부한 내용이 담겨 있다. 그 덕에 독자들은 혼자서는 선뜻 가기 힘든 낯선 지식의 세계를 재미난 이야기를 들려주는 길동무와 함께 산책 나온 듯한 느낌으로 통과할 수 있다. 2부로 넘어가면 마치 구불구불한 산길을 지나 정상에 올랐을 때 탁 트인 풍경을 만난 것 같은 해방감을 느낄 수 있다. 성서학자답게 독자의 눈앞에 성서의 구절들을 생생하게 펼쳐서 보여주기 때문이다. 그 덕에 성서가 낯선 비기독교인이라고 해도 이해하기에 어렵지 않다.

2003년에 다니엘 헬미니악 교수가 쓴 『성서가 말하는 동성애』가 국내에 번역 출간된 적이 있다. 나는 당시 책의 출판기획을 맡았는데 '신이 허락하고 인간이 금지한 사랑'이란 부제를 추가했다. 신의 뜻을 빙자해 인간의 욕심으로 다른 인간을 미워하고 차별할 것인가, 신의 뜻을 새기며 같은 공동체의 일원으로 타인과 내가 평등함을 믿을 것인가. 이것이 지금 우리 시대에 던져진 숙제라면, 박경미 교수의 『성서, 퀴어를 옹호하다』는 탁월한 답변을 전해주는 반갑고도 귀한 도구다. 적절한 순간에 마침내 도착한!

평생 누군가를 위해서 글을 써본 적은 없는 것 같다. 이 책 역시 성소수자를 위해 쓰지 않았다. 그보다는 추락할 대로 추락한 한국 개신교가 너무 딱하고 짜증이 나서 분을 삭이는 심정으로 썼다는 말이 더 정확하다. 극우 개신교의 반동성애 운동은 한국 개신교의 실상을 적나라하게 보여준다. 죄는 미워하되 죄인은 사랑한다고 하지만, 그런 상투적인 수사 뒤에 혐오와 배제 의도가 감춰져 있다는 사실은 말하는 본인들만 모른다. 퀴어문화축제 때마다 깃발을 들고 나타나 입에 담을 수 없는 언사를 쏟아내는 극우 개신교인들은 차치하더라도, 주류 개신교 교단과 신학대학이 성소수자에 대한 혐오와 차별을 선으로, 신앙의 실천으로 여기는 조처들을 취하고 있다는 사실은 내게는 무엇보다도 한국 신학과 신학교육의 실패로 여겨진다.

성소수자와 관련한 주류 개신교계의 대응에는 죄와 구원에 대한 신학적 성찰만이 아니라 현대 사회에서 오래된 믿음의 전통을 지켜나가고자 할 때 제기되는 복잡한 해석학적 문제가 얽혀 있다. 오늘날 제기되는 윤리적 문제들과 관련하여 기독교 신앙의 본질은 어떻게 구현될 수 있는지, 인간과 사회, 구체적으로는 인간의 성과 성행태에 대한 과학적 지식을 신앙적으로 어떻게 수용할 것인지 역시 문제가 된다. 물론 이런 질문들에 대해 정해진 답은 없고, 신학적 관점에 따라 다양한 견해가 있을 수 있다. 그러나 아무리 다양한 견해를 인정한다 해도 토론을 하려면 상식적으로 동의할 수 있는 최소한의 공통의 기준점이 있어야 한다. 나는 그 최소한의 기준점이 성서에 대한 문자주의적 이해로부터의 탈피라고 생각한다. 문자주의적 성서해석에 매여 있는 한 실질적인 토론은 불가능하다.

성서는 인간과 인간의 구원에 관한 진리를 담은 책이지만 과학적으로, 역사적으로 많은 오류가 있는 책이다. 하느님의 진리는 인간의 불완전한 생각과 지식을 통해 알려지고 표현되고 기록되었다. 성서는 그것이 기록된 당시의 삶의 자리에 기초하고 있으며, 하느님의 음성은 그 시대의 소리로 들려진다. 따라서 성서의 기술을 문자 그대로 사실, 내지는 '하느님의 말씀'이라고 볼 수 없다. 이것은 성소수자 문제와 관련해서만이 아니라 다른 어떤 문제와 관련해서든 모든 기독교적 인식과 토론의 출발점이며, 실제에 대한 단순 명료한 사실적 인식에 속한다.

따라서 오늘의 인간 경험에서 볼 때 비진리인 것을 일부 성서 본문을 문자적으로 내세워 정당화해서는 안 된다. 부분적으로는 성서도 틀릴 수 있기 때문이다. 무조건적으로 성서를 정당화하는 것은 성서가 전하는 진리를 신뢰하는 태도가 아니다. 그리고 다른 한편으로는 오늘의 정의 관념에 억지로 성서 본문을 끼워 맞추려 해서도 안 된다. 그것 역시 지적으로 정직하고 겸허한 태도가 아니다. 설사 오늘의 정의 관념과 일치하지 않는다 하더라도 성서 저자가 무슨 말을 하려고 하는지 가감 없이 정확하게 읽는 것이 무엇보다도 선행되어야 하며, 다음에는 오늘의 윤리적 도전과 현실 인식에 입각해서 성서를 비판적으로 재해석해야 한다. 이것은 성서를 무시하는 것이 아니라, 죽은 문자에 대한 우상숭배에서 벗어나 성서를 살아 있는 사람들의 하느님 경험에 대한 이야기로 읽기 위함이다.

이러한 인식은 오늘날 성서를 읽을 때 상식이 되어야 한다. 그러나 우리나라에 개신교가 전해진 지 150여 년이 지났고, 대학에서 신학교육이 시작된 지도 그에 버금가는 세월이 흘렀는데, 여전히 일반 신자는 물론이고 다수의 목회자, 전문적인 신학자들까지 문자주의적 성서해석에 매여 있다. 아직 한국 개신교가 이 상식에 이르지 못한 것은 무엇보다도 목회자와 신학 전문가를 양성하고 신학적 여론 지형을 형성하는 신학교육의 실패라고 생각되며, 이 실패에는 나 역시 책임이 있다.

전문가와 일반 대중의 인식 차이는 모든 학문 분야에서 나타나지만, 신학 분야에서는 특히 그 격차가 심하다. 뿐만 아니라 신학적 관점의 차이 역시 극과 극이다. 아마도 그 차이는 해소되지 않겠지만, 비판과 성찰, 토론을 위한 최소한의 필요조건으로서 문자주의적 성서해석으로부터의 탈피는 절실하게 요구된다. 이것은 오늘날 한국 개신교의 존립의 문제이기도 하다. 이러한 절박한 인식이 내가 이 책을 쓰게 된 계기라고 할 수 있다. 게다가 지금 당장 개신교계가 포괄적 차별금지법 제정의 발목을 잡고 있다는 사실 역시 이 책을 쓰게 된 중요한 계기로 작용했다. 오랜 시간 대학에서 성서와 신학을 가르쳐온 사람으로서 책임을 다하지 못했다는 사실이 부끄러웠고, 그 피해를 성소수자가 입고 있어 그들에게 미안했다.

성소수자에 대해서는 이 책을 쓰면서 비로소 공부하기 시작했다. 처음 접하는 이야기들이 많았고, 용어나 개념도 낯선 것이 많았다. 이 분야의 지식 역시 빠른 속도로 진화해가고 있다는 느낌이 들었고, 따라가기 위해서는 많은 노력과 소통이 필요하다는 사실을 깨달았다. 게다가 '성소수자'라는 한 단어로 뭉뚱그리기에는 성소수자 안에도 너무나 많은 차이가 존재하고, 성적 지향과 성별정체성의 스펙트럼이 매우 넓다는 사실도 알게 되었다. 이러한 깨달음으로 인해 나의 의욕은 수시로 꺾였고, 그때마다 한티재의 오은지 선생은 부드럽고 끈질긴 목소리로 나를 설득했다. 이 책 1부를 쓸 수 있었던 것은 순전히 오 선생 덕택이지만, 다른 한편으로 내가 학자로서 자의식이 별로 강하지 않은 사람인 탓도 있다. 많이 부족하다. 이 분야에 대해 이미 정보가 있는 독자는 1부를 건너뛰고 2부를 읽으면 좋겠다.

사실 성소수자 입장에서 보면, 기독교 신앙 안에서 성소수자를 있는 그대로 받아들여야 한다고 논증하는 것 자체가 우습고 가당찮을 수 있다. 살아 있는 사람을 받아들일지 말지 논쟁하는 것 자체가 인간에 대한 모독이기 때문이다. 그래서 이 책이 성소수자 당사자에게는 충분히 이해받지 못하고 있다는 느낌을 주리라는 염려가 내 마음속에 있다. 당연히 그럴 것이다. 그러나 이 책은 성소수자를 위해서가 아니라 나를 위해 썼다는 말로 변명을 삼고 싶다. 조금이라도 미안한 마음을 덜고 책임을 감당하겠다는 의도가 컸다.

이 책의 초고를 성소수자 인권활동가인 김용민 님과 명희수 님, 한채윤 님, 한티재 식구 변우빈 님이 읽고 오류를 바로잡고 세세한 조언을 해주었다. 변우빈 님은 크라우드 펀딩을 위한 굿즈 디자인도 해주었다. 이분들의 도움이 있어 마음이 놓였다. 감사를 드린다. 그리고 2020년 1학기 갑작스러운 코로나 사태로 인해 '신약성서와 젠더' 수업을 동영상으로 들었던 이화여대 기독교학과 학생들과 그 외 수강생들, 남윤지 조교, 제자 장양미 박사와 정혜진 박사에게도 고마운 마음을 전하고 싶다. 그들은 매시간 강의를 듣고 질문과 소감을 올려주었고, 그것은 원고를 마무리하는 데 큰 자극이 되었다. 마지막으로, 끈질기게 원고를 기다리고 용기를 준 한티재의 오은지, 변홍철, 두 분이 아니었더라면 이 책은 나올 수 없었을 것이다. 두 분께 깊은 감사를 드린다.

2020년 7월
박경미

차례

제2부
성소수자와 성서

제1부

성소수자에 대한
오해와 진실

①

나는 어떻게 성소수자 문제에
관심을 갖게 되었는가

변화의 징후들

얼마 전 2020학년도 숙명여대에 합격한 트랜스젠더 학생이 입학을 포기하는 안타까운 일이 벌어졌다. 그는 "성전환 수술을 받고 주민등록번호를 바꾼 트랜스젠더도 당당히 여대에 지원하고 합격할 수 있다는 것을 보여주고 싶었다"고 했지만 결국 꿈을 이루지 못했다. 사회적으로 주목을 받았지만, 정작 숙명여대 페미니스트 학생들의 반대와 집단적인 괴롭힘이 입학을 포기하게 만든 결정적 요인이었다. 이 사건은 즉각 다른 페미니스트 집단의 반대운동을 불러일으켰고, 이른바 TERF Trans-Exclusionary Radical Feminism라는 용어를 내 머릿속에 각인시켰다. '급진적' Radical이라는 말이 이런 식으로 사용될 수 있다는 것도 기막혔지만, 누군가를 배제하고 혐오의 대상으로 삼는 데 어떻게 페미니즘이라는 말을 사용할 수 있는지 회의가 들었다.

학생들이 그런 태도를 취한 것은 한편으로 생물학적 성에 고착된 사고를 하는 데 그 이유가 있겠지만, 다른 한편으로는 이 학생들만이 아니라 우리 사회 전체에 성적 다양성과 성소수자에 대한 인식이 결여되어 있는 것 역시 중요한 이유라고 볼 수 있다. 우리나라의 성별 정정 절차라는 것 자체가 다른 나라에 비해 훨씬 까다롭고, 그 험난한 과정을 거쳐 법적으로 여성이 되었는데도, 그는 법으로도 넘을 수 없는 거대한 암벽 앞에 좌절하고 만 것이다.

이 사건과 거의 동시에, 휴가 중 성전환 수술을 하고 법적 성별 정정 절차를 밟고 있던 변희수 하사가 군 당국으로부터 강제 전역 당하는 일이 벌어졌다. 그는 여군으로 계속 복무하기를 원했고, 국가인권위원회도 전역심사를 연기하고 트랜스젠더 군인의 복무를 위한 관계 법령과 규정을 마련해야 한다고 권고했지만, 군은 막무가내로 남성 성기 상실을 심신장애로 보고 계속 복무가 불가능하다는 결정을 내렸다. 기자회견장에서 그는 눈물을 흘리며 "저 같은 트랜스젠더도 나라를 지키는 일을 하게 해달라"고 호소했다. 그의 성별 정정은 법원에서는 허락되었지만, 현실에서는 허락되지 않았다. 진취적이어야 할 젊은 여대생들과 가장 보수적이라고 여겨지는 군이 사실상 같은 태도를 보인 것은 쓴웃음을 짓게 만든다.

그러나 우리 사회 역시 변하고 있다. 이런 문제들이 사회적 이슈가 되고 있다는 사실 자체가 변화의 징후이며, 또 그것이 논의되는 방식 역시 예전과 다르다. 숙명여대 학생들에 대한 비판의 목소리가 여기저기서 나왔고, 변 하사의 경우는 수술 전에 미리 해당 부대에 알렸고 부대로부터 지지를 받았으며, 그가 복무했던 여단은 전역심사위원회에 변 하사가 복무에 적합하다는 의견을 냈다고 한다. 그의 전역 결정에 소속 부대는 "지켜주지 못해서 미안하다"고 말했다.[1] 지금 우리 사회는 성소수자의 존재를 인식해가는 중이고 그들에 대해 배워가는 중이다. 문제는 법과 제도, 인식의 변화를 위해 책임 있는 역할을 해야 할 정치인, 종교인들이다.

2018년 김성태 자유한국당 의원과 임태훈 군인권센터 소장 사이에 벌어졌던 일은 시사적이다. 당시 김성태 자유한국당 원내대표는 국군 기무사령부 문건 내용을 폭로한 군인권센터 임태훈 소장에 대해 그의 성정체성을 문제삼으며, 성정체성이 혼란스러운 사람은 군 개혁을 말할 자격이 없다고

---

1 「트랜스젠더 군인? 트랜스젠더 여대생? 방아쇠 당긴 성소수자 논의」, 『서울경제』, 2020.1.25. 이후 변희수 하사는 강제 전역 취소 인사소청 청구를 제기했지만, 국방부 인사소청심사위원회는 2020년 7월 3일 그가 제기한 청구를 기각했다.

했다.[2] 이런 발언이 한 국가의 국회의원 입에서 나왔다는 것은 믿기 힘들다. 대의제 민주주의에서 국회의원은 국민을 대표해야 하고, 성별정체성gender identity이나 성적 지향sexual orientation을 이유로 어느 누구도 차별 받아서는 안 된다는 것은 모든 국민의 헌법적 권리이기 때문이다. 그는 헌법수호기관의 일원으로서 자신의 의무에 입각해서 행동한 것이 아니라, 개혁에 반대하기 위해 성소수자에 대한 혐오를 이용한 것이다. 그런데 예전 같으면 성소수자를 혐오한 사람은 계속 의기양양하고 성소수자는 침묵한 채 뒤로 숨어 있어야 했겠지만, 임 소장은 가만있지 않았고 공당의 대표로서 폭언을 한 것에 대해 국민들에게 사과하라고 요구했다. 이 점이 예전과 다르고, 변화가 시작되고 있다는 징후이다. 그리고 그런 행동이야말로 변화를 앞당기는 촉매이다.

---

2 2018년 7월 당시 자유한국당 김성태 원내대표는 시민단체인 군인권센터 임태훈 소장이 국군기무사령부와 관련해서 연일 폭로문건을 발표하자 원내대책회의에서 임 소장에 대해 "성정체성에 혼란을 겪고 있는데 군 개혁을 주도하는 것은 어불성설"이라고 공개 발언을 했으며, "화장을 너무 많이 한 것 같다"고도 말했다. 이에 대해 임 소장은 기자회견을 열고 "김 원내대표는 성정체성 발언에 대해 사과하고 원내대표직을 사임해야 한다"고 발언했다.

성소수자와 기독교인들

우리 사회는 성소수자만이 아니라 장애인, 외국인노동자, 난민 등 다양한 소수자들을 동등한 사회구성원으로 받아들이는 데 매우 서툴다. 그중에서도 성소수자는 성과 관련된 우리 사회의 양극단적인 태도 때문에 더더욱 괴로움을 겪고 있다. 우리 사회는 성 문제와 관련해서 한편으로는 유교적 염결성廉潔性을 요구하지만, 다른 한편으로는 극단으로 치달은 자본주의 성상품화로 인해 어디서도 성적 자극을 피할 수 없는 섹스공화국이 되었다. 이런 이중적인 양 극단에 끼인 성소수자는 그 역시 다층적이고 복잡한 내면성을 지닌 한 사람의 전인全人임에도 불구하고 오로지 성적인 측면에서만 규정되고, 성적으로만 인식된다. 그래서 우리 사회에서 동성애자나 양성애자, 트랜스젠더는 유교적 염결성에 근거해서 성적으로 부도덕한 사람, 성도착자처럼 취급되는 동시에 다른 한편으로는 대중적이고 속물적인 성적 호기심, 관음증의 대상이 된다.

만일 내가 타인에게 오로지 성적인 존재로만 인식된다면, 나는 그것을 견딜 수 있을까? 성적인 층위는 한 인간의 삶에서 가장 본질적인 부분에 속하지만, 그렇다고 해서 한 인간을 성적인 층위에서만 이해해서는 안 된다. 인간을 어느 한

층위에서만 규정할 때는 언제나 모종의 폭력성이 개입된다. 누군가를 대하면서 일차적으로 그가 성행위에서 어떤 체위를 할 것인가부터 떠올린다면, 그리고 그도 상대방이 으레 자신을 어떻게 인식할지 이미 의식하고 있다면, 자연스러운 인간적 관계가 가능할까? 복잡하고 다층적인, 하나의 신비일 수밖에 없는 살아 있는 인간을 오로지 성적인 원리로 환원하여 기계적으로 규정하는 것은 그 자체로 폭력이며, 죄이다. 왜냐하면 그것은 살아 있는 이웃을 물건으로 대하는 것이고, 관계 자체를 포기하는 것이기 때문이다.

그런데 이러한 부당한 상황에서 기독교인들은 희생자를 옹호하기는커녕 비난하는 일에 앞장서고 있다. 그리고 그렇게 하는 데 성서가 가장 중요한 근거로 내세워지고 있다. 최근 코로나19 사태와 관련해서 불거진 신천지 교단의 문제에서도 볼 수 있듯이, 성서는 반사회적이고 비인간적인 자기 주장을 정당화하는 데 이용될 수 있다. 그리고 이때 늘 문제가 되는 것이 문자주의적 성서이해이다. 성서를 문자 그대로 사실로 받아들이는 것은 얼핏 기괴하고 우스꽝스러워 보일 뿐이지만, 그 결과는 매우 파괴적이다. 자신과 타인의 삶을 위기로 몰아넣고 이웃과의 관계에 단절을 가져올 수 있다. 그리고 성서해석과 관련해서 중요한 것은, 성서의 일부를 문자적으로 읽고 거기에 진리의 깃발을 세울 때 실은 반성서적인 결과를 가져올 수 있다는 것이다. 그러므로 성서 자체보다는 성서를 어떻게 읽느냐가 대단히 중요하다.

　　이러한 맥락에서 일련의 질문이 제기된다. 성서는 원래 어떠한 문헌인지, 성서는 역사적으로 어떻게 형성되었고, 또 역사적으로 어떻게 이용되었는지, 보다 근본적으로 성서라는 문서를 우리가 어떻게 읽어야 하는지, 즉 오늘날 세계와 인간의 문제들에 대해 성서에서 답을 구할 때 어떠한 접근 방법을 취해야 하는가라는 질문이다. 이러한 질문들을 우리는 성소수자 문제와 관련해서 다시 한번 제기할 필요가 있다. 그리고 이러한 질문들을 염두에 두면서 성소수자와 관련해서 문제가 되는 구체적인 본문들을 역사적으로, 비판적으로 해석해야 한다. 이와 관련해서 서구 성서학계에서는 이미 많은 연구가 축적되었고, 그 집대성이라고 할 수 있는 *The Queer Bible Commentary*(『퀴어 성서 주석』)[3]의 번역이 진행 중이라는 소식도 들었다. 하지만 우리나라에서 우리의 언어로, 쉽게 누군가 이 문제를 다뤄줘야 한다고 생각했다. 한동안 누구도 나서지 않았는데, 이 책을 쓰는 동안 허호익 교수와 김근주 교수의 책이 나왔다.[4] 어려운 작업을 용감하게 감당하신 두 분께 지

3　*The Queer Bible Commentary*, eds. Deryn Guest, Robert E. Goss, Mona West, Thomas Bohache (London: SCM Press, 2006).

4　김근주, 『네 이웃을 네 몸과 같이: 성경 주해와 해석 – 동성 성행위 본문을 어떻게 해석

지와 감사를 드린다.

현재 우리나라 교단 신학대학 소속 성서학자는 설사 뜻이 있더라도 자기 직을 걸지 않는 한 이 문제를 다루기 어려운 것이 현실이다.[5] 우리나라 주요 대형 교단에서는 동성애를 죄악시할 뿐만 아니라 동성애 및 성소수자 옹호 행위를 이단시하는 법을 제정했다. 따라서 주요 교단 소속 신학대학들에서는 학생이건 교수건 동성애를 옹호하는 발언이나 행동을 할 경우 징계와 퇴출을 당할 각오를 해야 한다. 그래서 그런지 오랫동안 한국 성서학계는 이 문제에 대해 침묵해왔다. 이러한 상황에서 평생 성서학으로 밥 벌어 먹고 살아온 사람으로서, 게다가 여성 신학자로서 내가 뭐라도 해야 하지 않나 하는 압박감을 수년간 느껴왔다. 그러나 정말 내가 이 일을 해야 하나 계속 망설였다.

할 것인가?』, NICS, 2020; 허호익, 『동성애는 죄인가: 동성애에 대한 신학적·역사적 성찰』, 동연, 2019.

5 이 책의 최종 교정작업 중 대한예수교 장로회(통합) 대전서노회 재판국에서 허호익 교수를 면직·출교 처분했다는 소식이 들려왔다. 허호익 교수의 저서 『동성애는 죄인가』가 문제가 된 것이다. 이 처분은 동성애에 대한 학적 연구조차 허용하지 않는 시대착오적인 경향을 드러낼 뿐만 아니라, 스스로 장자교단이라 자부하는 우리나라 주요 교단의 인식 수준이 어느 정도인지 적나라하게 보여준다. 게다가 허호익 교수가 이미 은퇴 교수이자 은퇴 목사라는 점을 감안하면, 이번 면직·출교 처분은 교단 지도자라는 사람들이 성소수자 문제와 관련해서 얼마나 바리새적 정죄 의식에 사로잡혀 있는지 보여준다.

성서학자로서의
부끄러움과 책임감

생각해보면 나는 성소수자 문제에 별 관심이 없었다. 내 나름으로 성소수자에 대한 차별은 말이 안 된다고 생각하고는 있었지만, 사실상 그것이 한 인간을 근원적으로 부정하는 것이며, 때로는 죽음으로 몰아넣을 수 있는 폭력이라는 사실을 깊이 자각하지는 못했다. 아니 그 정도가 아니라 젊은 시절에는 성소수자 문제, 동성애 문제를 신학적으로 다루는 것에 대해 1세계 신학자들의 한가한 소리라고 여겼다. 지금 이 땅에서 절박하게 제기되는 문제들, 가령 독재 정권을 끌어내리고 정치적 민주화를 이루는 일, 노동자들에 대한 착취와 빈곤, 통일 문제 등이 교회와 신학이 일차적으로 다루어야 할 정말로 중요하고 근본적인 주제들이라고 생각했다. 그런 주제들에 비하면 성소수자 문제는 부차적이고 사소한 문제로 여겨졌다.

내가 젊은 신학도로 한창 신학을 공부하던 시절은 군사 독재 시절이었고, 광주민주화운동은 시대의 심장을 관통했다. 정치적 억압과 물리적 폭력이 아무 거리낌 없이 행해졌던 그 시절, 특별히 운동권이 아니더라도 대부분의 젊은이들은 명백한 불의 앞에서 자신이 느끼는 도덕적 분노를 정치적 저항의식으로 키워갈 수 있었다. 누구는 잡혀 들어가고 누구는 고문으로 정신줄을 놓았다는 이야기는 그저 풍문이 아니라 한 다리만 건너면 알 수 있는 주변 인물들이 실제로 겪고 있는 일이었다. 우리 세대는 전태일에게서 이타적 삶의 고결함을 배웠고, 그것은 광주에 대한 도덕적 부채의식으로 이어졌다. 민중신학과 해방신학은 이러한 도덕 감정을 신학적 언어로 번역할 수 있는 훌륭한 도구를 제공해주었다.

그러나 군부정권과 민주진영이라는 양대진영으로 사회가 나뉜 상황에서 민주주의와 정의감을 배워가다 보니 도처에 복잡하게 그물망처럼 얽힌 다양한 문제들을 정치적 문제로 인식하고 실천하는 데는 둔했다. 뿐만 아니라 정치적 문제를 근본적인 인간의 문제, 나의 문제로 성찰하지도 못했다. 간단히 말해 나는 성소수자 문제를 민주주의와 정치의 문제로 자각하지 못했을 뿐만 아니라, 기독교인으로서 그것이 신앙과 신학의 문제임을 깨닫지도 못했다. 그래서 나는 오랫동안 그들의 목소리에 귀 기울이지 못했다. 20대 때 내가 성소수자 문제나 생태 문제는 1세계 여유로운 사람들의 한가한 문제라고 생각했던 데에는 이러한 이유가 있었다. 이러한 사정은 오늘날 20~30대가 이해하기 힘든 우리 세대의 경험이라고 할 수 있지만, 그러한 경험의 한계가 인식의 한계에 대한 변명이 될 수는 없다.

그러다 내가 성소수자 문제에 관심을 갖고 들여다보기 시작한 것은 성소수자 인권문제가 사회문제화된 이후였다. 2014년 서울시민인권헌장 제정이 개신교 집단에 몰고 온 광풍과 퀴어문화축제 때마다 벌이는 일부 개신교인들의 행태를 보면서 도를 넘어도 한참 넘었다는 생각을 하게 되었고, 그런 행동으로 인해 상처받고 또 한 번 좌절하는 사람들에게 몹시 미안한 마음이 들었다. 그리고 그동안 나 자신의 태도를 돌아보게 되었다. 조금만 생각해봐도 내가 성소수자들의 고통에 둔감했던 것은 그들의 고통의 크기가 작다거나 성소수자 문제가 사소해서가 아니라, 실은 구체적인 삶에 발 딛지 않은 채 추상적인 수준에서 이념적으로만 사물을 재단하던 나 자신의 습관, 그리고 거기 더해 성 문제를 공적 주제로 다루기를 꺼려하는 유교적 관념의 영향 때문이었다는 것을 금방 알 수 있었다. 그러니까 한편으로는 2000년대 이후 성소수자들 자신이 눈에 띄는 사회적 집단으로 부각되면서 그들의 목소리가 내 귀에 들려오기 시작했고, 다른 한편으로는 그러한 성소수자들의 목소리에 대한 개신교 집단의 테러에 가까운 행동을 보면서 나 자신을 돌아보게 된 것이다.

일차적인 감정은 부끄러움이었다. 성서를 공부하고 신학 교육을 담당하는 사람으로서 이 문제에 무관심했던 것이 부끄러웠다. 그러자 예전에 별다른 마음의 흔들림 없이 대했던 일들, 가령 이화여대 성소수자 동아리 '변태소녀 하늘을 날다'의 대자보를 기독교인 학생들이 훼손해서 이에 항의하는 대자보를 학생관에서 읽으면서 기막혀 했던 기억, 내가 가르치던 교양과목을 수강하던 학생이 자신의 성적 지향 문제로 내게 찾아와 어렵게 말문을 열던 기억 같은 것들이 떠올랐다. 성소수자 차별에 반대한다는 원론적인 입장에서 말하고 행동했겠지만, 당시 나는 그들이 당하는 괴로움에 진심으로 마음 아파할 줄 몰랐고, 일상화된 그들에 대한 차별에 분노하지도 않았다. 가슴으로가 아니라 머리로만 그들을 대했던 것이 미안하고 부끄럽다.

이제 인간에 대해 좀 더 솔직해지고 사물을 구체적으로 보게 되면서 한 인간의 삶에서 성적 층위가 지니는 의미에 대해 생각하게 되었고, 성적인 문제가 단순히 분리된 부차적 문제가 아니라 한 인간의 존재 전체와 결부된 문제임을 깨닫게 되었다. 성소수자 문제가 인간으로서의 존엄성과 권리, 즉 민주주의의 근본과 연결된 정의의 문제라는 것을 깨닫게 된 것이다. 그리고 신학이, 성서가 한 인간이 그 자신인 것을 부정하는 데 사용된다면, 그것은 잘못된 것이고, 바로잡아야 한다고 말할 의무가 신학자인 내게 있다고 느꼈다.

부끄러움에 더해서 의무감을 더욱 뼈저리게 느끼게 된 계기가 있었다. 2015년 나는 이화여대 신학대학원 원장직을 맡고 있었고, 당시 잠시 국내 체류 중이던 재미 성서신학자 이재원 교수에게 '성서와 여성'이라는 과목을 맡아달라고 하면서 한 학기 동안 '성소수자와 성서'라는 주제를 다루어달라고 부탁했다. 나로서는 신학대학원 학생들만이 아니라 이화여대 학부와 대학원의 많은 학생이 이 문제에 관심 갖기를 바랐기 때문에, 특별 예산을 편성해서 이 수업을 진행하는 중 다섯 차례 성소수자 인권운동가들을 초대하여 공개강연을 계획했고, 그 첫 번째 강연자가 임보라 목사였다. 학교 곳곳에 공개강연을 알리는 포스터를 붙였고, 아마도 그것이 반동성애 그룹에게까지 알려진 모양이었다. 이로 인해 신학대학원과 내가 소장을 맡고 있던 이화여성신학연구소, 그리고 총장실에까지 지속적인 항의 전화가 빗발쳤고, 그것은 거의 전화 테러에 가까웠다. 실제로 강연이 있기까지 약 일주일 동안 업무가 마비될 정도로 시달렸고, 당시 총장은 내게 직접 전화해서 강연을 취소해줄 것을 요청했다. 그러나 학생들과, 그리고 강연자와 했던 약속은 지켜야 했기 때문에, 무엇보다도 그러한 폭력적 행동은 부당하고 비열하다고 여겼기 때문에 나는 그 요청을 거부했고, 다섯 차례의 공개강연을 강행했다. 이 사건은 내게 성소수자 문제에 대한 민감성을 더욱 높이는 계기가 되었고, 특히 이화여대에서 신학을 가르치는 사람으로서 의무감 같은 것을 갖게 했다. 왜냐하면 교단의 지배로부터 자유로운 이화여대에서는 이 문제를 비교적 공정하고 자유롭게 다룰 수 있기 때문이다.

2015년의 그 경험으로 인해 나는 그동안 성소수자들이 당했던 억압과 폭력에 주목하게 되었고, 그 과정에서 개신교의 동성애 혐오로 인해 괴로움을 당했던 구체적인 사람들의 이야기에 접하게 되었다. 그것은 나를 더욱 부끄럽게 했고, 미력하나마 내가 가진 전문지식을 그들을 위해 사용해야겠다는 결심을 하게 만들었다. 그때 한티재 출판사의 변홍철, 오은지 선생으로부터 '성소수자와 성서'라는 주제로 간략한 입문서를 출간하자는 제의를 받게 되었고, 나는 흔쾌히 승낙했다.

그러나 성소수자 문제에 대한 책을 읽고 공부하면서 의외로 우리나라에도 관련 서적들이 꽤 많이 번역되고 저술되었다는 사실을 알게 되었다. 성소수자 인권과 관련한 저서들이 꽤 나와 있었고, 기독교권에서도 NCCK(한국기독교교회협의회)를 비롯하여 김준우 목사의 무지개신학연구소를 중심으로 성소수자 관련 서적들이 번역되고 있었다. 그 책들을 읽고는 이제 막 이 공부를 시작한 내가 굳이 책을 내는 것이 무슨 의미가 있을까 하는 생각을 했다. 왜냐하면 성서학자로서 앞서 나온 책들에 내가 뭔가를 덧붙여 새로운 해석을 한다는 것이 의미가 없을 정도로 이미 핵심적인 내용들이 주석적으로 밝혀졌기 때문이다. 이미 나온 책들을 내 나름대로 읽고 여기저

1. 나는 어떻게 성소수자 문제에 관심을 갖게 되었는가

기 옮겨 와서 쉽게 나의 문체로 소개하는 정도에 머물 수밖에 없어서 계속 망설였다. 또 단체활동이나 현장에는 체질적으로 맞지 않아 성소수자 운동을 앞장서 헌신적으로 해온 분들과 별 교류가 없었다는 점도 마음에 걸렸다. 이렇게 망설이고 포기하려는 나를 한티재의 오은지 선생이 끈질기게 설득하고 이끌어주었다. 오 선생은 한국의 성서학자가 자기 이름을 걸고 책을 내는 것이 성소수자들에게, 특히 기독교인 성소수자들에게 얼마나 의미 있고 힘이 되는지 간곡하게 설득했고, 나는 설득당했다.

이 책은 학자로서 내가 특별히 새롭게 밝히거나, 나 나름의 독특한 해석을 제시한 것이라고 할 수 없다. 단지 그동안 내가 공부했던 것을 요약하고 논쟁이 되었던 사안들의 갈래를 쉽고 분명하게 정리하여 내 생각을 밝힌 정도이다. 특히 1부 '성소수자에 대한 오해와 진실'은 처음에 책을 쓸 때 계획했던 것은 아니었는데, 이 책 한 권만 읽고도 성소수자에 대한 기본 상식을 가질 수 있도록 독자의 편의를 위해 집어넣었다. 그러나 공부를 하다 보니 단순히 편의상 필요한 게 아니라, 정확한 이해와 바른 실천을 위해 반드시 필요한 또 한쪽 날개라는 생각이 들었다. 그래서 더 용기를 냈다. 필자가 이 분야의 전문가도 아니고, 써놓고 보니 역시 부족하다. 부족한 부분은 나와 있는 다른 책들을 통해 채우시기 바란다.

성소수자 인권문제와 성소수자에 대한 의학적·사회적·역사적 이해와 관련해서는 한국성소수자연구회에서 출간한 『혐오의 시대에 맞서는 성소수자에 대한 12가지 질문』[6]이 쉽고 간명하게 잘 정리되어 있다. 게다가 이 책은 온라인에서 PDF 파일로 쉽게 내려받을 수 있으니 많이들 참고하면 좋겠다. 성소수자 문제와 관련한 성서해석으로는 무지개신학연구소에서 단행본 번역서들이 여러 권 나와 있고,[7] *The Queer Bible Commentary*가 영미계통에서 이 문제와 관련한 가장 방대하고 포괄적인 주석서라 할 수 있다. 이 책은 임보라 목사와 유연희 목사가 주도해서 현재 번역이 거의 완료된 것으로 알고 있다. *QBC* 번역이 출간되면 신구약성서 전체를 성소수자 문제와 관련해서 더욱 심도 있게 조명할 수 있을 것으로 보인다. 그 포괄적인 책이 나올 때까지 이 책이 누군가에게 미력하나마 도움이 되었으면 좋겠다.

---

6   이 소책자는 2019년 『무지개는 더 많은 빛깔을 원한다』(창비, 2019)라는 책으로 정식 출판되었다. 이 책의 출간과 함께 한국성소수자연구회는 준비위원회 딱지를 떼고 학술단체로 본격적인 활동을 시작하고 있다.

7   야마구찌 사토꼬, 『동성애와 성경의 진실: 무지개는 우리 가운데』, 양희매 옮김, 무지개신학연구소, 2018; 패트릭 S. 쳉, 『무지개신학: 인종, 섹슈얼리티, 영성 사이의 다리 잇기』, 이영미 옮김, 무지개신학연구소, 2019; 패트릭 S. 쳉, 『급진적인 사랑: 퀴어신학 개론』, 임유경·강주원 옮김, 무지개신학연구소, 2019; 저스틴 타니스, 『트랜스젠더와 기독교 신앙』, 김준우 옮김, 무지개신학연구소, 2019; 월터 윙크, 『동성애와 기독교 신앙: 교회들을 위한 양심의 질문들』, 한성수 옮김, 무지개신학연구소, 2018.

②

성소수자에 대한
오해들

오늘날 한국 개신교 집단의 극단적인 동성애 혐오는 한국 사회에서 개신교가 처한 위기 상황과 깊은 관련이 있다. 극우 개신교는 그동안 교회 세습, 목회자 성폭력, 교회와 신학교 사유화, 금권선거 등 부도덕한 행태가 자주 언론에 오르내리면서 사회적으로 지탄을 받게 되었을 뿐만 아니라, 이명박·박근혜 정권을 거치면서 수구 기득권 집단을 노골적으로 옹호하고 극우 이데올로기를 대변하는 정치화 경향이 강화되었다. 2000년대 들어 이들은 교회 문을 벗어나 직접 거리로 나와 태극기를 흔들어대기 시작했고, 이로 인해 우리 사회에서 극우 개신교 집단은 이기적이고 부도덕할 뿐만 아니라 사회적 이슈가 있을 때마다 거칠게 극우 이념을 대변하는 비이성적 집단으로 인식되었다. 그 결과는 1990년대 들어 개신교 신자 수의 감소현상으로 나타났고, 이것은 같은 기독교이면서도 신자 수가 증가하고 있는 가톨릭과 비교되었다.[8] 무엇보다도 양적 성장을 최우선으로 여겨왔던 개신교 입장에서 이것은 뼈아픈 경험이었다.

그런데 극우 개신교 집단은 자신들의 부도덕과 무능으로 인해 닥친 이 위기 상황을 반성과 내적 혁신의 기회로 삼기보다 사회적 소수자, 타자를 악마화함으로써 외부의 적을 만들고 이를 내부 응집력 강화의 계기로 삼고자 했다. 과거에는 그 일차적인 대상이 소위 '종북 좌파'였다면, 이제는 '동성애자'가 그 대상이 되었다. '동성애자'는 우리 사회를 타락시키는 악의 근원으로 악마화되었다. 좌파, 동성애자, 이슬람은 악마화의 단골 메뉴이다. 좌파에 대한 개신교의 공격은 역사가 오래지만 달라진 시대 상황에서 예전만큼 호응을 얻기 어렵고, 우리나라에서 이슬람을 접할 기회는 상대적으로 적기 때문에 극우 개신교의 반이슬람 운동은 사회적으로 큰 주

---

8 10년에 한 번씩 하는 종교 조사에 따르면 2005년 조사에서 개신교 인구는 861만 명이었다. 이는 1985년 648만 명, 1995년 876만 명이었던 것과 비교하면 15만 명 준 것이다. 반면 가톨릭은 295만 명에서 514만 명으로 급격히 늘었다. 그러나 2015년 조사에서 개신교 인구는 967만 5천 명으로 다시 늘어났다. 위기에 봉착한 개신교 집단의 공격적인 선교전략과 극우 정치참여가 이 기간의 신자수 증가와 어떠한 관련이 있는지 사회학적 분석이 필요할 것으로 보인다. 국가 통계청 홈페이지 참조. 〈http://kosis.kr/statHtml/statHtml.do?orgId=101&tblId=DT_1PM1502&vw_cd=&list_id=&scrId=&seqNo=&lang_mode=ko&obj_var_id=&itm_id=&conn_path=E1〉.

2. 성소수자에 대한 오해들

목을 받지 못한다.[9] 이러한 상황에서 성소수자는 극우 개신교의 주된 공격목표가 되었다. 반동성애 시위 때 등장하는 '종북 좌파 게이'라는 표현은 극우 개신교의 동성애 혐오가 개신교의 포괄적인 혐오전략의 일환임을 잘 보여준다. 즉 강력한 외부의 적을 만들어냄으로써 내적 응집력을 강화하고, 대사회적으로는 개신교가 도덕적 정화운동을 하고 있다는 인상을 주려는 것이다.

이처럼 퇴행적이고 불순한 시도가 성공을 거둘 리 없지만, 극우 개신교의 이러한 '동성애' 악마화 과정에서 동성애자와 성소수자들에 대해 사실에 기초하지 않은 잘못된 지식과 정보가 광범위하게 유포되고 있다. 극우 개신교에 대해 우호적인 사람이 아니더라도, 그리고 굳이 동성애에 대해 악감정을 가지고 있지 않다 하더라도 성별정체성과 성적 지향에 대해 정확하게 알고 있지 못할 때, 오해는 쉽게 혐오로 이어질 수 있다. 그러므로 극우 개신교 집단의 반동성애 운동으로 인해 널리 유포된 잘못된 정보들을 바로잡을 필요가 있다. 오늘날에는 동성애자 및 성소수자와 관련해서 심리학적·정신분석학적·의학적 연구가 상당히 진척되었고, 학계에서 일종

---

9   2015년 전북 익산에 할랄식품 공장이 들어선다고 했을 때 개신교 집단에서 반대서명 운동이 있었지만 큰 파장을 일으키지는 못했다. 「"이슬람 할랄식품 공장 설립 반대합니다" 온라인 서명 운동 확산」, 『국민일보』, 2016.1.9.

의 상식으로 합의된 내용들이 있다. 여기서는 그러한 상식에 근거해서 성소수자와 관련된 몇 가지 대표적인 오해들을 제시하고, 이를 비판적으로 검토하고 바로잡고자 한다.

동성애는 선천적인가, 후천적인가

흔히 사람들은 동성애와 이성애에 대해 서로 다른 기준을 적용한다. 대표적으로 이성애의 원인에 대해서는 묻지 않으면서 동성애에 대해서는 그 원인이 선천적인지 후천적인지 묻는다. 이성애는 정상이자 표준이고, 동성애를 비롯한 다양한 성소수자들의 정체성은 비정상이며 고쳐야 할 질병이기 때문에 병의 원인을 밝히겠다는 것이다. 나아가서 극우 개신교 반동성애 집단에서는 동성애를 고칠 수 있다고 주장한다. 탈동성애자라고 하는 이요나 목사가 대표적인데, 그는 동성애에서 벗어날 수 있으며 자신이 그 증거라고 한다. 이로 인해 기독교인 동성애자 가운데는 자신의 동성애적 지향을 고치기 위해 끔찍한 정신적·육체적 폭력에 자신을 내맡기는 경우들이 있다. 이 경우 몸과 마음이 만신창이가 되어 상처 입은 채 자살에 이르는 경우들도 있고, 정신이상 증세를 보이는 경우들도 있다. 지금도 반동성애 운동에 간판처럼 등장해서 동성애 전환치료를 주장하는 의사나 변호사들이 있지만, 전환치료가 효과도 없고 유해하다는 것은 국제적으로 공인된 과학적 사실에 속한다.

대체로 동성애를 질병으로 보고 고칠 수 있다고 주장하는 사람들은 동성애자의 성적 지향과 성별정체성이 후천적으로 형성된다고 주장한다. 반면 과거에는 성소수자의 인권을 옹호하는 측에서 동성애를 비롯한 성소수자들의 성적 지향과 성별정체성이 선천적이라고 주장하는 경향이 있었다. 그러나 한 인간의 성격이나 전반적인 기질이 선천적인가, 후천적인가 하는 질문에 양자택일적으로 답할 수 없듯이, 동성애를 비롯한 성소수자의 성적 지향과 성별정체성이 선천적인가, 후천적인가라는 질문에도 양자택일적으로 답할 수 없을 것으로 보인다. 한 인간의 성격이나 기질이 유전적 요인만이 아니라 환경적 요인, 즉 가정과 학교, 친구집단을 비롯한 사회, 국가 등과의 관계 속에서 헤아릴 수 없이 많은 복합적인 요인들에 의해 형성되고, 또 하나의 성격이나 기질로 고정되는 것이 아니라 변하기도 하듯이, 한 인간의 성적 지향이나 성별정체성의 형성 역시 선천적 요인과 후천적 요인이 복합적으로 작용해서 이루어질 것이다.

윤가현에 따르면 과거에는 세 가지 모델을 중심으로 동성애의 원인에 대해 논의했다. "첫째 정신분석학적 모델에서는 부모의 배경, 자녀 양육 방식, 가족의 운명, 근친상간으로부터의 도피 등의 개념을 적용했다. 둘째로 학습 모델에서는 이성으로부터 받은 부정적 경험, 학습된 공포나 혐오에서 비롯된 동성애에 대한 집착, 청소년기에 간접적으로 경험한 내용 등이 포함되었다. 셋째로 생화학적 모델에서는 호르몬이나 생리적인 차이들로 동성애 지향을 설명했다."[10] 그러나 이러한 주장들은 서로 모순되거나 실증적 연구 결과들에 의해 자주 반박되었다. 가령 유년시절의 동성애적 경험이 그가 나중에 게이가 되는 것과 상관이 없고, 상당수의 이성애자인 남성들이 어린 시절 동성애적 행위를 경험한 반면 상당수의 게이 남성들은 그러한 경험이 없었다.[11] 윤가현에 따르면 오늘날 학계에서 동성애 원인과 관련해서 이 세 가지 모델 중 생화학적 모델이 상대적으로 나머지 두 가지에 비해 설득력을 얻고 있다. 가령 일란성 쌍생아 간의 동성애 일치율은 일반 형제들 간의 일치율보다 훨씬 높은 50% 정도이다.[12] 즉 동성애적 성적 지향은 생의 초기에 작용하는 유전이나 생리학적 영향에서 비롯된다는 것이다. 그럼에도 불구하고 대개의 학자들은 생물학적·생화학적 요인이 결정적이라는 결론을 내

10 윤가현, 『동성애의 심리학』, 학지사, 1997, 146면.
11 위의 책, 139면.
12 위의 책, 142면.

리지는 않는다. 왜냐하면 앞서 말했듯이 다양한 선천적·후천적 요인들의 복합적인 결과로 성적 지향과 성별정체성이 나타나고, 그 원인은 개인에 따라서 다를 수 있기 때문이다. 그래서 오늘날 대부분의 심리학자들은 "개인의 성적 지향이 이성애, 양성애, 동성애로 발달되는 정확한 이유에 관해 과학자들 간에 일치된 의견은 없다"[13]고 단언하고 있다.

그보다 심리학자들이 주목한 것은 동성애자를 비롯한 성소수자들이 자신의 성적 지향을 선택한다는 느낌을 갖지 못하거나 아주 약하게 느낀다는 사실이다.[14] 동성애가 선천적인가, 후천적인가라는 논쟁과 상관없이 동성애나 특정 성적 지향이 선택사항인가 하는 문제가 실제로는 더 중요하다. 이 질문과 관련해서 미국소아과학회는 다음과 같이 정리했다. "이 분야의 대다수 학자들은 성적 지향이 스스로의 선택에 의한 것이 아니라고 단언한다. 즉, 개인은 선택에 의해 동성애자 또는 이성애자가 되지 않는다는 뜻이다. … 지금까지 밝혀진 바에 따르면 성적 지향은 대개 아동기 초기에 형성된다."[15]

---

13 American Psychological Association(2011), *Sexual Orientation and Homosexuality: Answer to Your Questions for a Better Understanding*. 한국성소수자연구회(준), 『혐오의 시대에 맞서는 성소수자에 대한 12가지 질문』, 2016, 42면에서 재인용.

14 위의 책, 43면.

15 위의 책, 42면.

즉, 성적 지향은 유전적 요소와 환경적 요소가 함께 작용하여 아동기 초기에 형성되며, 따라서 자신의 성적 지향을 인지하게 되는 10대에는 이미 개인이 자신의 성적 지향을 선택할 수 없다는 것이다.

그러므로 우리가 귀 기울여야 할 것은 동성애자를 비롯한 성소수자들 자신이 스스로에 대해 어떻게 이야기하느냐이다. 그들은 "우리는 우리의 성적 지향을 발견했다. 우리가 선택한 것이 아니다. 그리고 우리는 이것을 바꿀 수 없다"[16]고 말한다. 사실 선택이 가능하다면 누가 굳이 그런 험난한 길을 선택하겠는가. 이성애자로서 내가 이성애자가 되기로 선택한 기억이 없듯이, 동성애자 역시 동성애자가 되기로 선택한 것이 아니라 그저 어느 순간 누군가에게 끌리고 그가 좋아진 것이다. 그리고 누군가에게 끌리고 좋아하는 것은 좋은 일이다. 그것은 막을 수도 없고 막아서도 안 된다.

동성애는 고칠 수 있는 질병이다?

근대의학이 형성되기 이전에도 당연히 동성 간 성행위

---

16   알렌 브래쉬(1995), 『우리들의 차이에 직면하다: 교회 그리고 게이, 레즈비언 교인들』, 한국기독교교회협의회 옮김, 한국기독교교회협의회, 2017, 29면.

는 존재했지만, 사람들은 그것을 질병으로 인식하지 않았다. 근대 이전 서구 기독교 사회에서 동성 간 성행위는 질병이 아니라 창조질서를 어지럽히는 범죄행위로 여겨졌다. 그래서 사회적 위기 때마다 그런 사람들을 손쉬운 희생양으로 삼곤 했지만, 나름대로 그들을 용인하고 함께 살아가는 지혜도 있었다. 동성애를 질병으로 보게 된 데는 근대 이후, 특히 19세기 정신분석학의 영향이 컸다. 정신분석학에 의해 동성애가 정신질환의 하나로 규정되면서 동성애자를 비롯한 성소수자는 단순히 소수의 좀 특이한 사람이 아니라 '비정상'이라는 인식이 굳어졌다. 그러나 1970년대 이후 동성애를 비롯한 성소수자의 성적 지향과 성별정체성에 대한 의학적 연구가 활발하게 이루어졌고, 1973년 미국정신의학회는 동성애가 정신질환이 아니라고 선언하기에 이르렀다. 이후 적어도 공인된 학계에서는 더 이상 동성을 대상으로 한 성적 지향과 행동을 병리적 현상으로 취급하지 않는다. 이것은 이미 수십 년 전에 과학적 사실로 확정된 사안이다.

1973년 미국정신의학회는 정신병 목록에서 동성애를 삭제하면서 다음과 같은 결의안을 채택했다.

동성애가 그 자체로 판단력, 안정성, 신뢰성, 또는 직업 능력에 결함이 있음을 의미하지 않으므로, 미국정신의학회는 고용, 주택, 공공장소, 자격증 등에서 동성애자에 대해 행해지는 모든 공적 및 사적 차별에 개탄하며, 그러한 판단력, 능력, 신뢰성을 입증해야 하는 부담을 다른 사람들에 비해 동성애자에게 더 많이 지워서는 안 된다고 선언하는 결의안을 채택한다. … 또한 미국정신의학회는 서로 합의한 성인들 사이에 사적으로 행해지는 성행위를 형사처벌하는 모든 법률을 철폐할 것을 지지하고 촉구한다.[17]

동성애는 고쳐야 할 질병이 아니며, 어떠한 차별도 있어서는 안 된다는 것이다. 또한 1987년에 미국정신의학회는 DSM(정신질환 진단 및 통계 편람) 목록에서 동성애를 완전히 삭제했다.[18] 세계보건기구도 1990년 ICD(국제질병사인분류) 목록에서 동성애를 삭제했다. 동성애는 정신병이 아니라 성 행동의 정상적 변형이라고 인정한 것이다. 동성애자가 이성애자에 비해 높은 범죄율을 보인다거나 신경성 질환을 앓고 있지도 않다고 한다.[19]

---

17 American Psychological Association(2011), *Sexual Orientation and Homosexuality: Answer to Your Questions for a Better Understanding*. 한국성소수자연구회(준), 앞의 책, 39면에서 재인용.

18 김지학, 『인권옹호자 예수: 성경과 성소수자』, 생각비행, 2018, 116~117면.

19 동성애자의 자살률과 알코올 중독율이 높은 것은 사회적으로 배척당하고 억압받기 때문이라고 해석된다. 알렌 브레쉬, 앞의 책, 26~27면.

그러므로 오늘날 의학적으로나 정신분석학적으로 동성애나 성소수자의 성적 지향이 고쳐야 할 질병이 아니며, 고칠 수도 없다는 데 대해서는 전반적인 학계의 동의가 이루어져 있다.[20] 단순히 의학, 심리학만이 아니라 1970년대 이후 거의 50년 동안 축적된 성과학, 여성학, 사회학 등 다양한 학문 분야의 연구를 통해 오늘날 동성애가 고쳐야 할 질병이 아니라는 것은 상식이 된 것이다. 또한 현재까지 효과가 입증된 동성애 전환치료는 존재하지 않으며, 성적 지향을 억지로 바꾸려는 치료는 치료 대상자의 우울, 불안, 자살 시도 등을 증가시켜 오히려 동성애자의 정신 건강을 악화시킬 수 있다는 것이 공인된 견해이다.[21]

그럼에도 불구하고 동성애를 질병으로 보는 사람들은 여러 가지 방식으로 동성애를 고칠 수 있다고 여겼고, 실제로 그러한 시도를 했다. 정신분석, 호르몬 요법, 거세와 음핵 제거, 전두엽 절제술 등이 동성애를 치료한다는 명목으로 시도되었다.[22] 한 예로 펠드먼 J.F. Feldman 등에 의해 고안된 방식

---

20 "세계보건기구는 동성을 대상으로 한 성적 지향을 인간 섹슈얼리티의 정상적인 형태로 인정했으며(WHO 1992), 유엔인권이사회 역시 레즈비언, 게이, 바이섹슈얼, 트랜스젠더의 인권을 존중한다고 선언했다(2012)." 한국성소수자연구회(준), 앞의 책, 40면.

21 한국성소수자연구회(준), 앞의 책, 44면.

22 V. Clarke, S.J. Ellis, E. Peel & D.W. Riggs, *Lesbian, Gay, Bisexual, Trans and*

이 있다. 이 방법에 따르면 게이 남성에게 여러 남녀 사진을 보여주고 그가 매력을 느낀 남자의 사진을 8초 정도 제시하면서 그 사진을 보는 동안 고통스러운 전기충격을 가한다. 그 게이 남성은 전기충격을 피하려면 재빨리 버튼을 눌러 다음 사진이 나오도록 해야 한다. 이런 식으로 몇 차례 훈련을 거듭한 게이 남성들 일부가 나중에 동성을 혐오하게 될 것이라는 논리다. 1970년대까지 미국에서도 이러한 치료가 행해졌다고 한다. 그러나 이런 치료를 받은 사람들 중 일부 게이 남성들이 나중에 여성과 성관계를 시도하는 경우도 있었지만, 그들이 동성에게 끌린다는 사실까지 바꾸지는 못했다. 결국 1990년대 들어서는 게이들의 성적 지향을 변화시키려고 고안된 프로그램들이 거의 사라졌다.[23] 전환치료 이야기는 들으면 들을수록 과학이 아니라 '바보놀음' 같지만, 누군가의 코미디가 성소수자들에게는 삶을 파괴하는 '잔혹극'이 된다.

반동성애 운동을 하는 사람들은 지금까지도 '동성애 전환치료'를 주장한다. 전환치료가 실제로 가능해서라기보다는 반동성애 운동을 계속하기 위해서는 이론상 전환치료가 가능해야만 하기 때문에 그럴 것이다. 문제는 그로 인해 사람들이

Queer Psychology: An Introduction (Cambridge: Cambridge University Press, 2010). 한국성소수자연구회(준), 앞의 책, 54면에서 재인용.

23 윤가현, 앞의 책, 147~148면.

혼란에 빠지고, 아무 효과 없고 안전성에도 의문이 있는 치료에 매달리게 된다는 것이다. 이와 관련해서 논란을 종식시키는 명백한 사실을 한 가지 이야기할 수 있다. 그것은 '엑소더스 인터내셔널'Exodus International의 폐쇄이다. '엑소더스 인터내셔널'은 1976년 설립된 이후 미국과 캐나다에 250개 지부를 두고 그 밖의 17개국에 150여 개 지부를 가지고 있던 가장 큰 탈동성애 운동 단체로, 동성애 전환치료를 주도해왔다. 그런 '엑소더스 인터내셔널'이 지난 2013년 그동안 자신들이 저지른 과오에 대해 성소수자 커뮤니티에 사과하는 글을 발표하고 공식적으로 문을 닫았다. 그 사과문에서 '엑소더스 인터내셔널'의 회장인 알란 챔버스는 자신들이 무지로 인해 동성애를 치료의 대상으로 여겨왔고, 그 결과 성소수자들에게 도움보다는 상처를 주었다고 고백했다.[24] 이러한 사정 때문인지 미국에서는 근본주의적인 보수 집단도 전환치료를 주장하지는 않는다. 가령 최근 우리말로 번역되어 나온 『동성애에 대한 두 가지 견해』라는 책에는 동성애에 대한 다양한 견해들이 나오지만, 이 책에 글을 실은 복음주의자들도 동성애는

---

24 한국성소수자연구회(준), 앞의 책, 43~44면. 미국의사협회는 "동성애를 그 자체로 정신 장애로 가정하거나 환자가 자신의 동성애적 성적 지향을 바꾸어야 한다는 선험적 가정에 근거한 소위 '교정치료' 또는 '전환치료'에 반대한다"는 내용의 보고서를 공식적으로 발표하기도 했다. 앞의 책, 44~45면.

고칠 수 있는 질병이 아니라는 인식을 공유하고 있다.[25]

성적 지향을 선택하는 것도 아니고, 동성애가 고칠 수 있는 질병도 아니라면, 무엇보다 중요한 것은 동성애자를 비롯한 성소수자들이 우리 옆에 하나의 실체로서 존재하고 있다는 사실을 인정하는 것이다. 1948년과 1953년 미국의 성 연구 학자 알프레드 킨제이Alfred Kinsey가 5만 명을 대상으로 연구한 결과를 보면 "37%의 남성들이 일생의 어느 시점에서 동성애적 접촉을 했으며, 13%는 3년 동안 이성 접촉보다 동성애적 접촉을 더 많이 가졌고, 4%는 일생 동안 오로지 동성애적 접촉만 했다고 밝혔다. 또한 여성의 28%가 동성에게 성욕을 느낀 적이 있으며, 13%가 동성애적 관계를 경험했다".[26] 동성애자를 비롯한 성소수자는 우리 옆에, 우리 가운데 있다.

---

25 윌리엄 로더, 메건 드프란자, 웨슬리 힐, 스티브 홈스, 『동성애에 대한 두 가지 견해』, 양혜원 옮김, IVP, 2018.

26 Alfred Kinsey, Wardell Pomeroy, Clyde Martin, *Sexual Behavior in the Human Male* (Philadelphia: W.B. Saunders Company, 1948), 638. 킨제이 보고서는 남성의 성행태를 조사한 앞 책과 여성의 성행태를 조사한 다음 책으로 이루어졌다. Alfred Kinsey, Paul Gebhard, *Sexual Behavior in the Human Female* (Philadelphia: W.B. Saunders Company, 1953).
킨제이는 인간의 성 행동을 설명하기 위해 0부터 6까지의 척도를 제시하고 0이 완전한 이성애자이고 6이 완전한 동성애자라고 규정했다. 이것은 동성애자와 이성애자는 단순한 범주로는 많은 사람들의 성과 삶의 복잡성을 정확히 설명할 수 없다는 것을 말해준다. 인간의 삶은 복잡하고 인간의 성 역시 복잡하다. 이성애자나 동성애자라는 이분법적 범주로는 인간 성의식과 행태의 복잡성을 이해할 수 없다. 사실 그의 연구에서 진정으로 중요한 것은 이 대목인지도 모른다.

모두가 동의할 수 있는 불변의 정확한 수치를 확보하는 것은 사실상 불가능하지만, 중요한 것은 소수이지만 이들이 존재한다는 사실이다. 인간이 존재해온 이래 동성애자를 비롯한 성소수자는 늘 있어왔다. 뿐만 아니라 오늘날 생물학자들은 인간만이 아니라 1500여 종에 이르는 동물들에게서 동성애가 나타난다는 사실을 입증해주었다. 코끼리, 기린, 펭귄 등은 대표적인 예이다. 역사적으로도 모든 문화에서 동성애를 죄악시한 것이 아니라 문화에 따라 동성애를 오히려 이상적인 관계로 보아온 전통도 있다.[27] 알려져 있듯이, 고대 그리스에서는 남성 간의 사랑을 부정적으로 보지 않았으며, 플라톤은 『향연』에서 젊은 남성과 철학자의 사랑을 이상적인 사랑으로 기술했다. 또한 사회적·법적 지위에 상관없이 상당수의 위대한 예술가, 작가, 성직자가 동성애자였다. 동화작가 안데르센, 화가 레오나르도 다빈치, 미켈란젤로, 그리고 프란시스 베이컨, 에라스무스, 신학자 안셀름, 작곡가 차이코프스키, 경제학자 존 메이너드 케인즈, 시인 월트 휘트먼, 도스토예프스키, 버지니아 울프, 배우 그레타 가르보 등 동성애자 내지

---

27 오히려 근대 자본주의 사회 이후 성기중심 사회가 되면서 동성애에 대한 극단적인 혐오가 확대되고, 동성애자 이미지가 여성화된 남자의 이미지가 되었다. 서양의 경우 중세 후기 이전, 즉 12세기 이전에는 동성사회 문화가 지배적이었기 때문에 동성애 현상을 용인하는 측면이 있었다. 루이-조르주 탱, 『사랑의 역사: 이성애와 동성애, 그 대결의 기록』, 이규현 옮김, 문학과지성사, 2010, 73면.

양성애자의 목록은 계속 이어질 수 있다. 이들을 모두 비정상적 죄인이라고 규정할 수는 없다. 그러므로 인종과 계급, 교육 정도, 성적 차이를 막론하고 언제 어디서나 비록 소수이지만 동성애자를 비롯한 성소수자가 존재했다는 사실을 인정하는 것이 중요하다. 성소수자는 존재하며, 성소수자로서 그들은 특별히 더 부도덕하지도, 다른 사람들보다 더 불법을 행하지도 않는다. 그렇다면 그들을 있는 그대로 인정하는 것이 인간답다.

동성애는 에이즈를 유발한다?

동성애자가 에이즈(후천성면역결핍증)를 전염시킨다는 것은 지금까지도 널리 퍼져 있는 잘못된 정보 중의 하나이다. 에이즈는 동성애자들에 의해 초래된 질병이며, 동성애에 대한 하느님의 벌이라는 것이다. 우리나라에서는 극우 개신교의 반동성애 집단이 에이즈에 대한 공포를 이용해 성소수자에 대한 혐오와 차별을 선동하고 있다. 최근 코로나19 사태와 관련해서도 확인할 수 있었듯이[28] 전문가들에 따르면 이러한

---

28   2020년 5월 팬데믹 코로나19 사태가 어느 정도 잠잠해진 무렵 이태원 클럽에 갔던 젊은이들을 통해 감염자 수가 다시 증가하는 상황이 벌어졌다. 개신교 계통 신문인

행동은 에이즈의 예방과 치료에 커다란 장애가 된다. 왜냐하면 그 경우 환자가 오히려 숨어버려서 적절한 치료를 받을 시기를 놓칠 수가 있기 때문이다. 에이즈에 대한 효과적인 예방과 치료를 위해서도 성별정체성이나 성적 지향에 근거한 차별이 사라져야 한다.

에이즈를 동성애자들의 질병으로 보게 된 것은 에이즈가 처음 보고되기 시작한 1980년대에 에이즈 환자 중 다수가 남성 동성애자였던 것과 관련이 있다. 미국질병통제센터CDC: Center for Disease Control에서는 최초의 에이즈 환자가 보고된 1981년부터 1985년까지 11,781명의 환자가 발생하여 49.8%가 사망했으며, 환자들의 73%가 게이 남성과 양성애자인 남성이라고 발표했다.[29] 당시에는 원인인 HIV의 존재를 몰랐기 때문에, 동성애자들에게 흔하게 나타나는 감염질환이라는 뜻으로 동성애 질환Gay-Related Immune Deficiency; GRID이라고 불리기도 했다.[30] 이것은 아마도 게이 남성들의 특정 성행태가 HIV 감염 가능성을 높이기 때문이라고 할 수 있다. 에

『국민일보』에서는 이 클럽이 게이바라는 기사를 올렸고, 이로 인해 검사에 응하지 않고 숨어버리는 사람들이 생겼다. 성소수자에 대한 우리 사회의 편견과 이를 부추기는 개신교 언론으로 인해 질병에 대한 대처가 어려워지게 된 것이다.

29   윤가현, 앞의 책, 220면. Claudia Wallis, "AIDS: A Spreading Scourage", *Times*, August 5. 1982, 50-51.

30   한국성소수자연구회(준), 앞의 책, 47면.

이즈 발생 초기에 아직 의학적으로 그 원인이나 감염경로가 밝혀지지 않은 상황에서 아무런 보호나 예방조처 없이 이 질병 감염 가능성이 높은 위험한 성행위를 행하는 경우가 많았기 때문이라고 할 수 있다.[31] 어쨌든 이로 인해 에이즈와 동성애와의 연관성이 매우 긴밀한 것으로 인식되었고, 이것은 다시 동성애에 대한 혐오와 차별로 이어졌다.

그러나 오늘날에는 에이즈의 원인과 감염경로가 밝혀졌고, 치료방법도 확립되어서 에이즈는 당뇨병이나 고혈압 같은 만성질환처럼 관리 가능한 질병으로 알려져 있다. 동성애가 에이즈의 원인이 아니라는 사실은 오늘날 많은 연구를 통해 밝혀졌다. 이미 1983년에 HIV Human Immunodeficiency Virus(인간 면역결핍 바이러스)가 원인 바이러스임이 밝혀졌고,[32] HIV 감염 이후 질병이 진행되어 여러 증상이 나타나는 경우를 AIDS Acquired Immune Deficiency Syndrome(후천성면역결핍증)라고 부

---

31 J. Vincke, R. Bolton, R. Mak et. al.(1993), "Coming Out and AIDS-related High-Risk Sexual Behavior", *Archives of Sexual Behavior*, 22, 559-586.

32 "현재 한국 사회에서는 혼용하여 쓸 때가 많지만 HIV와 에이즈는 같은 말이 아니다. 에이즈는 HIV에 감염된 후 바이러스에 의한 질병이 진행되어 나타나는 면역결핍 증후군을 말한다. 에이즈 환자란 면역체계가 일정 수준 이하(면역세포 수가 200cell/mm³ 이하)로 손상된 사람과 그 결과 나타나는 면역과 관련한 특정 질병이나 증상으로 인해 몸이 아프게 된 사람을 말한다. 그래서 에이즈 '환자'라고 한다." 김지학, 앞의 책, 120~121면.
이 밖에도 데이비드 콰먼, 『인수공통 모든 전염병의 열쇠』, 강병철 옮김, 꿈꿀자유, 2017, 473~612면에는 HIV 바이러스의 발견 과정에 대한 이야기가 마치 한 편의 소설처럼 흥미진진하게 기술되어 있다.

른다. 그러니까 에이즈는 동성애자들이 퍼뜨리는 것이 아니라 HIV 바이러스가 침투해서 일어나며, HIV는 동성애 혐오자들이 주장하듯이 동성애자들이 스스로 만들어낸 것이 아니다. 동성애자든 이성애자든 HIV 감염인이 아닌 사람은 어떠한 방법으로도 스스로 혹은 자연적으로 이 바이러스를 만들어낼 수 없으며, 다른 사람을 감염시킬 수도 없다.[33]

그리고 HIV는 아주 쉽게 사멸하는 약한 바이러스라 공기 중에서는 3초 안에 사멸하며, 섭씨 71도 정도의 열이나 수돗물 정도의 약한 염소 농도에서도 바로 비활성화된다. 즉 인체 밖에서는 HIV가 살아남기 어렵다. HIV에 감염되는 경로는 HIV 감염자의 체액을 통해서가 유일한데, 이 경우도 침, 땀, 눈물 등을 통해서는 HIV에 감염되지 않는다. 따라서 HIV 감염자와 식사를 하거나 수건을 함께 쓴다거나 하는 일상적 활동을 통해서 감염되지 않으며, 곤충 매개 질환이 아니기 때문에 모기 등 벌레를 통해서 전염되지도 않는다. 또 HIV 감염자의 혈액이나 체액을 만지게 되더라도 상처가 없는 피부에 닿았을 때는 감염 가능성이 전혀 없다. 만약 상처가 있는 피부에 닿았다면 희박하지만 감염 가능성이 있다. 이런 경우

---

33 또한 의학적으로 처음 에이즈가 보고된 것은 1981년이었지만, 이미 1970년대에 케냐 등 중앙아프리카 국가에서 성매매 여성을 중심으로 HIV 감염이 널리 퍼져 있었다는 사실도 밝혀졌다. 이 사실 역시 에이즈가 동성애 질환이 아님을 말해준다. 데이비드 콰먼, 위의 책, 490~493면.

HIV는 수돗물에 들어 있는 염소 농도 정도로도 사멸하기 때문에 곧바로 흐르는 물로 씻어내는 것이 좋다. 간단한 소독약을 사용하면 더욱 좋다.[34]

질병관리본부에 따르면 HIV 주요 감염경로는 수혈(또는 마약 주사기 공유) 등으로 인해 혈액이 노출되는 경우, 임신이나 모유 수유에 의한 경우, 그리고 안전하지 않은 성생활이다. 우리나라의 경우 혈액을 통한 감염이나 모유 수유에 의한 감염은 거의 없고, 95% 이상이 정액과 질 분비물을 통한 감염, 즉 성관계를 통해 감염된다고 한다.[35] 그러므로 특히 성생활과 관련해서 적절한 예방조치를 취하는 것이 중요하다. 동성애자든 이성애자든 안전한 성관계를 맺어야 HIV 감염을 막을 수 있다. 즉 에이즈 확산을 막을 수 있는 가장 효과적인 방법은 동성끼리의 성관계를 금하는 것이 아니라, 성행위 시 콘돔을 사용하는 것이고, 그것은 동성애자나 이성애자 모두에게 해당된다.

또한 HIV에 감염되었다고 해도 모두가 에이즈 환자가 되는 것은 아니다. HIV에 감염되었더라도 약만 잘 복용하면 에이즈 환자가 되지 않으며, 몸속에서 HIV가 검출되지 않을

---

34 김지학, 앞의 책, 117~120면.

35 질병관리본부, 2013년 7월 22일 수정, HIV/AIDS 관리지침. 한국성소수자연구회 (준), 앞의 책, 48~49면.

정도로 바이러스 수치를 관리할 수 있다. HIV를 강력하게 억제하여 인체 면역력이 떨어지지 않게 하는 치료제가 이미 오래전에 개발되었기 때문이다. 특히 1995년 다양한 약제를 병용하는 칵테일 요법이 도입되면서 HIV 감염인의 질병 진행 속도를 획기적으로 늦출 수 있게 되었고, 이미 AIDS 관련 질환이 발병한 경우에도 환자의 건강 상태를 개선할 수 있게 되었다.[36] 에이즈 환자도 약을 잘 먹고 관리만 잘하면 비감염인과 같은 수준으로 면역력을 유지할 수 있다. 나아가서 에이즈 환자가 치료를 지속적으로 받을 경우 바이러스 미검출의 수준에까지 이르고 계속 그 상태를 유지하면 성행위를 통해서도 다른 사람한테 바이러스를 감염시킬 수 없다. 즉 '미검출=감염불가'U=U, Undetectable=Untransmittable 상태에 이른다. 그래서 선진국에서는 더 이상 에이즈가 죽을병이 아니며, 만성질환의 하나로 국가가 관리하고 있고, 에이즈 환자의 평균 수명역시 비감염인과 거의 차이가 없다.[37]

그러므로 에이즈와 관련해서 중요한 것은 정확한 정보

---

36 한국성소수자연구회(준), 앞의 책, 51면.

37 한국성소수자연구회(준), 앞의 책, 51면. 2008년 의학 저널 『랜싯』에 실린 영국, 미국, 캐나다 등의 국제 협력 연구 결과에 따르면, 20세에 HIV 감염된 경우 적절한 치료를 받는다면 평균적으로 감염 이후 32~50년을 더 산다. Antiretroviral Therapy Cohort, C., "Life Expectation of Individuals on Combination Antiretroviral Therapy in High-Income Countries: A Collaborative Analysis of 14 Cohort Studies", *Lancet*, 372(9635): 293-299.

를 제공하고 널리 교육 홍보하는 것이며, 성행위 시 콘돔 사용을 통해 감염을 예방하고, HIV 감염 가능성을 걱정하는 사람들이 쉽게 감염 여부를 확인할 수 있도록 해주는 것이다. 현재 우리나라는 지방자치단체 차원에서 무료로 검사해주는 제도가 있고, 국가 차원에서 감염자들에게 약을 지원하고 있다. 문제는 동성애가 에이즈의 원인이라는 거짓 정보와 사회적 낙인 등으로 인해 검사와 치료를 미루게 된다는 것이다. 특히 일부 극우 개신교인들은 동성애를 하면 저절로 몸속에 HIV가 생긴다는 거짓 정보를 퍼뜨리고 있다. 이처럼 성소수자를 죄인이라고 낙인찍고 사회적 편견과 차별의 대상으로 만드는 것은 검사와 치료가 필요한 사람이 선뜻 자신에게 필요한 조치를 제때에 취하지 못하도록 막거나 지연시키는 결과를 가져온다. 따라서 이러한 방식의 공포 분위기 조성은 전혀 도움이 되지 않을 뿐 아니라 실제 질병 가능성이 있는 사람들을 위기에 빠뜨릴 수 있다.[38] 동성애가 아니라 동성애 혐

---

38 "전 세계 115개국에 거주하는 3,340명의 남성 동성애자를 조사한 연구 결과에 따르면, 동성애를 처벌하는 나라에 거주하거나 높은 수준의 성적 낙인을 느끼는 사람일수록 HIV/AIDS를 예방하는 주요한 방법인 콘돔과 윤활젤을 사용하는 비율이 유의미하게 낮으며, HIV 검사에 대한 접근성이 떨어지는 것으로 나타나고 있다. 또한 UN의 보고서에 따르면 비슷한 사회문화적 맥락을 가진 아프리카와 카리브해 지역 국가들 중에서도 동성애를 처벌하는 국가의 HIV/AIDS 유병률이 처벌하지 않는 국가의 유병률보다 높은 것으로 나타난다." 한국성소수자연구회(준), 앞의 책, 49~50면.

　　　　　　　　　　　　　　　　　　　2. 성소수자에 대한 오해들

오가 에이즈 발생을 높이는 원인인 것이다. 그러므로 에이즈 발생을 낮추기 위해서는 에이즈에 대한 공포를 조장할 것이 아니라 그러한 사회적 낙인찍기를 중단해야 한다. 동성애가 아니라 동성애자를 죄인으로 낙인찍고 차별하는 것이 죄다.

성소수자에 대한 악의적 소문들과 군형법 제92조의6

어느 사회에서나 성소수자만이 아니라 모든 소수자는 쉽게 사회적 낙인찍기의 대상이 된다. 요즘도 성소수자 문제와 관련하여 강의를 하거나 발언할 때 자주 듣게 되는 질문들이 있다. 가령 이런 것이다. "동성애를 허용하면 소아성애까지도 허용하게 되지 않나요?", "동성애를 허용하면 수간도 허용하게 되지 않나요?", "동성애를 허용하면 군대 내 강간이 많아지게 되지 않나요?" 이런 질문을 받을 때마다 나는 이렇게 되묻는다. "소아성애는 아동학대가 아닌가요?", "수간은 동물학대가 아닌가요?", "군대에서는 이성애자에 의해 동성애자가 강간당하는 일이 더 자주 일어납니다. 그러면 강간을 처벌해야 할까요, 이성애를 금해야 할까요? 강간을 막으려면 강간을 금하면 됩니다."

이렇게 답변하기도 하지만, 실은 근본적인 전제는 어떠한 관계든 성관계에서 가장 중요한 것은 '합의', 또는 '동의'에 기초해야 한다는 것이다. 이렇게 보면 애초부터 합의나 동의가 불가능한 대상과의 관계는 동성애든 이성애든 정상적인 성애, 사랑이라고 인정할 수 없다. 위에서 언급한 아동이나 동물은 애초에 성관계에 동의할 수 없거나, 설사 동의한다 해도 온전한 동의가 이루어지기 어렵고, 따라서 착취적 성관계로 이어질 가능성이 높다. 동성애냐 이성애냐가 문제가 아니라 그러한 성관계가 직간접으로 내포하는 폭력과 착취의 가능성이 문제이고, 이 때문에 강간이나 성폭력으로 이어지게 된다.

그럼에도 불구하고 많은 사람이 동성애를 소아성애나 동물성애 같은 엽기적이고 폭력적인 성애와 연관짓는다. 이것은 처음부터 악의적으로 비방하려는 의도가 있거나 동성애를 정상적인 사랑으로 보지 않고 오로지 육체적이고 탐욕스러운 성적 탐닉, 섹스 중독 같은 것으로 보기 때문이다. 그러나 동성애 역시 이성애와 마찬가지로 서로 온몸과 마음을 다하여 사랑하고 헌신하는 통전적인 관계이며, 무엇보다도 이성애와 마찬가지로 상호 간의 동의에 기초해 있다. 그리고 동의에 기초하지 않은 이성애적 관계가 있듯이, 동의에 기초하지 않은 동성애적 관계도 있다. 이 경우 동의에 기초하지 않

2. 성소수자에 대한 오해들

은 이성애적 관계가 강간이나 성폭력으로 규정되듯이, 동의에 기초하지 않은 동성애적 관계도 폭력이다. 동성애냐 이성애냐가 문제인 것이 아니라 합의에 기초한 관계인가, 아니면 폭력과 지배에 기초한 관계인가가 문제인 것이다.

이러한 맥락에서 보면 군대 내 동성애를 처벌하는 군형법 제92조의6은 폐지되어야 한다. 군형법 제92조의6은 "항문성교나 그 밖의 추행을 한 사람은 2년 이하의 징역에 처한다"고 되어 있다. 이것은 1962년 제정된 군형법 92조에까지 거슬러 올라가는데, 더 거슬러 올라가면 1948년 미군정 시대에 제정된 '국방경비법'(1928년 미국 전시 군법을 번역하여 도입된 것)에서 기원한다. 거기에는 "계간과 기타추행"이라고 되어 있다.[39] 남성 간 성행위를 '계간'이라는 모욕적 언어로 표현한 것이다. 이제 이 모욕적인 표현은 군형법에서 사라졌지만, 여전히 군형법 제92조의6을 통해 남성 동성애자를 처벌하고 있다. 만일 이 조항이 군대 내 성폭력을 처벌하기 위한 것이라면, 군이 이 조항이 아니더라도 군형법 제15장 "강간과 추행의 죄", 그리고 형법과 성폭력특별법에 의해서도 처벌이 가능하다.

따라서 동성 간 성폭력 가해자뿐 아니라 피해자도 처벌

---

39   윤상민, 「군형법상 성범죄 규정의 문제점과 개정방향」, 『원광법학』 28호, 2012, 185~208면. 한국성소수자연구회(준), 앞의 책, 56면.

하고 있는 군형법 제92조의6은 성폭력과 무관하게 실질적으로는 군대 내에서 동성애를 금하고 동성애자를 처벌하기 위한 것이라고 볼 수 있다. 게다가 이 법의 모법이었던 미국의 소도미법도 폐지된 마당에 이 법을 계속 유지하는 것은 논리적으로 맞지 않고, 또한 부대 내 이성 간 성관계는 단순 징계인 반면, 부대 밖 동성 간 성관계는 징역에 처한다는 점에서 형평성에도 어긋난다.

실제로 2017년 5월 24일 근무시간 이후 영외에서 애인과 상호합의 하에 성관계를 한 대위에게 군형법 제92조의6에 근거해 추행죄 유죄선고를 했다.[40] 이것은 2017년 4월 육군참모총장이 군형법 제92조의6에 근거해서 동성애자를 색출하여 처벌하라는 지시를 내렸기 때문이다. 이때 40~50명의 군인들이 수사 대상이 되었고, 이들을 조사하는 과정에서 동성애자 군인의 인권을 짓밟는 언사가 곳곳에서 이루어졌다.[41] 그러나 군대 내 동성애자 색출은 명백히 위법이다. 국방부 부대관리훈령 제7장 동성애자 병사의 복무 제253조의1은 "병영내 동성애자 병사는 평등하게 취급되어야 하며, 동성애 성향을 지녔다는 이유로 차별받지 아니한다"고 되어 있다. 군

---

40 「성소수자 군인, "군형법 92조6항 폐지하라"」, 『경향신문』, 2019.6.24.

41 군인권연구소 사이트 참조. 〈https://www.mhrk.org/〉.

대 내 성추행, 성폭력은 동성애자가 아니라 이성애자 상급자에 의한 동성애자 강간이 훨씬 더 많다. 동성애자는 군대만이 아니라 사회 어디서나 성폭력의 가해자가 되기보다는 피해자가 될 확률이 훨씬 높다.[42] 그럼에도 성추행이나 성폭력과 같은 이슈가 부각될 때마다 동성애자들에게 혐의를 뒤집어씌운다. 이 과정에서 동성애자의 인권은 처참하게 짓밟힌다. 군형법 제92조의6은 군대 내 동성애자에 대한 인권유린과 탄압의 근거이며, 따라서 무조건 폐지되어야 한다.

국가든 교회든 개인의 내밀한 성생활에 개입할 권리는 없다. 무슨 권리로 국가, 또는 교회가 내가 누구는 사랑해도 되고 또 누구는 사랑해서는 안 된다고 결정할 수 있는가? 그들이 무슨 권리로 성행위를 할 때 어떤 체위는 되고 어떤 체위는 안 된다고 결정할 수 있는가? 그들에게는 그럴 권리가 없다.

---

42 김지학, 앞의 책, 158면.

③

반동성애 운동의
논리와 전개

극우 개신교의 위기와
동성애 반대운동의 역사적 맥락

일반적으로 개신교가 성소수자들에 대한 노골적인 반감을 드러내며 거리에 나서 반대운동을 펼치기 시작한 것은 2007년 포괄적 차별금지법 제정 운동이 전개된 것이 그 직접적인 계기이다.[43] 이후 퀴어문화축제나 차별금지법 제정 관련 집회나 회의에는 매번 반동성애 운동 집단이 몰려와서 성소수자들을 향해 폭언과 난동을 벌이는 일이 빈번하게 일어났다. 예수는 차별을 반대했는데, 그들은 예수의 이름으로 목청

---

43 시우, 『퀴어 아포칼립스: 사랑과 혐오의 정치학』, 현실문화, 2018, 13면.

높여 성소수자에 대한 차별을 요구한다. 이러한 행동은 한편으로 그동안 그늘에 숨어서만 지내던 성소수자들이 직접 세상 밖으로 나서서 자기 목소리를 내기 시작한 것과 관련이 있다. 성소수자들이 보이지 않게 숨어 지낼 때는 할 수 없이 넘어가지만, 자기 존재를 드러내고 권리를 주장하는 것은 못 봐주겠다는 것이다. 그러나 다른 한편으로 그들이 그렇게 격렬하게 반동성애 운동에 나서게 된 데에는 개신교 내부의 역사적 위기가 중요한 원인으로 자리잡고 있다.

1970~80년대에 20대를 보낸 나는 2000년대 이후 극우 개신교 집단이 거리로 나와 태극기와 성조기를 흔들며 시위하는 모습이 매우 낯설다. 원래 거리 시위는 '과격 운동권 학생들'이 하는 것이고, 극우 개신교 집단은 종교의 정치 개입을 반대하고 적어도 공식적으로는 교회 울타리 안에 머물러 있는 것이 상례였기 때문이다. 당시 노동자들과 함께하는 개신교 연합단체였던 도시산업선교에 대해 극우 개신교인들이 로마서 13장을 내세우며 종교의 정치 개입이라고 비난했던 기억은 지금도 생생하다. 그러므로 극우 개신교 집단의 길거리 시위는 한국 개신교 역사상 눈에 띄는 한 가지 변화라고 할 수 있다. 결정적인 장면은 지난 2016년 4·13 총선 때 극우 개신교가 기독자유당이라는 정당을 설립하고 '동성애 반대, 이슬람 반대'를 내세워 2.63%의 정당 지지율을 얻었던 사건이

3. 반동성애 운동의 논리와 전개

다.[44] 3%를 얻으면 비례대표 의석을 얻을 수 있었기 때문에 가슴을 쓸어내렸던 기억이 지금도 생생하다. 개인적으로는 지지했던 녹색당이 두 차례에 걸쳐 총선에 참여했음에도 당시 1% 정당 지지율을 얻지 못했던 것과 비교해서 입맛이 썼다.

극우 개신교 집단은 지금 매우 적극적으로 정치의 전면에 나서고 있고, 이것은 한국 개신교가 자신들이 처한 사회정치적 상황을 과거와는 다르게 인식하고 있음을 말해준다. 맨 처음 전파되었을 때 개신교 신앙은 조선 말 압제받고 있던 약자들에게 희망이 되었다. 구약성서 출애굽 이야기는 민족의 해방을 염원하던 사람들이 즐겨 읽는 본문이었고, 설교에서도 자주 인용되었다. 민중 희망의 종교로서 개신교는 3·1운동에서 최고점에 이르지만, 일제 말기부터 변질되기 시작한다. 이후 분단과 한국전쟁, 개신교인 장로가 대통령이었던 이승만 정권을 거치면서 기독교는 미국추종주의, 권력유착, 반공주의의 틀을 확고하게 다지게 된다. 특히 6·25전쟁 이후 교회는 아직 형성되지 못한 시민사회 공간을 거의 독점하다시피 하면서 사회적 특혜 속에서 성장했다. 이렇게 성장해온 개신교는 미국 자본주의를 이상으로 삼는 경제성장주의, 교회성장주의를 충실히 내면화했고, 그 핵심에는 물질적 성공을 하느님

---

44   기독자유당은 2020년 3월 기독자유통일당으로 당명을 바꾸었다.

의 축복과 동일시하는 물질주의적 신앙이 자리잡고 있다.

사회학자 김동춘은 그의 저서 『대한민국은 왜?』에서 한국 사회의 반공주의와 개신교 신앙과의 긴밀한 관련성에 주목하고 이를 역사적으로 규명했다.[45] 그에 따르면 "대한민국은 월남한 엘리트들이 자신의 고향을 '짓밟은' 공산주의를 물리치고 그 땅을 '수복'하기 위한 나라라는 성격을 갖고 있다. 월남민의 신앙과도 같은 반공주의는 대한민국 정체성의 핵심을 구성한다".[46] 1950년 10월 황해도 신천에서 일어난 좌우 양측에 의한 학살은 그 기원이 되는 이야기를 구성한다. 황석영의 소설 『손님』의 소재가 되기도 했던 신천 학살은 좌우 갈등에 의한 양민학살이었지만, 월남자들이 한쪽의 기억을 가지고 와서 지금도 끝없이 퍼내는 정치적 자본 Political Capital 이 되었다. 이렇게 해서 월남자들의 기억이 국가의 기억이 되었다는 것이다.[47]

해방 이후 남한 개신교의 중심은 월남자들이었고, 월남자 중심 개신교는 개발주의 시대를 거치며 급성장했다. 오늘날 세계에서 가장 큰 교회 다섯 개 중 네 개가 한국에 있고, 이 교회의 설립자들이 모두 북한 출신이다. 월남 1세대의 경

---

45 김동춘, 『대한민국은 왜?: 1945~2015』, 사계절, 2015.

46 위의 책, 119면.

47 위의 책, 120~125면.

험은 기억으로 재생산되고 이후 세대에도 전해졌다. 그들은 "이 국가는 나의 국가이고, 공산주의를 피해서 내려온 사람들이 만든 국가"라고 생각한다. "1950년대 중반까지 신설된 2천 개의 교회 중 거의 90%가 월남 기독교인들에 의해 건립됐다. 그뿐 아니라 월남한 목회자들이 한국의 거의 모든 교파의 실질적인 권력을 장악했고 오늘날까지 교계의 원로로서 막강한 영향력을 행사한다. 8·15 당시만 하더라도 전 인구의 1%에도 미치지 못하던 개신교가 2014년에 이르러 국민의 21%가 믿는 최대 종교가 됐다."[48] 이렇게 급성장한 개신교회가 우리나라 반공 이데올로기의 저변을 이루고 있다. 즉 월남한 개신교인들을 중심으로 한 남한 개신교회가 반공 이데올로기를 구축한 핵심세력이었고, 이것이 해방 이후 대한민국 지배 엘리트를 지탱하는 내적 동력이었다는 것이다. 결과적으로 월남 개신교인을 주축으로 한 극우 개신교는 이승만과 박정희, 이후 군부정권의 든든한 지지자였고, 그 그늘 아래서 성장을 구가했다.

김동춘은 태극기 집회에 나서는 극우 개신교인들의 뜨거운 '애국심', 열렬하다 못해 폭력적이기까지 한 몸부림을 죽음의 공포를 한 번 넘었던 사람이 가진 강박증에 비유한다.

---

48 위의 책, 129면.

일종의 집단 트라우마라는 것이다. 그들의 시간은 과거 월남할 당시 분노와 공포, 억울함을 느꼈던 시점에 멈춰 있다. 그래서 이들은 남한 사회의 주류를 차지하고 있으면서도 과도한 피해의식을 가지고 있고, 실제보다 적을 과장하는 습관이 있다. 종북좌파 때문에, 동성애자들 때문에 세상이 망하고 에이즈가 창궐하게 된다는 것이다.

문민정권으로 정권이 바뀌고 나서는 이러한 공포가 더욱 극심해졌다. 과거 이승만, 박정희, 전두환으로 이어지는 군사독재 정권 하에서는 국가권력이 반공주의를 표방하고 알아서 자신들의 입장을 대변해주었기 때문에, 극우 개신교 집단은 종교와 정치의 이분법적 분리원칙을 앞세우면서 정치권력과 수동적인 타협을 하는 데 머물러 있을 수 있었다. NCCK나 산업선교 등 진보적 개신교 집단에서 정권에 대해 비판하거나 저항하는 것을 종교의 정치 개입이라며 비난했었다. 그런데 김대중·노무현 정권 이후 상황이 달라졌다. 이제 더 이상 국가권력이 자신들의 편이 아닌 것이다. 언제까지나 자신들에게 유리한 정권이 계속될 수는 없다는 것, 그러니까 거기 대비하고, 정권 자체가 자신들에게 유리한 쪽으로 수립되도록 적극적인 행동에 나서야 한다는 것. 아마도 이것이 1997년 이후 민주화가 진행되고 김대중·노무현 정권을 거치면서 그들 나름으로 학습한 내용일 것이다. 이러한 상황 변화가 극우 개신교 집단이 직접 거리에 나서서 태극기와 성조기, 때로는 이스라엘 국기까지 흔들게 된 배경일 것이다.

그래서 이제 극우 개신교는 사립학교법처럼 자신들의 이익이 걸렸을 때 직접 바퀴 달린 십자가까지 끌고 나와 악착같이 이익을 관철시키고, 정치의 전면에 나서서 자신들에게 유리한 정권을 세우기 위해 노력하며, 심지어 기독자유당 같은 정당을 직접 세우고 있다. 이러한 상황에서 '동성애 이슈'는 종교와 정치를 이분법적으로 분리해왔던 극우 개신교 집단이 매우 적극적으로 사회정치의 장에 뛰어들 수 있는 명분이 되고 있다. 왜냐하면 동성애는 성서에서 금하고 있는 '죄'라는 점에서 종교적 이슈이면서 동시에 세속화되고 소위 '부도덕한' 사회에 종교가 공격적으로 개입할 수 있는 명분을 그들에게 제공해주기 때문이다. 반동성애 운동에 나서는 사람들은 전통적인 정교분리의 원칙을 어긴다는 의식 없이 자신들의 정치적 위세를 효과적으로 과시할 수 있게 된다. 그들의 의식 속에서 동성애에 반대하는 것은 어디까지나 신앙적 실천이기 때문이다. 이렇게 극우 개신교의 반동성애 운동은 시우의 말대로 "정치적인 것과 종교적인 것을 대비시키면서도 반퀴어 주장을 관철시키기 위해 두 영역을 오가며 전략적으로 움직이고 있다. 모호하게 뒤섞인 정치적 행동주의와 종교적 신념은 상승작용을 일으키며 반동성애 운동의 저변을 확

장시키고 있다".[49]

다른 한편으로 반동성애 운동은 극우 개신교가 하나의 단결된 정치 집단으로 대사회적 행동을 할 수 있게 하는 동력을 제공한다. 과거 극우 개신교는 군사독재 정권과 야합하면서 일반 시민들 사이에서 타락한 기득권 옹호 세력으로 인식되었고, 정치권력의 보호 아래 호가호위하면서 내적 갱신능력을 상실한 채 성추문, 교회세습, 금권선거, 횡령 등 온갖 타락한 행태를 보여왔다. 이로 인해 개신교 교회에 대한 사회적 평판은 추락했고, 그것은 신자 수의 감소라는 결과로 나타났다. '동성애 이슈'는 이러한 개신교 내부의 위기로부터 외부의 적에게로 시선을 돌리게 함으로써 내적 단결을 도모할 수 있는 구심점을 제공한다. 누군가를 비난하고 욕하는 동안에는 자기 문제를 잠시 잊을 수 있게 되는 것이다.

그러나 누군가를 비난한다고 해서 내가 정의로워지는 것은 아니다. 극우 개신교의 반동성애 운동은 이처럼 자신의 위기를 모면하기 위해 전략적으로 기획된 측면이 있지만, 실은 교회의 위기를 더욱 심화시킨다. 현재 많은 개신교인들이 반지성적으로 반동성애 운동에 휩쓸리고 있다. 시우는 이러한 반동성애 운동은 종교적 광신과 정치적 행동주의가 결합

49 시우, 앞의 책, 56면.

한 것이라고 규정하며, 그 위험성에 대해 이렇게 말한다. 그에 따르면 반퀴어 운동이 특히 위험한 이유는 "퀴어 집단에 대한 물리적 공격과 조직화된 적대를 종교의 이름으로 정당화하고 퀴어 집단을 겨냥해서 폭력을 가하는 이들을 바람직한 그리스도인으로 격상시킨다는 점이다. 이 과정에서 상대에게 고통을 주는 행동도, 거짓과 기만으로 일관하는 태도도 교회 공동체의 인정을 받는다면 얼마든지 용인될 수 있다는 왜곡된 인식이 생기게 된다".[50]

극우 개신교는 이처럼 성소수자들을 비롯해서 사회적 소수자들을 공격하고 적대함으로써 내적, 외적 위기를 모면하려 한다. 근본적인 문제는 이러한 극우 개신교의 정치화가 사랑이 아니라 '증오'를 동력으로 한다는 점이다. 과거에는 공산주의를 증오했다면, 이제는 동성애를 증오하는 것이다를 뿐이다. 그래서 오늘날 한국에서 개신교는 사랑의 종교, 화해의 종교라기보다는 증오의 종교로 인식된다. 그러나 본래 기독교는 그리스도의 십자가에 나타난 사랑을 그 출발점으로 삼는다. 배제하고 증오하는 것이 아니라 끊임없이 포용의 대상을 확대해가는 것이 복음의 본질에 속한다. 이것은 당시 사회에서 '죄인'이라고 낙인찍힌 사람들을 친구로, 하느님

50 시우, 앞의 책, 56~57면.

의 자녀로 받아들여 함께 밥을 나누고 마음을 나누었던 예수의 하느님 나라 운동과 바울을 비롯한 초대 교회의 신앙고백에서도 분명하게 나타난다. 예수의 하느님 나라 운동을 이어받은 초대 교회는 그리스도 예수 안에서 유대인이나 헬라인이나, 종이나 자유인이나, 남자나 여자나 모두 하나라고 고백했다.(갈 3:28) 그리고 초대 교회는 예수의 십자가 사건을 통해 서로 원수 되었던 모든 것이 사라지고 화해와 평화가 이루어지며, 모두가 하느님의 한 가족이 되었다고 했다.(엡 2:14-22) 그리스도 예수의 십자가가 우리와 '그들' 사이의 담을 헐어버렸다는 것이다.

그러므로 온갖 거짓된 정보와 낙인으로 성소수자들을 소외시키고 도덕적으로 낙인찍는 사람들은 그리스도가 무너뜨린 담을 다시 세우는 것이다. 그들은 속에는 미움이 가득차 있으면서 입으로는 '사랑'을 말한다. "죄는 미워하지만 죄인은 미워하지 않는다"는 것이다. 그러나 동성애자가 동성애자로 사는 것, 그가 그 자신으로 존재하는 것을 죄라고 규정하는 것이야말로 죄이며, 일찍이 예수가 '독사의 자식들'이라고 격렬하게 비판했던 당시 주류 종교인들의 위선을 행하는 것이다. 그러므로 이제 교회는 성소수자를 비롯한 소수자를 두들겨 패는 것으로 자신의 위기를 모면하려 할 것이 아니라, 진정 오늘 개신교가 처한 위기가 무엇인지 성찰하고 스스로 반성해야 한다.

오늘날 한국 개신교의 위기는 동성애 때문이 아니라, 경제성장과 하느님의 축복을 동일시하고 물질적 성공과 풍요를 복음과 맞바꾼 데서 비롯한 것이다. 이제 경제성장이 멈추고 성장의 비용을 치러야 할 시점에서 개신교의 '번영신학'은 더 이상 쓸모가 없을 뿐만 아니라 그 해악이 훨씬 두드러진다. 이제 교회는 그동안 번영신학을 추구해온 데 대해 철저히 회개해야 한다. 목전의 경제적 이익, 부국강병, 경제성장에 눈이 가려 생명을 파괴하고, 우리 삶의 진정한 토대인 자연생태계를 어지럽히는 데 가담하고 맞장구쳐온 과오를 뉘우쳐야 한다. 사실 인류 역사에서 오늘날처럼 인간의 욕망을 긍정하고 부추기는 문명은 없었다. 그 끝은 아마도 모두의 파멸일 것이다. 한국 개신교는 이 파괴적인 문명의 건설에 장단 맞추고 아부해온 죄를 회개하고, 그 결정체라고 할 수 있는 번영신학과 결별해야 한다. 엉뚱하게 성소수자를 죄인이라고 몰아붙이고 닦달할 것이 아니라 마몬을, 돈귀신을 섬겨온 자신의 죄부터 고백하고 회개해야 한다.

지금 우리에게 닥치고 있는 위기와 관련해서 기독교 전통은 참으로 풍부한 가르침을 준다. 성서의 인간들은 물질적인 행복과 성공을 추구하는 것을 삶의 희망으로 여기지 않았다. 또한 물질세계의 덧없음을 깨닫고, 물질에 매이지 않으며 검소하고 소박하게, 겸손하게 더불어 살 것을 가르치는 성서의 말씀은 오늘의 위기 앞에서 무엇보다 절실하게 가슴에 와 닿는다. 세례 요한은 얼마나 검소하게 살았는가? 예수의 제자들과 바울은 또 얼마나 청빈하게 살았는가? 가난한 과부와 떡을 나누어 먹고 까마귀가 물어다 주는 음식을 먹었던 엘리야와 엘리사는 얼마나 힘 있는 주의 종이었는가? 그들은 기쁨에 넘쳤고, 그들의 말은 힘찼다. 탐욕을 멀리하고 검소하고 소박하게 살 때 하느님의 능력은 강하게 역사하고, 우리는 두려움과 혐오에 근거해서 행동하지 않게 된다. 단순히 개인의 차원에서만이 아니라 교회와 사회가 삶의 의미와 가치를 어디에 두는가가 중요하다. 이 점에서 지금 개신교가 벌이고 있는 반동성애 운동은 삶의 의미와 가치에 대한 성찰이 없고, 따라서 허무주의적이다.

동성애 반대운동의 논리와 전개

우리나라에서 동성애자 인권운동 단체가 생긴 것은 1993년 '초동회'가 처음이었다. 이 단체는 곧 해체되었지만, 초동회를 밑거름으로 하여 1994년 남성 동성애자들의 인권운동 단체인 '친구사이'와 여성 동성애자들의 인권운동 단체인 '끼리끼리'가 생겨났다. 이후 서울대, 연세대, 고려대, 이화여대 등 각 대학 내 성소수자 모임[51]을 비롯해서 트랜스젠더 인권단체 '지렁이'와 '조각보'가 생겨났고, 법률가들을 중심으로 성소수자 정책을 연구하는 모임, 성소수자 상담기구도 생겨났다. 그리고 우리 사회에 인터넷 보급이 점차 확대되면서 온라인상의 커뮤니티 모임이 활성화되기 시작했다. 또한 유명인 가운데 커밍아웃하는 사람들이 생기고, 퀴어문화축제, 퀴어영화제 등이 개최되면서 일반 대중들에게 성소수자의 존재가 눈에 띄게 각인되기 시작했다.

이처럼 대중들에게 성소수자가 노출되는 것과 함께 반동성애 목소리 또한 높아졌으며, 이를 주도한 것은 단연 극우 개신교였다. 극우 개신교 단체들은 1990년대 중반 동성애자 인권운동 단체가 생기면서부터 간헐적으로 반대의 목소리를 냈으나, 2007년 벌어진 차별금지법 제정에 대한 반대운동이 하나의 분수령이 되어 이후 관련 정책 수립에 적극적인 방해 공작을 펴고 퀴어문화축제 때 맞불 집회를 벌이는 등 공격의 정도가 한층 격화되고 있다. 이들은 차별 없이 누구나 '하느님의 집'에 받아들이라는 초대 교회의 가르침에 거슬러서 사회적 소수자들을 차별하고 배제할 권리를 주장한다. 교회가 사회를

---

51 2020년 현재 '대학·청년성소수자모임연대 QUV'에 73개 단체가 속해 있다.

향해 '차별할 권리'를 일종의 '시민 권리'의 형태로, 법적·정치적으로 주장하는 기막힌 현실을 우리는 목도하고 있다.

종교개혁 500주년을 맞은 2017년에는 역설적으로 반동성애 운동이 제도화되는 현상이 나타났다. 가령 대한예수교장로회 통합 측은 102회 총회를 통해 산하 7개 대학에서 '동성애자나 동성애 옹호자'의 신학교 입학을 불허하고 교직원 채용을 금하는 규정을 결의했다.[52] 또한 힌두교 명상 훈련인 요가와 눈속임에 지나지 않는 마술을 교회에서 금지해야 한다는 웃지 못할 제안이 논의된 교단도 있었다. 나아가서 그해에 개신교 8개 교단이 모여 소위 이단대책위원회를 설립하고 성소수자들을 위해 목회 활동을 해온 여성목회자에게 '이단' 혐의를 씌웠고, 결국 다음 해에 이단 판결을 내렸다.[53] 그동안 개신교 내의 극우적인 집단이 동성애 혐오를 퍼뜨리고 다수 개신교인들은 막연하게 동성애에 대한 부정적 생각을 가지고 있었다면, 최근 몇 년 사이에는 주요 교단 차원에서 성소수자 집단에 대한 차별과 폭력을 제도화하고 있는 위험한 상황이다. 이것은 시우의 말대로 폭력과 차별 같은 적대 행위를 하

---

52 「예장통합 제102회 정기총회, '동성애·동성혼'에 대한 교단 입장 천명하며 폐회」, 『기독일보』, 2017.9.22.

53 김희헌, 「임보라 목사 이단 규정은 바리새주의가 낳은 열매」, 『뉴스앤조이』, 2018.9.14.

3. 반동성애 운동의 논리와 전개

면서도 자신이 도덕적으로나 신앙적으로 올바른 행위를 하고 있다고 착각하게 만든다는 점에서 위험하다.

이렇게 생각하게 만드는 반동성애 운동의 작동기제는 무엇일까? 그것은 어떠한 논리구조를 가지고 있는가? 여기에는 신학적 층위와 정치적·이데올로기적 층위가 동시에 작동한다. 우선 반동성애 집단은 동성애를 창조질서의 왜곡이자 타락이라고 규정한다. 창세기에서 하느님이 아담과 이브를 창조하고 이들이 한 몸이 되었듯이 세상에는 남녀 양성 외에 다른 성은 존재할 수 없으며, 남성과 여성은 결혼을 통해 가정을 이루고 재생산을 해야 한다는 것이다. 이것이 하느님이 정한 창조질서라는 것이다. 동성애자를 비롯한 성소수자는 이 중 어느 것에도 속할 수 없으므로 창조질서를 왜곡하며 죄를 범하고 있다는 것이다. 그러므로 이성애 외의 다른 성적 지향을 가진 사람들은 죄를 자복하고 이성애자로 돌아와야 한다. 죄인이 용서를 구하고 돌아오는 것은 사랑으로 받아들이지만, 커밍아웃을 하거나 성소수자 운동에 참여하는 사람들은 일종의 확신범들이고 교만의 죄까지 저지르는 자들이니 그들에게는 오직 지옥불이 기다리고 있다는 것이다. 여기서는 전통적인 창조론과 죄론, 구원론이 살아 있는 인간을 제거해야 할 '악'으로 규정하는 데 동원된다.

이처럼 신학적으로 성소수자들을 죄인이자 타락한 자들

로 규정하는 것은 일반 사회에서 정상인 '우리'와 비정상인 소수의 '그들'을 구분하는 것과 일치한다. 극우 개신교의 반동성애 담론의 경우 종교적 열정에 의해 그러한 이분법이 훨씬 더 강화되며, 그로 인해 반동성애 운동에 나서는 사람들은 스스로를 악과 싸우는 거룩한 전사로 여기게 된다. 종교적 열정에 의해 쉽게 도덕적 선악 이분법으로 넘어가게 되고, 마치 십자군 전쟁에라도 나서듯 성소수자 집단을 "비인간, 비시민의 영역으로 추방시킨다".[54] 그들 역시 인간으로서 존엄하게 살 권리가 있다는 사실을 인정하지 않는 것이다.

그러나 이러한 극우 반동성애 집단의 행동은 과거 그들이 보여온 행태의 연장선상에 있다. 그동안 지배 세력과 공동의 이념적 진영을 형성하면서 권력을 나누어 갖고 이에 저항하는 사람들에게는 사회적 낙인을 찍고 추방하는 데 공모해왔던 일을 성소수자들을 대상으로 계속하고 있는 것이다. 그들은 걸핏하면 도덕적 선악을 내세우지만, 정작 우리를 괴롭히는 진정한 악에 대해서는 관심이 없다. 지구에서의 삶 자체를 밑바닥에서부터 좀먹는 자본주의의 세계화와 극단적인 소비주의는 근본적으로 기독교 신앙과 양립할 수 없고, 말 그대로 죄이지만, 그들에게 이런 죄는 눈에 들어오지 않는다. 그들

54   시우, 앞의 책, 129면.

의 관심사는 오로지 기득권 세력과 야합해서 권력을 나누어 갖고 어떻게든 철 지난 반공 이데올로기의 불씨를 꺼지지 않도록 살려 자신들의 입지를 지키고자 하는 것이다. 결국 극우 개신교의 반동성애 운동은 창조질서, 죄, 선과 악 등 종교적 언어로 치장하고 있지만 실상은 힘에 대한 추구 외에 다른 것이 아니다. 고분고분하지 않은 자들에게는 비시민, 비인간이라는 사회적 추방과 영원한 지옥불이 기다리고 있다고 그들은 말한다. 이러한 협박과 위협은 정상과 비정상, 선과 악, 도덕주의와 세속주의라는 이분법적 구도 밑바닥에 깔린 것이 실은 철저한 위계 구도에 근거한 힘의 논리라는 것을 보여준다.

이것은 반동성애 운동 집단의 논리가 실은 우리 사회 전반의 지배담론과 맞닿아 있다는 것을 말해주며, 궁극적으로 그것은 경제성장 제일주의를 내세우는 극단적인 물질주의와 연결된다. 예를 들어 대표적인 반동성애 운동 집단이라고 할 수 있는 '바른 성문화를 위한 국민연합' 홈페이지에 나오는 인사말은 비단 그 단체만이 아니라 반동성애 운동 집단 전반의 의식구조를 보여준다. 거기서는 소위 동성애를 비롯한 왜곡된 성문화를 비판하면서 "윤리적 가치를 준수하며 경제적인 축복을 지속적으로 누리는 나라가 되어야"[55] 한다고 말

---

55 '바른 성문화를 위한 국민연합' 홈페이지 인사말. 〈https://cfms.kr/greetings/〉.

하고 있다. 반동성애라는 소위 윤리수호 행동을 물질적 축복과 연장선상에서 말하고 있으며, 반동성애라는 혐오 행위를 애국 행위로 말하고 있다. 이 구도 속에서 동성애자들은 성적 타락으로 국가의 발전을 가로막는 부도덕한 존재들이 된다. 동성애로 대표되는 소위 '도덕적 타락'과 세속주의에 대한 비판이 자본주의 계급사회 안에서 물질적 축복을 누리는 것과 연결되고 있다. 동성애자들은 이 연결고리를 끊는 장애물이라는 것이다. 이것은 반동성애 집단이 마치 자신들은 세속주의와 싸우는 하느님의 전사들인 것처럼 행동하지만 실은 세속적 성공주의자들에 지나지 않음을 말해준다. 그들은 동성애자들에게 망국적 타락의 굴레를 씌우지만, 실은 세속적 성공을 하느님의 축복과 동일시해온 오랜 습관을 반복하고 있을 뿐이다.

그러나 우리 사회의 세속화와 도덕적 타락은 동성애에 기인하는 것이 아니라 물질적 이익과 경제성장을 최우선으로 삼는 천박한 자본주의 시스템에 기인하며, 교회는 경제성장을 개인과 국가에 대한 하느님의 축복이라고 선언함으로써 기꺼이 그 시스템의 일부가 되었다. 이것은 그동안 교회가 부동산투기, 임금착취, 학벌주의, 성차별 등 우리 사회의 구조적인 문제들에 대해 제 목소리를 내지 못했을 뿐만 아니라, 오히려 그러한 망국적 행태를 조장해온 역사와도 일맥상통한다. 이제 개신교의 그러한 역사에 위기가 닥쳐오자, 위기 앞에서 반성하고 회개하는 것이 아니라 성소수자라는 손쉬운 희생양을 찾아내서 위기를 모면하고자 하지만, 실은 위기를 더욱 심화시키고 있을 뿐이다. 그러므로 반동성애와 물질적 축복을 등치시키는 그들이야말로 세속주의자들이며, 자기 눈의 들보는 보지 못하면서 남의 눈의 가시를 빼라고 하는 사람들이다.

시우는 그의 저서 『퀴어 아포칼립스』에서 반퀴어 운동을 면밀하게 분석하고 이를 두 가지로 구분했다. 그에 따르면 우리나라의 반퀴어 운동은 성소수자들에 대해 직접적인 언어적·물리적 폭력을 마다하지 않는 공격적인 집단과 죄는 미워하되 죄인은 미워하지 말라는 전통적인 기독교의 입장을 강조하는 관용적인 입장, 이 둘로 나뉜다.[56] 후자의 경우 동성애가 죄라는 관점은 확고히 견지하면서도 이웃 사랑을 내세워 직접적인 모욕이나 언어폭력을 행사하지는 않는다. 그러나 이두 입장은 그의 말대로 성소수자 기독교인의 입장에서 보면 자신의 성적 지향을 인정하지 않는다는 점에서는 다를 게 없다. 한쪽은 대놓고 면전에서 모욕한다면 다른 한쪽은 마음속으로 인정하지 않는다는 점이 다를 뿐이다. 사랑을 내세우는

---

56   시우, 앞의 책, 71~77면.

것은 원색적인 적대나 공격적인 혐오보다 긍정적인 것처럼 보이지만, '우리'가 '그들'을 관용한다는 태도 밑바탕에는 '그들'에 대한 근원적인 부정이 자리잡고 있다.[57] 중요한 것은 성소수자에 대한 정확한 이해를 바탕으로, 소수이지만 있는 그대로 그들을 받아들이는 것이다. 이러한 태도만이 성소수자와 비성소수자 사이의 불평등한 관계를 근본적으로 바꾸고 둘 사이에 인간다운 관계를 수립할 수 있게 한다.

한편 전통적 신앙을 고수하는 복음주의권에서 복음의 사회적 공공성을 강조하는 사회참여적 복음주의자들은 그동안 성소수자 문제에 대해 소극적으로 대처해왔다. 시우는 여기에 속하는 단체들로 기독교윤리실천운동(1987), 『복음과 상황』(1991), 새벽이슬(1997), 『뉴스앤조이』(2000), 성서한국(2002), 교회개혁실천연대(2002) 등을 꼽고 있다. 그는 이들이 교회세습이나 목회자 성폭력 등 다양한 사회적 이슈에는 적극적으로 개입해왔지만, 구조적 차별과 폭력을 당하고 있는 성소수자 집단과는 연대하지 않은 점을 비판한다. 극우 개신교 반동성애 집단이 번성하게 된 데에는 그들의 깊은 침묵이 한 원인이라는 것이다.[58] 사실 이들 사회참여적 복음주의 집

---

57 시우, 앞의 책, 199~200면.

58 시우, 앞의 책, 82~90면.

단의 한계는 그 신학적 입장에서 비롯된다. 그들은 복음 전도와 교회의 사회적 책임을 조화시키려고 하지만, 시우의 말대로 "기존의 신학을 근본적으로 재구성하기보다는 복음 전파를 밑바탕으로 삼고 거기에 사회적 책임을 더하는 방식을 택했다".[59] 성서에 대한 이들의 이해 역시 비판적 성서읽기의 관점에 서 있다기보다는 문자주의적 읽기에 더 가깝다. 이로 인해 이들은 경직된 방식으로 성소수자 문제를 이해할 수밖에 없고, 성소수자들의 존재가 창조질서에 어긋난다는 전통적인 신학적 입장을 고수할 수밖에 없었다. 그래서 그동안 이 사회 참여적 복음주의권은 "동성애를 긍정하지는 않지만 동성애자를 따뜻하게 맞이하는 교회"를 지향하는 수준에서 성소수자 문제를 대했다.[60]

그러나 이들 역시 최근에는 긍정적인 변화의 조짐을 보이고 있다. 특히 『복음과상황』, 『뉴스앤조이』는 적극적으로 성소수자들 편에 선 기사와 글들을 싣고 있다. 매우 고무적인 변화라고 할 수 있다. 또한 한국기독교장로회에서는 성소수자 목회연구위원회를 설치하여 3년째 활동을 하고 있고, 2020년 7월 1일 차별금지법 제정과 관련하여 교단 전체 차원

---

59 시우, 앞의 책, 84~85면.

60 시우, 앞의 책, 85면.

은 아니더라도 교회와사회위원회 위원장 최형묵 목사 명의로 개신교 교단 중 유일하게 지지 성명을 발표했다. 그리고 한국기독교교회협의회 정의평화위원회에서 성소수자 목회 매뉴얼을 작성하고 있는 것 역시 긍정적인 조짐이다. 앞으로 이들의 변화와 활동에 기대를 걸어본다.

차별과 혐오를 넘어서

성소수자들에 대한 일상화된 언어폭력과 차별은 당사자들에게 심각한 상처를 남긴다. 반동성애 집단은 아무렇지도 않게 비수 같은 말을 던진다. 동성애자는 무절제한 성적 탐닉에 빠진 섹스 중독자들이며, 항문성교자들, 환자이고, 더러운 죄인이며, 가정과 사회, 국가를 파괴하는 반사회적 존재들이라는 것이다. 에이즈나 변실금, 정신병 같은 끔찍한 질환으로 고통받다가 결국에는 고독사 하는 것이 그들의 말로라고 한다. 애초부터 성소수자들은 행복과 연결되는 모든 것들 반대편에 놓인다. 그들은 결코 행복할 수 없고 행복해서도 안 된다는 것이다. 왜냐하면 그들은 더러운 죄인이기 때문이다.

그러나 누구나 그렇듯이 성소수자들 역시 존중받고 싶어하고, 건강과 행복을 원하는 존재들이며, 또 약하고 부서

지기 쉽고 타락하기 쉬운 존재들이다. 성소수자들 역시 상처 받고 아파하며, 시련 속에서도 앞으로 나아가고 희망하는 존 재이다. 비수 같은 말을 던지면 좌절하고 아파한다. 그러므로 성소수자들에 대한 일상적인 언어폭력과 제도적 차별은 그 자체로서 정치적 폭력이며, 그들에게 삶과 죽음의 문제일 수 있다. 따라서 종교의 이름으로 이러한 차별과 폭력이 자행될 때 그것은 누군가를 죽음에까지 이르는 절망에 몰아넣을 수 있다. 기독교인 동성애자 육우당의 죽음은 이 점을 아프게 보 여준다.[61]

가톨릭 신자로 동성애자였던 육우당은 2003년 자신이 활동하던 동성애자인권연대 사무실에서 목을 매어 스스로 목 숨을 끊었다. 그의 나이 열아홉이었다. 동성애자라는 이유로 학교에서 차별과 따돌림을 당하던 그는 고등학교를 자퇴하고 열정적으로 성소수자 인권운동가로 활동했다. 그는 여러 편 의 시조와 가사를 쓰면서 시조작가가 되기를 꿈꾸었고, 연극, 성악 등 다방면에 재주가 있던 다재다능한 젊은이였다. 2003 년 봄 청소년보호위원회가 국가인권위원회의 권고에 따라 '청소년 보호법 시행령'의 청소년 유해매체물 심의기준에 '동 성애'가 포함되어 있던 것을 삭제하려고 하자 한국기독교총

---

61 '육우당(六友堂)'은 녹차와 파운데이션, 술, 담배, 묵주, 수면제를 여섯 친구로 여긴다 해서 스스로 지은 필명이라고 한다.

연합회를 필두로 개신교계가 적극적인 반대에 나섰다. 한기총은 "국가기관이 청소년들에게 동성애를 권장하는가?"라는 제목으로 소돔과 고모라가 동성애 때문에 유황불 심판을 받았다는 내용의 성명서를 발표했다. 여기에 기독교계 언론들까지 가담하여 비난 일색의 기사를 쏟아냈다. 결국 육우당은 "아비규환 같은 세상이 싫다"며 스스로 목숨을 끊었다.

그는 유서에서 "수많은 성적 소수자를 낭떠러지로 내모는 것이 얼마나 잔인하고 반성경적이며 반인류적인지" 썼고, 천주교를 사랑한다고 했으며, "내가 믿는 하느님은 나를 받아줄 것이다"라는 말을 남겼다. 또한 그는 "내 한 목숨 죽어서 동성애 사이트가 유해매체에서 삭제되고 소돔과 고모라 운운하는 가식적인 기독교인들에게 무언가 깨달음을 준다면 난 그것으로 나 죽은 게 아깝지 않아요"라고 썼다. 그가 죽은 직후 동성애는 음란물 지정에서 해제되었고, 죽은 지 1년 뒤 청소년보호위원회의 청소년 보호법 시행령 심의 기준에서 동성애 조항은 삭제되었다. 그러나 한국기독교총연합회는 그의 죽음에 대해 사과하지 않았을 뿐만 아니라, 내가 아는 한 그의 죽음을 애도하지도 않았다.

육우당이 남긴 시들은 2006년 『내 혼은 꽃비 되어』라는 제목의 유고집으로 나왔다. 거기 실린 시들은, 그가 오해와 차별, 외로움으로 잠 못 이루고 지독히 괴로워했지만, 본질적으로 매우 건강한 내면을 지닌 젊은이였으며 예민한 영혼의 소유자였음을 보여준다. 또한 그의 시들은 기독교 복음과 예수의 가르침에 대한 깊은 이해를 보여준다. 그는 독실한 기독교인이었고, 자신이 믿는 하느님이 자신을 있는 그대로 받아들여주시리라고 확신한 반면 현실 교회에 대해서는 절망했다. 그는 "이천 년 전 예수는 만민은 평등하다 말했고/고려시대 만적은 왕후장상 종자가 따로 없다 말하여/우리는 이 점들을 되새기나 실상은 그렇지가 못하네/인종차별 학력차별 지역차별 성차별 종교차별/별의별 차별이 있다네/세상에 가짜평등이 설쳐대나/언젠가는 만민평등 천국 같은 세상이 오리라"[62] 하고 노래했다. 그는 그리스도의 복음 선포를 근원적인 평등의 선포라고 이해했고, 그것을 믿었다.

예수는 사랑하라고 가르쳤는데, 예수의 이름으로 누군가에게 자기혐오를 강요하고, 그를 죽음으로 밀어넣을 수 있는가? 예수는 사람들에게 "네 죄가 사함 받았다"고 했는데, 예수의 이름으로 누군가를 죄인으로 낙인찍을 수 있는가? 죄 사유권을 독점하고 사람들을 죄인으로 규정하는 데 급급했던 예루살렘 성전체제에 맞서 예수는 '죄와 벌'의 질긴 고리를 끊어버렸다. 예루살렘 성전체제가 똬리 틀고 있던 내적 토대

---

62 육우당, 「만민평등기원가」, 『내 혼은 꽃비 되어』, 동성애자인권연대, 2006, 27면.

를 무너뜨린 것이다. 하느님의 사랑은 모든 생명을 있는 그대로 인정하고 포용한다. 오늘 있다 내일 아궁이에 들어갈 들풀도 입히시는 하느님이 우리를 사랑하고 보호하신다. 예수는 그러한 하느님의 사랑을 말과 행동으로 인상 깊게 설파했고, 사람들이 하느님의 사랑을 경험할 수 있게 했다. 그런데 한 사람이 그 사람 자신인 것을 기독교의 이름으로, 예수의 이름으로 부정할 수 있는가? 육우당의 죽음은 이러한 근본적인 신학적 질문을 제기한다.

하느님이 세상을 사랑하신 방식, 즉 하느님 자신이 육신이 되어 세상에 오신 사건은 모든 경계와 위계구조를 허무신다.(엡 5) 나아가서 이러한 하느님의 사랑은 그러한 위계구조로 인해 고통받고 괴로워하는 사람들을 가장 일차적인 대상으로 삼으신다. 아마도 성소수자들은 그중에서도 가장 앞줄에 있을 것이다. 하느님이 사랑하는 사람들을 사람이 미워할 수는 없다. 그들을 차별하고 배제하는 것이야말로 하느님 앞에서 죄이다. 하느님은 증오와 배제가 아니라 사랑과 화해의 하느님이기 때문이다.

④

성소수자 운동의
전개와 현황

오늘 우리 사회에서는 한편으로 10대, 20대를 중심으로 성소수자에 대한 부정적 인식이 급격히 약화되어 가는 반면, 다른 한편으로는 극우 개신교를 중심으로 반동성애 운동이 더욱 격렬해지고 있다. 이것은 사회가 성소수자들의 존재를 의식하면서 나타나기 시작하는 상반된 두 가지 반응이라고 할 수 있다. 실제로 우리나라에는 2000년대 들어 성소수자 운동이 눈에 띄게 성장하고 있다. 더 이상 숨지 않고 자신을 드러내고 단체를 만들어 적극적으로 활동하는 성소수자들이 늘어나고 있다.[63] 특히 사회적 인식의 변화를 구체적인

---

63   아마도 이러한 이유 때문에 예전 같으면 아무렇지도 않게 성소수자들을 조롱하거나 부정적으로 언급했던 대중매체가 이제는 자기검열을 할 뿐만 아니라 커밍아웃한 연예인을 출연시키고 성소수자가 등장하는 드라마를 방영하기까지 하고 있다. 2018년에 나온 영화 〈보헤미안 랩소디〉에서는 양성애자 주인공이 등장하지만 우리나라

법 제정이나 정책 수립을 통해 구현해내려는 노력이 이루어지고 있다. 법적·사회적으로 차별받지 않을 권리를 확보하는 일은 성소수자들에게 무엇보다도 중요하다. 여기서는 갈등의 핵심인 차별금지법 제정 문제를 중심으로 국내외적으로 어떠한 활동이 전개되어왔는지, 성소수자 인권운동과 인권의식의 발전 과정에는 어떠한 이슈들이 포함되어 있는지 살펴볼 것이다.

성소수자 인권운동이 구체적인 법과 제도의 변화를 위해 노력을 집중하는 만큼 반동성애 운동 집단 역시 성소수자 관련 법 제정이나 정책 수립을 둘러싸고 공격적인 활동을 벌이고 있다. 특히 2007년부터는 포괄적 차별금지법 제정 문제를 계기로 성소수자 문제가 본격적인 사회적 갈등으로 부각되고 있다. 성소수자 문제를 둘러싼 갈등은 역설적으로 우리 사회에서 성소수자의 목소리가 커져가는 반증이라고 할 수 있지만, 성소수자 한 사람 한 사람의 입장에서 보면 변화는 더디고 인생은 짧다. 인생에 연습이 없고 한순간도 소중하지 않은 순간이 없는데, 인생의 화양연화를 괴로워하면서 보내야 한다는 것은 불행한 일이다. 누구나 차별받지 않고 존엄

에서 흥행에 대성공을 거두는 데 아무 문제가 없었다. 2020년 드라마 〈이태원 클래스〉에는 트랜스젠더가 주요 등장인물로 나왔다. 이제는 이러한 현상이 더 이상 사회적으로 이슈화되지도 않는다.

한 존재로서 살아갈 수 있어야 한다는 당연한 권리, 이 권리
가 성소수자들에게 하루빨리 인정되어야 한다.

성소수자 차별금지를 위한 국제인권규범과 차별금지법

2011년 유엔 인권이사회가 성적 지향과 성별정체성에
근거한 차별을 금지하는 결의안을 채택한 이후, 오늘날 국제
사회에서는 성소수자에 대한 차별금지의 원칙이 자리를 잡아
가고 있다.[64] 이것은 두 차례의 세계대전을 겪으면서 인류가
뼈저리게 느낀 '인권'의 가치를 실제적인 법과 제도의 차원에

---

64 Human Rights Council Resolution: Human Rights, Sexual Orientation and
Gender Identity(adopted 17 June 2011) A/HRC/RES/17/19. "유엔인권이사회는
2011년 6월 17일 제19차 회의에서 '인권, 성적 지향과 성별정체성 결의안'을 채택했
다. 이는 성적 지향과 성별정체성을 이유로 한 인권침해에 초점을 둔 유엔 차원의 최
초의 결의안으로, 그동안 국제인권규범의 발전을 집약한 성과라 할 수 있다. 그리고
2014년 9월 27일 제27차 회의에서는 성적 지향과 성별정체성으로 인한 차별과 폭
력 금지에 관한 새로운 결의안을 다시금 채택했다. 이 두 결의안에 한국은 인권이사
회 이사국으로서 모두 찬성표를 던졌다. 이들 결의안에서는 세계 곳곳에서 성적 지
향, 성별정체성을 이유로 개인들에게 가해지는 차별과 폭력에 대해 심각한 우려를
표명하고 유엔인권최고대표에게 성적 지향, 성별정체성을 이유로 한 세계의 차별적
인 법과 관행, 폭력 및 이를 철폐하기 위한 국제인권법의 활용에 대하여 조사하여 보
고서를 마련할 것과 이후의 정기 회기에서 패널토론을 실시하여 정보에 입각한 대
화의 장을 마련하도록 하였다." 박한희, 「국제 인권규범 및 사례를 통하여 본 성소수
자 인권 동향」, 한국YMCA간사회 젠더정의분과 엮음, 『성소수자 인권 이해』, 따뜻한
평화, 2018, 132~133면.

서 담아내고자 노력해온 결과라고 할 수 있다. 성소수자 차별금지의 원칙을 입법화하고 제도로 구현하게 된 것은 2010년대에 들어와서이지만, 그보다 훨씬 전부터 성소수자의 인권과 차별금지를 위한 노력은 계속되어왔다.

박한희는 그간의 과정을 잘 정리해주었다.[65] 그에 따르면 1945년에 나온 유엔헌장과 1948년에 나온 유엔 '세계인권선언'은 비록 성소수자의 인권과 차별금지를 명시적으로 언급하지는 않았지만 최초로 보편적 평등과 인권의 가치를 선언한 문서로 평가받는다. 유엔헌장은 1조 2항과 3항에서 유엔 결성의 목적 중 하나로 차별금지와 평등을 명시하고 있고, '세계인권선언'은 1조와 2조에서 평등과 차별금지의 원칙을 천명하고 있다. 이후 1966년, '세계인권선언'을 구체화한 '시민적 및 정치적 권리에 관한 국제규약'('자유권 규약') 2조 1항과 '경제적·사회적 및 문화적 권리에 관한 국제규약'('사회권 규약') 2조 2항에서도 평등과 차별금지의 원칙을 명시하고 있다. 다만 이러한 국제조약과 인권선언에 차별금지 사유로 성적 지향과 성별정체성이 구체적으로 명시되지 않았는데, 그것은 이러한 조약과 선언이 이루어진 1940~60년대에는 아직 성소수자 운동이 본격화되지 않았기 때문이다. 대체로 성

65 박한희, 위의 글.

4. 성소수자 운동의 전개와 현황

소수자 운동이 본격화된 계기라고 보는 1969년 미국 스톤월 항쟁[66] 이전에는 성적 지향과 성별정체성을 국제규약에 명시하지 못했고, 구체적인 차별금지 사유는 이후 각 국가나 지역의 인권의식의 발전 정도에 따라 성적 지향과 성별정체성을 포함하여 포괄적으로 해석해왔다.[67]

또한 국제인권규약과 같은 위치에 있지는 않지만, 국제인권기준으로 상당한 권위를 인정받고 있는 것으로 '요그야카르타 원칙'Yogyakarta Principle이 있다. 이것은 성소수자 관련 국제기준을 29가지 원칙으로 명시한 것으로, 2006년 11월 6일부터 9일까지 인도네시아 요그야카르타에서 있었던 회의에서 25개국의 국제인권법 관련 전문가들이 채택 발표한 원칙들이다. 이들 원칙은 "모든 인간은 성적 지향이나 성별정체성에 근거한 차별 없이 모든 인권을 향유할 자격이 있다"(제2원칙), "다양한 성적 지향과 성별정체성을 가진 사람들이 삶의 모든 측면에서 법적 권한을 향유할 수 있어야 한다"(제3원칙), "법원 명령에 의해서든 혹은 다른 것에 의해서든 성적 지향이

---

66 1969년 뉴욕 그리니치 빌리지의 술집 스톤월 인에 대한 경찰의 단속에 성소수자들이 집단으로 항의하면서 일어난 사건으로, 성소수자 운동의 전환점이 된 사건으로 평가된다.

67 한국성소수자연구회(준), 앞의 책, 65면; 유엔인권최고대표 웹페이지 〈http://www.ohchr.org/EN/PublicationsResources/Pages/HumanRightsBasics.aspx〉; 김지혜, 「성적 지향과 성별정체성에 관한 국제인권법 동향과 그 국내적 적용」, 『법조』, 674호, 2012, 181~222면 참조.

나 성별정체성에 기반한 자의적 체포와 구금으로부터 자유로울 권리"(제7원칙) 등과 같이 차별금지, 법 앞의 평등, 노동권, 표현의 자유 등 그동안 성적 지향, 성별정체성과 관련하여 발전해온 국제 인권규범의 원칙들을 바탕으로 작성되었다.[68]

따라서 오늘날 보편적 차별금지의 원칙은 국제 인권규범에 의해 확고하게 세워져 있다고 할 수 있다. 다만 보편적 차별금지 사유의 구체적 내용은 국가별, 지역별 상황에 따라서 달리 정해진다. 차별적 현실에 직면한 소수자의 종류가 구체적 상황에 따라 다를 수 있기 때문이다.[69] 성소수자와 관련해서 보자면, 오늘날 주요 국가들에서는 대부분 성소수자에 대한 차별금지를 보편적 차별금지 사유의 하나로 보고 있으며, 성적 지향과 성별정체성에 따른 차별을 모두 금지하고 있다.[70] 따라서 "원칙적으로 모든 차별은 금지된다고 할 수 있지만, 차별금지를 법으로 시행할 때는 '차별금지 사유'를 구체

68　〈http://yogyakartaprinciples.org/〉. 2006년 제정된 29개 원칙에 덧붙여서 2017년 제네바 회의에서 9개 원칙과 이를 실행하기 위해 필요한 국가의 의무가 추가되었다. 박한희, 앞의 글, 134면.

69　예컨대 한국의 국가인권위원회법은 보편적인 차별금지 사유 외에 출신 지역, 용모, 학력에 따른 차별을 금지하고 있는데, 이것은 한국의 특수한 상황에서 비롯된 것이라고 할 수 있다.

70　한국성소수자연구회(준), 앞의 책, 66면. 캐나다, 뉴질랜드, 남아프리카공화국, 아일랜드, 영국, 스웨덴 등 주요 국가들도 차별금지법에 차별금지 사유로 '성적 지향'을 명시하고 있다.

적으로 규정한다. 개별 국가의 법제를 보면, 인종, 성별, 장애, 연령, 종교, 혼인 여부, 출신국가/민족, 성적 지향, 성별정체성, 양심/신념, 가족관계, 전과, 병력, 문화, 언어, 신체조건, 학력 등이 차별금지 사유로 나열되어 있는 것이 보통이다. 이러한 차별금지 사유들은 보편적으로 적용될 수 있는 것과 국가별/지역별로 특수한 상황에 따라 달리 적용될 수 있는 것으로 구분해볼 수 있다. 일반적으로 인종, 성별, 장애, 연령, 종교, 혼인 여부, 출신국가/민족, 성적 지향, 성별정체성 정도가 보편적 차별금지 사유라고 할 수 있다. 이러한 보편적 차별금지 사유는 국가별 특수성을 고려할 여지가 없이, 말 그대로 '보편적'으로 적용되는 것이다."[71]

이처럼 성소수자에 대한 인권의식이 발전하면서 성소수자를 처벌하거나 치료하려 하지 않는 것은 말할 것도 없고, 성소수자들이 사회에서 겪는 다양한 차별과 혐오에 대해 법적으로 보호하고 그 권리를 보장하기 위한 법 제도들 역시 발전해가고 있다. 2016년을 기준으로 고용영역에서 성적 지향에 의한 차별을 금지하는 국가는 38개이며, 1997년 남아프리카공화국 헌법을 필두로 헌법에 성적 지향을 차별금지 사유로 명시한 국가들 역시 14개국이나 된다. 나아가 "연령, 장애,

---

71 한국성소수자연구회(준), 앞의 책, 63면.

성별 정정, 결혼 및 법적 파트너십 여부, 종교나 신념, 성별, 성적 지향성"에 따른 차별을 금지하는 영국처럼 차별금지 사유에 성적 지향, 성별정체성을 포함한 포괄적 차별금지법을 제정한 국가들도 다수 있으며, 몰타와 같이 성별정체성을 헌법에 명시하는 국가들도 점차 증가하고 있다. 이러한 법률의 변화는 국가가 성소수자의 인권을 보장하기 위해 어떠한 역할을 해야 하는지에 대한 인식의 변화를 반영한다.[72]

그러므로 오늘날 대부분의 주요 국가에서 동성애는 범죄가 아닌 것은 물론이고,[73] 일상생활의 모든 영역에서 성소수자라는 이유로 차별을 받아서는 안 된다. 그러나 현실에서 성소수자들은 부정적인 사회적 인식으로 인해 여전히 자신을 드러내지 못하는 경우가 많으며, 걸핏하면 사회적 낙인과 추문의 대상이 되고 있다. 그러므로 법적·제도적 발전이 실질적인 차별철폐와 평등으로 실현되려면, 사회문화적 인식의 변화가 수반되어야 한다. 성소수자를 포함한 모든 소수자가 존엄하고 평등한 인간이라는 인식이 절실하게 요청되며, 이를 위해서는 교회의 변화가 무엇보다도 중요하다.

---

72 박한희, 「성소수자 인권 이해의 역사」, 『성소수자 인권 이해』, 115~128면 참조.

73 2016년 기준으로 아랍 국가를 포함해 몇몇 국가들을 제외하면 유엔 회원국 대부분의 국가들에 소도미법이 존재하지 않는다.

국내 성소수자 인권과
성소수자 운동의 현황

2017년 5월 24일 대만과 한국에서는 상반되는 결정이 내려졌다. 대만에서는 동성결혼을 금지한 현행법에 위헌 판결이 내려졌는데, 한국에서는 동성 간 성행위를 이유로 현직 군인에게 유죄가 선고된 것이다.[74] 이것은 우리나라의 성소수자 관련 법 운용의 현실을 보여주는 상징적인 사례라 할 수 있다.

한편으로 우리나라는 OECD 국가답게 성소수자에 대한 차별을 금하는 국제적 기준에 부응하려는 노력을 해왔고,[75] 국

---

74 2017년 4월 육군본부는 위헌적 성격이 강한 군형법 제92조의6에 근거하여 동성애자 군인을 색출하라는 지시를 내렸다. 육군본부는 동성애자 군인을 타깃으로 스마트폰 데이트 어플리케이션 등을 통한 함정수사를 했고, 이로 인해 20여 명 이상의 군인들이 인권침해적인 수사를 받고 기소당했다. 특히 A대위로 알려진 군인은 전역을 한 달 앞두고 구속 기소되어 5월 24일 육군보통군사법원에 의해 징역 6월, 집행유예 1년의 유죄판결을 선고받았다. 이 사건이 국내외적으로 알려지면서 이 조항의 폐지를 요구하는 목소리가 다시 한번 크게 터져 나왔고, 현재 국회에 폐지안이 발의되어 계류 중에 있다. 계간 및 기타 성추행은 징역 1년 이하에 처한다고 명시한 군형법 제92조의6은 군대 내에서만 아니라 휴가 나온 사병의 사생활까지도 처벌할 수 있는 법이었고, 동성 간 성폭력이 아니라 동성 간 성행위 자체를 범죄시한다는 점에서 문제시되어왔다. 이 법은 성소수자를 범죄적 존재로 보는 대표적인 차별적 법 조항이기 때문에 여러 차례 폐지 주장이 있었고, 세 차례 헌법재판소에 헌법소송이 제기되었으나 헌법재판소는 모두 합헌 결정을 내렸다. 2017년 2월 인천지방법원에서 직권위헌심판제청이 제기되어 현재 네 번째 헌법재판소에 올라가 있는 상황이다. 박한희, 「국내 법률 및 조례 등을 통하여 본 성소수자 인권 동향」, 139~140면 참조.

75 우리나라는 성소수자 차별금지 관련 협약만이 아니라 다양한 국제 인권협약에 가입

내법으로도 차별금지 원칙을 분명히 했다. 우리나라는 2011
년 유엔인권이사회가 채택한 '인권, 성적 지향과 성별정체성'
결의안에도 찬성했고, 성적 지향과 성별정체성을 차별금지 사
유로 명시한 2009년 '국제 인권조약에 관한 결의안'에도 찬성
표를 던졌다.[76] 국내법적으로도 헌법 제11조 1항[77]에서는 성
별에 따른 차별을 금지하고 있고, 국가인권위원회법 제2조 3
항[78]을 비롯해서 '형의 집행 및 수용자의 처우에 관한 법률'(제

했다. 인종차별 철폐에 관한 협약(1978년), 여성에 대한 모든 형태의 차별철폐에 관
한 협약(1984년), 경제·사회·문화적 권리에 관한 국제규약(1990년), 아동의 권리에
관한 협약(1991년), 장애인의 권리에 관한 협약(2008년) 등이 그것이다. 그러나 시
우는 한국 정부가 정치적 이해관계에 따라 협약을 취사선택하면서 국제기구의 권위
를 빌리는 일에만 집중했다고 지적한다. 가령 국제노동기구의 경우, 한국이 비준한
협약은 189개 중에서 29개에 지나지 않으며(OECD 국가 평균 61개) 핵심 협약 8개
가운데 4개, 우선적 비준을 권고하는 거버넌스 협약 4개 중 1개를 비준하지 않았다.
시우, 앞의 책, 152~153면.

76 한국성소수자연구회(준), 앞의 책, 67면.

77 헌법 11조 1항. "모든 국민은 법 앞에 평등하다. 누구든지 성별·종교 또는 사회적 신분
에 의하여 정치적·경제적·사회적·문화적 생활의 모든 영역에 있어서 차별을 받지 아
니한다."

78 국가인권위원회법 2조 3 "평등권 침해의 차별행위"란 합리적인 이유 없이 성별, 종
교, 장애, 나이, 사회적 신분, 출신 지역(출생지, 등록기준지, 성년이 되기 전의 주된
거주지 등을 말한다), 출신 국가, 출신 민족, 용모 등 신체 조건, 기혼·미혼·별거·이
혼·사별·재혼·사실혼 등 혼인 여부, 임신 또는 출산, 가족 형태 또는 가족 상황, 인
종, 피부색, 사상 또는 정치적 의견, 형의 효력이 실효된 전과(前科), 성적(性的) 지향,
학력, 병력(病歷) 등을 이유로 한 다음 각 목의 어느 하나에 해당하는 행위를 말한다.
다만, 현존하는 차별을 없애기 위하여 특정한 사람(특정한 사람들의 집단을 포함한
다. 이하 이 조에서 같다)을 잠정적으로 우대하는 행위와 이를 내용으로 하는 법령의
제정·개정 및 정책의 수립·집행은 평등권 침해의 차별행위(이하 "차별행위"라 한다)
로 보지 아니한다.

5조),[79] '군에서의 형의 집행 및 군 수용자의 처우에 관한 법률'(제6조)[80]은 차별금지 사유로 성적 지향을 명시하고 있다. 특히 국가인권위원회법은 최초로 성적 지향이 명시된 법률이며, 여기에 근거해서 성소수자 인권침해와 관련된 국가인권위원회 권고와 개선이 많이 이루어질 수 있었다. 이 외에 2010년대에 들어서는 지방자치단체에서도 인권조례를 제정하는 사례가 늘어나고 있다. 이러한 인권조례에는 차별금지 사유로 성적 지향을 명시하거나 국가인권위원회법을 준용하는 등 성소수자에 대한 차별금지를 명시하고 있다. '서울특별시 학생인권 조례'(제5조)와 '서울특별시 어린이·청소년 인권조례'(제7조)는 성적 지향과 함께 성별정체성을 차별금지 사유로 정하고 있고, 충청남도는 인권선언문에서 모든 도민은 성적 지향, 성별정체성 등으로 차별받지 아니한다고 기술하고 있다.[81]

그러나 이처럼 국제법과 국내법적으로 차별이 금지되어 있음에도 불구하고, 정부는 법을 적절히 집행하지 않을 뿐

79 제5조(차별금지) 수용자는 합리적인 이유 없이 성별, 종교, 장애, 나이, 사회적 신분, 출신지역, 출신국가, 출신민족, 용모 등 신체조건, 병력(病歷), 혼인 여부, 정치적 의견 및 성적(性的) 지향 등을 이유로 차별받지 아니한다.

80 제6조(차별금지) 군수용자는 합리적인 이유 없이 성별, 종교, 장애, 나이, 사회적 신분, 출신지역, 출신국가, 출신민족, 용모 등 신체조건, 병력(病歷), 혼인 여부, 정치적 의견 및 성적(性的) 지향 등을 이유로 차별받지 아니한다.

81 박한희, 「국내 법률 및 조례 등을 통하여 본 성소수자 인권 동향」, 144면에 실린 각 지자체 조례의 개략적인 현황 참조.

만 아니라 포괄적 차별금지법을 제정하지 않는 모순적 태도를 보이고 있다. 박한희는 우리나라가 가입한 다양한 국제인권조약은 "헌법에 의하여 체결·공포된 조약과 일반적으로 승인된 국제법규는 국내법과 같은 효력을 가진다"는 헌법 제6조 제1항에 따라 국내에서 직접적인 법적 효력을 가지며, 국제 조약기구가 한국의 인권 상황을 검토하여 내리는 최종 견해나 각종 보고, 권고들 역시 국제 인권규범에 따라 한국 정부가 준수해야 할 기준이 된다고 한다.[82] 실제로 우리나라는 유엔 자유권위원회를 비롯해서 유엔 산하 각종 인권기구와 위원회들로부터 성소수자와 관련해서 권고를 받았다.[83] 이러한 권고들의 주된 내용은 성적 지향과 성별정체성을 포함하는 차별금지법을 제정하고, 합의된 동성 간 성관계를 처벌하는 군형법 제92조의6의 추행죄를 폐지하며, 성소수자에 대한 증오범죄 대응과 전국적인 인식을 재고하라는 것이다.[84]

지난 이명박, 박근혜 정권 9년은 인권과 관련해서 보면 후퇴한 기간이었다. 이 기간에 정권은 차별금지법 제정에 반

---

82 박한희, 「국제 인권규범 및 사례를 통하여 본 성소수자 인권 동향」, 135면.

83 한국성소수자연구회(준), 앞의 책, 67~68면. 2015년 11월 유엔 자유권위원회는 한국 성소수자의 인권 현실에 깊은 우려를 표명하고 적절한 조치를 권고하기도 했다. 이 외에도 2016년 평화적 집회와 결사의 자유 특별보고관의 권고, 2017년 고문방지위원회, 사회권위원회, 그리고 UPR에서 성소수자 관련 권고들을 받았다.

84 박한희, 「국제 인권규범 및 사례를 통하여 본 성소수자 인권 동향」, 135~137면 참조.

대한 목회자를 국가인권위원회 위원으로 임명했고, 성적 다양성에 관한 내용을 삭제한 성교육 표준안을 도입했다.[85] 게다가 몇몇 극우 개신교와 보수 야당이 결탁하여 성소수자, 이주민, HIV 감염인 등 소수자에 대한 혐오와 차별 선동을 쏟아내고 있다. 이들은 개헌 논의 과정에서 "평등권 조항에 성적 지향 포함 금지", "국민을 사람으로 바꾸는 것 반대", "성평등 NO 양성평등 Yes" 등을 이야기하며 논의를 왜곡시키고 있다. 박한희는 이러한 움직임들에 대해 성소수자 인권을 보장하는 국제 인권규범에 반하는 것일 뿐 아니라 모든 사람의 존엄과 평등을 보장하는 헌법의 정신에도 반하는 일이라고 말한다. 그리고 이러한 혐오와 차별 선동의 근저에는 성소수자에 대한 혐오만이 아니라 성소수자를 빌미로 보수세력을 결집시키려는 의도도 있다. 정권 교체로 점차 설 자리를 잃어가고 있는 보수 야당이 성소수자라는 새로운 색깔론을 들어 불필요한 논쟁 구도를 만들고 있고, 개신교 극우 집단이 그것을 거들고 있다.[86]

이러한 퇴행적인 움직임에 맞서 끈질기게 시도되고 있는 것이 포괄적 차별금지법 제정 운동이다. 박한희는 국가인권위원회법이 다양한 인권 관련 권고를 할 수 있는 근거가 되

---

85   시우, 앞의 책, 153면.

86   박한희, 「성소수자에 관한 국내외 인권 동향: 혐오와 차별을 넘어 존엄과 평등으로」, 270면.

기는 하지만, 실체법이 아니라 조직법이기 때문에 국가인권
위의 권한도 권고에 그치고, 실질적으로 차별을 구제하는 법
률이 되기는 다소 어렵다고 한다. 또한 성적 지향과 성별정체
성만을 보호하는 개별적 차별금지법이 만들어진다 해도 구조
적인 차별구조에는 한계가 있다고 한다. 이러한 이유에서 그
는 성소수자의 인권을 보장하기 위해서는 성적 지향, 성별정
체성을 포함한 모든 형태의 차별을 금지하는 포괄적 차별금
지법을 제정할 필요가 있다고 주장한다.[87]

차별금지법 제정은 2006년 국가인권위원회가 국무총리
에게 권고한 이후 2007년부터 꾸준히 시도되어왔다. 반동성
애 운동 단체와 극우 개신교의 반대로 인해 발의 자체가 무산
되기도 했고, 2013년에는 이미 발의된 법안이 철회되기도 했
다.[88] 이러한 결과는 사회적으로 큰 문제가 되었을 뿐만 아니
라 국제 인권조약기구들에서도 성적 지향을 비롯한 7개 사유
를 포함하는 포괄적 차별금지법을 제정할 것을 지속적으로
권고했다. 이러한 상황에서 정부의 전략은 사회적 합의를 기
다리라며 나중으로 미루는 것이다. 법무부는 2007년 법안이

---

87 박한희, 「국내 법률 및 조례 등을 통하여 본 성소수자 인권 동향」, 141면.

88 2007년에는 법무부가 포괄적 차별금지법에 대한 입법예고를 했지만, 극우 개신교
의 반대로 인해 예고된 입법안에서 '성적 지향, 학력, 가족형태 및 가족상황, 병력,
출신국가, 언어, 범죄 및 보호처분의 전력' 등 7개 사유를 삭제한 채 발의하기에 이
르렀다.

폐기된 후 사회적 논란을 이유로 적극적 움직임을 보이지 않았다.[89] 이처럼 포괄적 차별금지법 제정은 지난한 과정을 거쳤고, 13년째 제자리걸음을 해왔다.

2020년 3월 최영애 국가인권위원회 위원장은 차별금지법 9월 국회 상정, 연내 제정을 목표로 한다고 발표했다. 이후 2020년 6월 29일 정의당 장혜영 의원을 대표발의자로 하여 포괄적 차별금지법이 발의되었다. 또한 2020년 7월 9일 현재 더불어민주당에서도 이상민 의원이 '성적 지향'을 포함한 차별금지법(평등법) 대표발의를 준비하고 있다. 국가인권위원회의 차별금지법 입법 촉구와 정의당, 더불어민주당의 차별금지법 발의로 그 어느 때보다 21대 국회에서 차별금지법 통과에 대한 기대가 높아졌다. 국회와 정부는 성소수자 집단의 다급한 외침에 하루라도 빨리 응답해야 하며, 이번에야말로 빈말로 끝나서는 안 된다. 국가가 성적 지향 및 성별정체성에 근거한 차별을 금지한다는 것을 반드시 명문화해야 하며, 그럼으로써 성소수자 차별금지가 법적 구속력과 실효성을 얻어야 한다.

현재 포괄적 차별금지법 제정은 성소수자 운동 진영과 반동성애 운동 진영이 맞서 있는 전선이라고 할 수 있다. 실

---

89 2010년 차별금지법제정연대가 대한민국 법무부로 발송한 공개질의서에 대해 당시 법무부는 "만약 차별금지법 제정에 따른 사회경제적 부담에 대한 우려가 해소되지 않는 상황이라면 원만한 사회적 합의 과정을 통한 법제정은 어려울 수밖에 없다"고 답하며 차별금지법 추진을 포기했다.

제로 2007년 차별금지법 제정 운동을 거치면서 성소수자 운동은 새로운 국면으로 접어들게 된다. 단순히 운동에 참여하는 활동가가 늘었을 뿐만 아니라 주변 시민사회 영역과의 연대가 확장된 것이다. 차별금지법 제정 운동은 성소수자 운동과 진보 운동 사이에 다양한 만남이 이루어지고 퀴어 이슈가 보다 중요한 의제로 자리매김되는 계기가 되었다.[90] 시우는 이전의 성소수자 운동이 주로 권위적인 국가기관이나 뿌리 깊은 사회적 편견과 맞서 싸우는 것이었다면, 2007년 투쟁을 계기로 퀴어 지형이 질적으로 재구성되는 변화가 나타났다고 한다. 이것은 보수 정권이 등장하고 반동성애 운동이 조직화한 상황과도 맞물린다. 시우에 따르면 반동성애 집단의 등장은 퀴어 이슈가 사회적인 논쟁을 이끌어낼 정도의 가시성과 영향력을 확보했다는 사실을 역설적으로 드러낸다.[91]

이후 대중매체에서도 성소수자들이 자주 노출되고, 특히 커밍아웃하는 사람들이 늘어났다. 커밍아웃은 문자 그대로 자신을 드러냄으로써 불확실성의 두려움을 상쇄할 뿐만 아니라 성소수자 커뮤니티와 만나는 계기가 될 수 있다. 이러한 커뮤니티는 성소수자들에게 심리적 안정감을 줄 뿐만 아니

---

90 시우, 앞의 책, 159면.

91 시우, 앞의 책, 157면.

라 정치적 연대로 이어질 수 있다. 시우는 "개인의 커밍아웃이 커뮤니티 경험으로 이어질 때, '우리'의 삶이 어떠해야 하는가에 대한 집합적인 고민이 형성되고, 이는 사회 변화를 추동하는 운동의 출발점이 된다"고 한다.[92] 그는 퀴어 운동이 권리 보호와 반차별 주장을 넘어서 불평등한 세계를 떠받치는 물적 토대와 의미 체계를 재조직하는 데까지 나아갈 것을 기대한다.[93] "자신을 긍정하는 커밍아웃, 삶의 경험을 공유하는 모임, 편하게 의지할 수 있는 커뮤니티, 사회 변화를 추구하는 운동"은 성소수자 당사자만이 아니라 급진적인 퀴어 비전을 풀어내고 사회정치적으로 확장하는 데로 이어져야 한다고 주장한다.[94] 이러한 시우의 주장은 성소수자 문제가 우리 사회의 근원적인 차별과 모순에 맞닿아 있으며, 그러한 급진적이고 근원적인 관점을 유지할 때에만 그때그때의 감언이설이나 미봉책에 넘어가지 않고 영구적인 혁명성을 유지할 수 있다는 인식으로 이어질 수 있다.

1993년 우리나라 최초의 동성애자 인권운동 단체인 '초동회'가 결성된 지 벌써 거의 30년 가까이 지났다. 그 사이 1994년 남성 동성애자 인권운동 단체인 '친구사이', 여성 동

---

92 시우, 앞의 책, 164면.

93 시우, 앞의 책, 165면.

94 시우, 앞의 책, 165~166면.

성애자 인권운동 단체 '끼리끼리'가 발족했고, 1995년에는 여러 대학 안에 동성애자 인권모임이 결성되었다. 그리고 1996년부터 PC 통신에 성소수자 모임이 생기면서 성소수자 커뮤니티는 급격히 확장되었다. 1997년부터는 퀴어영화제와 퀴어문화축제 등 문화행사가 기획되었고, 2000년 9월에는 홍석천이 커밍아웃했다. 2001년에는 트랜스젠더 하리수 신드롬도 있었다.[95] 최근에는 드라마나 영화 등에 성소수자가 자연스럽게 등장한다. 이러한 일련의 현상은 즐겁고 긍정적인 정서로 불평등한 현실을 돌파해내는 문화적 역량을 축적시킨다. 시우는 이것을 대항공중 counterpublic의 형성이라는 말로 설명했다.[96] 이러한 대항공중은 성소수자들이 적대와 혐오를 마주하면서 겪는 긴장을 풀어주고 여유를 잃지 않도록 돕는다. 무엇보다도 성소수자들 역시 일상적인 삶을 영위해야 하고, 그들의 투쟁 역시 삶의 전 영역에서 관철되어야 하는 만큼 지속적으로 자유와 해방의 건강한 에너지를 공급받아야 한다. 대항공중의 경험은 그러한 즐겁고 해방적인 에너지를 제공해줄 수 있을 것이다. 그러므로 성소수자들이 함께 만나 삶을 나누는 경험은 매우 중요하며, 차별에 반대하는 기독교

---

95   한채윤, 「왜 갑자기 한국 사회에 동성애 혐오가 강해졌는가」, 『성소수자 인권 이해』, 32~33면.

96   시우, 앞의 책, 217면.

인들 역시 그 길에 동무가 되어줄 수 있다.[97]

분명한 사실은 역사의 흐름은 성소수자들 편이라는 것이다. 우리나라에서도 성소수자가 동등한 시민으로서 권리와 존엄성을 인정받을 것을 믿어 의심치 않는다. 일례로 동성애에 대한 국가적 인식을 살펴본 2013년 퓨리서치센터Pew Research Center 조사에 따르면, 한국은 "사회가 동성애를 포용해야 한다"는 명제에 동의한 응답자 비율이 가장 빠르게 증가한 나라였다. 동의를 표현한 응답자 비율은 2007년 18%에서 2013년 39%로 높아졌는데, 증가율 기준으로 한국을 뒤이은 나라(2위 미국 11% 상승, 3위 스페인 10% 상승)와 상당한 격차가 존재한다.[98] 『이코노미스트』 한국 특파원 다니엘 튜더Daniel Tudor는 몇 년 내로 보수 정당이 퀴어 집단을 지지하는 정책을 제도화하는 작업에 착수할 것이라고 진단했다. 그는 동성결혼 법제화 찬성 비율이 2001년 17%에서 2014년 35%까지 늘었고, 게다가 10~20대에서는 압도적으로 찬성 비율이 높다는 설문조사 결과를 언급하면서 퀴어 이슈가 선거에도 영향을

---

97 성소수자들과 함께하는 기독교인 집단으로 다음과 같은 곳이 있다. 로뎀나무그늘교회(1996), 안개마을(2001), 한국기독학생청년연합회(1992), 차별 없는 세상을 위한 기독인 연대(2007), 열린문 메트로폴리탄 공동체 교회(2011), 섬돌향린교회(2013), 길찾는교회(2013), 무지개예수(2016).

98 시우, 앞의 책, 101면. Andrew Kohut et. al., *The Global Divide on Homosexuality: Greater Acceptance in More Secular and Affluent Countries*, Pew Global Attitudes Project (Washington: Pew Research Center, 2013).

미치게 될 것이라고 내다보았다.[99] 또한 2017년 갤럽이 실시한 동성애 인식조사에 따르면 동성애자 역시 동일한 취업 기회를 보장받아야 하냐는 질문에 90%가 긍정적인 답변을 했다. 이는 성적 지향, 성별정체성을 이유로 차별해서는 안 된다는 기본적인 인식이 우리 사회에 존재하고 있음을 말해준다.[100] 그러므로 이제 우리에게 필요한 것은 더 이상의 소모적인 동성애 찬반논쟁이 아니라 성소수자 역시 동등한 시민적 권리를 향유해야 한다는 당연한 전제를 바탕으로, 어떻게 하면 이러한 권리들을 법·제도 측면에서, 사회·문화적인 측면에서 보장해 나가야 할 것인지 심도 깊게 논의하는 일이다.

트랜스젠더의 성별 정정과 동성결혼의 문제

성소수자에 대한 차별금지 원칙은 삶의 모든 영역에 적용되어야 하지만, 특별히 문제가 되는 두 가지 이슈에 주목할 필요가 있다. 트랜스젠더의 성별 정정과 동성결혼 법제화 문

---

99 다니엘 튜더, 「동성애 어젠다와 대한민국 진보주의」, 『중앙일보』, 2015.1.3. 시우, 앞의 책, 166면.

100 한국 갤럽, 동성결혼·동성애에 대한 여론조사, 2017년 5월 30일 ~ 6월 1일.

제이다. 트랜스젠더의 성별 정정 문제는 신분 확인이 필요한 삶의 거의 모든 영역에서 트랜스젠더들이 차별과 불편을 겪게 만드는 문제라는 점에서 반드시 그 절차를 간소화하고 필요한 법적 근거를 마련해야 한다. 동성결혼 문제는 성소수자 역시 동등한 시민으로서 마땅히 누려야 할 혼인의 자유, 즉 기본적인 권리와 관련된 문제이다. 성소수자 역시 가족을 구성하고 가족 단위에게 주어지는 각종 혜택을 누릴 수 있도록 해야 한다.

트랜스젠더의 성별 정정 문제

트랜스젠더들은 대부분 청소년기부터 '지정성별'(출생 시 지정된 성별)과 자신이 인식하는 성별정체성 사이에 분열을 느끼고 특정 시점에 성별 이행과정에 들어간다. 이때 성별 위화감을 느끼는 정도에 따라, 본인이 편하게 느끼는 성별의 옷을 입는 등 성별 표현을 바꾸기만 할 수도 있고, 호르몬 요법을 통해 2차 성징을 변화시킬 수도 있으며, 또 외과적 수술을 통해 신체적인 성별 자체를 바꿀 수도 있다. 이 경우 지정성별에 의해 정해진 주민등록상의 성별과 트랜스 여성이나 트랜스 남성으로 이행한 성별 사이에 불일치가 발생한다. 이로 인해 신분 확인이 필요한 모든 사안에서 어려움을 겪게 되며, 특히 법적으로나 사회적으로 남녀를 다르게 취급하는 사안에서 더욱 큰 불이익과 불편을 겪게 된다. 취업이나 진학을 할 때, 선거를 위해 투표할 때, 해외출입국 심사를 받을 때, 구청·법원·경찰서 같은 공공기관이나 은행, 병원 등을 이용할 때, 주류나 담배를 구입할 때 등 일상생활의 거의 모든 상황에서 문제가 발생하는 것이다.[101]

이 때문에 많은 트랜스젠더들이 법적 성별을 변경하고자 한다. 현재 우리나라에서는 트랜스젠더의 성별 정정에 대한 법률이 제정되어 있지 않고, 1990년경부터 몇몇 지방법원을 통해 트랜스젠더의 성별 정정이 간헐적으로 이루어지다가 현재는 대법원 가족관계등록예규인 '성전환자의 성별정정허가신청사건 등 사무처리지침'에 따라 허가 여부가 결정되고 있다. 그런데 이때 요구사항이 지나치게 엄격하며 인권침해의 소지가 있다. 가령 현재 혼인 중이 아니며, 미성년인 자녀가 없어야 하고, 성전환 수술을 받아야 하며, 생식능력이 없어야 한다는 것 등이다. 성인에게까지 요구하던 부모동의서는 2019년부터 8월에서야 성별정정 신청서류 목록에서 제외되었다.[102]

---

101 한국성소수자연구회(준), 앞의 책, 73~80면 참조.

102 2019년 8월 19일자로 '성전환자의 성별정정허가신청 예규'가 개정되어, 부모동의서 항목이 삭제되었다. 「대법원 "트랜스젠더 성별정정 신청, 부모동의 없어도 된다" ⋯ 13년 만에 예규 개정」, 『경향신문』, 2019.8.21.

이러한 기준들은 트랜스젠더 신체의 온전성, 자기결정권 등을 침해한다는 비판이 지속적으로 제기되고 있으며, 국가인권위원회 역시 이에 대한 개선 권고를 내린 바 있다. 실제로 이러한 엄격한 기준 때문에 "트랜스젠더 중 법적 성별 정정을 한 경우는 13.2%에 그치며, 특히 58%가 외부 성기 성형 수술, 31.3%가 생식능력 제거 수술, 28.4%가 성년에 대한 부모동의서 요구로 인해 법적 성별 정정에 어려움을 느낀다"[103]고 한다.

그러므로 일차적으로 중요한 것은 국가가 성별 정정을 담보로 불필요한 외과 수술을 요구해서는 안 된다는 것이다. 외과적 수술을 동반하는 생식기 수술은 거액의 수술비와 수술합병증, 부작용 등 여러 가지 문제 때문에 최종적으로 고려하게 되며, 무엇보다도 당사자 스스로 결정해야 할 사안이다. 성별 정정을 원하는 모든 트랜스젠더에게 성전환 수술을 요구하는 것은 "자신의 성별정체성에 따라 살 수 있어야 한다는 당연한 권리를 침해하는 것이며, 헌법상 인간 존엄성에 대한 침해로 이어질 수 있다."[104]

사실 서구 국가들에서는 법률 개정이나 헌법 불합치 결

---

103 성적지향·성별정체성 법정책연구회, 「한국 LGBT 커뮤니티 사회적 욕구조사 보고서」, 한국게이인권운동단체 친구사이, 2014, 74면. 한국성소수자연구회(준), 앞의 책, 78~79면에서 재인용.

104 한국성소수자연구회(준), 앞의 책, 79면.

정 등을 통해 이러한 외과적 수술을 요구하는 요건이 철폐되고 있는 추세이다.[105] 국제인권법 역시 성별 정정을 인정할 때 생식능력 제거 수술을 요구하는 것을 문제시하고 있다. 특히 유엔 고문특별조사위원회UN Special Rapporteur on Torture는 2013년 2월 보고서에서 트랜스젠더에 대한 강제적 불임 요구가 고문에 해당한다고 판단했다. 국가가 신분증상 성별 정정 및 법적 성별 정정을 담보로 트랜스젠더로 하여금 자녀를 가질 수 있는 기회와 권리를 박탈하고 있기 때문이다.[106] 이러한 판단을 바탕으로 2015년 유엔 자유권위원회는 트랜스젠더의 법적 성별 정정에 과도한 기준을 적용하는 대한민국 정부에 우려를 표명했다. "성별 정정을 위한 선행조건으로 성전환 수술이나 호르몬 요법 등 기타 의료적 절차를 요구하는 것은 개인의 신체적 온전성에 대한 존중에 명백히 어긋난다"[107]는 것이다.

우리나라에서 대법원 예규는 행정규칙이고 대외적 구속

---

105 "현재 의료적 요건으로 외과적 수술을 요구하지 않는 국가는 영국, 독일, 덴마크, 스웨덴, 노르웨이, 네덜란드, 오스트리아, 스페인, 포르투갈, 폴란드, 벨라루스, 크로아티아, 아이슬란드, 우루과이, 헝가리, 아르헨티나, 콜롬비아, 에스토니아, 리히텐슈타인, 그리고 미국, 캐나다, 오스트레일리아, 뉴질랜드의 일부 주가 있다." 한국성소수자연구회(준), 앞의 책, 79면.

106 한국성소수자연구회(준), 앞의 책, 79~80면.

107 한국성소수자연구회(준), 앞의 책, 80면.

4. 성소수자 운동의 전개와 현황

력을 가지지 않기 때문에 최근에는 오히려 몇몇 지방법원에서 외부 성기 형성 수술 없이 성별 정정을 허가해주는 결정이 이루어지기도 한다. 그러나 이러한 결정이 아직 일반화되지 않았기 때문에 트랜스젠더가 겪는 인권침해에 대한 근본적인 대책이 요구되고 있다.

트랜스젠더들은 기본적으로 다음과 같은 변화를 요구한다. "첫째 성별 정정과 관련한 법을 제정하고, 둘째 성전환 과정의 의학적 가이드라인을 설정하며, 트랜스젠더들이 성전환할 때 병원마다 개별적으로 다른 검사가 아닌 통합적인 기준에 의한 검사를 받을 수 있어야 하며, 셋째 성전환 수술 시 국민건강보험제도를 적용해줄 것을 요구한다. 이 외에도 트랜스젠더들이 차별받지 않고 기초적인 생계가 보장되며 노동할 수 있는 권리, 안정된 가정을 구성할 권리, 교육받을 수 있는 권리 등 한국 사회에서 지정성별이 아닌 자신이 인식하는 성별로 살아갈 수 있는 권리가 보장되어야 한다."[108]

성별정체성과 성적 지향은 한 인간의 인격을 이루는 구성적 요소이며, 이는 스스로 결정할 수 있어야 한다. 성별 정정 역시 성별정체성을 결정하는 개인의 자유의 영역에 속하며, 따라서 성별정체성을 인정받는 데 성전환 수술이나 호르

108　한국YMCA간사회 젠더정의분과, 앞의 글, 210면.

몬 요법 등을 요구하거나 결혼이나 자녀 여부와 관련한 조건을 다는 것은 개인의 헌법적 자유를 침해하는 것이다. 개인의 인격과 자유를 존중하는 사회에서는 개인이 자신의 삶의 방향을 결정하는 것을 국가가 방해해서는 안 된다.

동성결혼 법제화 문제

성소수자는 다른 사람들처럼 가정을 이루고 행복을 추구하며 살아갈 권리를 포기해야 하나? 오늘날 전통적인 가족제도가 무너져가고 있는 상황에서 성소수자가 군이 결혼이라는 형태로 결합하고 가족을 이루어야 하는지 의문이 드는 것도 사실이다. 그러나 중요한 것은 결혼을 하고 가족을 이룰 권리가 성소수자, 특히 동성애자에게는 애초부터 주어져 있지 않다는 사실이다. 게다가 오늘날 세법이나 주거·복지제도 등 다양한 사회제도와 정책이 여전히 가족을 중심으로 이루어져 있기 때문에 발생하는 불이익도 많다. 가령 부부가 아니기 때문에 급여 생활자의 연말 소득공제 대상에서 제외되고, 전세대금 대출이나 각종 대출에서 불이익을 당하며, 한쪽이 사망했을 경우 법적 부부가 아니기 때문에 유산 상속도 어렵다. 심지어 다른 가족에 의해 장례식에도 참석하지 못하는 경우도 있다. 이러한 상황에서 결혼의 권리는 성소수자들에게 행복추구권과 관련된 절실한 문제이다.

그러나 유교적 가부장주의와 혈연에 근거한 가족주의의 영향이 아직 강력하게 남아 있는 우리나라에서는 동성결혼에 대한 거부감이 크다. 나아가서 기독교인들의 경우는 아우구스티누스 이후 결혼의 목적은 자녀 출산이라는 자연법적 사상이 뿌리깊이 박혀 있기 때문에 자녀 출산과 무관한 동성결혼은 허용할 수 없을 뿐만 아니라 하느님이 정해준 질서를 어지럽히는 죄악으로 간주된다. 그러나 오늘날 1인 가구 수가 증가하고, 출산율이 저하하는 상황에서 전통적인 가족 형태의 변화와 다양화는 피할 수 없는 현실이다. 동성결혼 법제화 문제는 성소수자와 관련해서만이 아니라 사회변화와 인구문제, 나아가서 결혼의 본질에 대한 신학적 정의와 관련해서 생각해보아야 한다.

가족 형태에 대한 역사적, 인류학적 연구 결과들은 결혼과 가족 형태는 문화적, 사회경제적 상황에 따라 다르고, 또한 역사적으로 변화해왔다는 사실을 보여준다. 실제로 아직 자본주의가 철저히 침투하지 못하고 모계적 전통이 남아 있는 일부 소수 문화권에서는 가족 구성의 형태가 다양할 뿐만 아니라 성별정체성 역시 자유롭게 선택하는 모습을 볼 수 있다.[109] 또한 일부일처제가 인류 역사의 시초부터 시행되었던

109　크리스타 뮐러, 「후치탄, 여자들의 나라(12): 여성들의 사랑」, 김종철 옮김, 『녹색평론』 173호, 181~203면.

것도 아니고, 가부장제 사회에서 일부일처제가 실질적인 의미에서 남녀에게 동등하게 유지되어온 것도 아니다. 서로 사랑하는 남녀가 평생 상대방에게 성적 신실함을 지키고 가정을 이루며 산다는 관념은 현대인의 연애와 결혼관을 지배하고 있고 존중받아야 하지만, 역사가 그리 오랜 것도, 절대적인 것도 아니다. 인간의 성적 지향과 성별정체성에 대한 새로운 발견과 사회경제적 변화에 따라 결혼 형태 역시 지금까지 그래왔듯이, 계속해서 새롭게 만들어지고 변화할 수밖에 없다. 그러므로 동성결혼의 법제화 역시 그러한 인식과 사회의 변화에 부응해서 결혼과 가족제도를 유연하게 변화시켜온 인류의 오랜 습관의 한 사례일 뿐이다.

결혼은 인간의 행복 추구를 위해 가장 중요한 기본권에 속하며, 누구나 결혼 상대를 자유롭게 선택할 권리가 있다. 이러한 간단한 정의에 근거해서 보면 결혼의 형태가 남녀의 결합만으로 한정되어서는 안 된다. 동성결혼 역시 개인들이 결혼을 통해 하나의 사회적 단위로 결합하고 가족을 구성하는 방식으로 허용되어야 한다.[110] 특히 앞서 언급했듯이 현재 "결혼이라는 제도가 그 관계 내에 있는 사람들에게 얼마나 많은 권리와 특권, 혜택을 부여하고 있는지" 생각한다면, 동

---

110 한국성소수자연구회(준), 앞의 책, 90면.

성결혼을 허용하지 않는 것은 성소수자에 대한 실질적인 차별이 된다. 결혼이라는 동등한 권리를 누리지 못하게 하는 것은 보편적 평등권에 위배되며, 특히 사회경제적으로 취약한 동성 커플에게 더 큰 고통과 어려움을 안겨준다.[111] 그러므로 동성결혼 법제화 여부는 그 사회의 보편적 평등과 차별금지의 정도를 가늠하는 지표라고 할 수 있다.

이미 세계적으로 변화의 추는 동성결혼 법제화의 방향으로 가고 있다. 동성결혼을 법제화하는 나라는 2001년 네덜란드를 시초로 그 수가 증가하고 있고, 미국은 2015년 연방대법원의 결정으로 전국적으로 동성혼이 가능하게 되었다. 아시아에서는 2017년 대만에서 동성결혼을 금하는 현행 민법 규정이 위헌이라고 판단함으로써 아시아 최초로 동성혼이 법제화될 수 있는 길을 열었다. 2017년 한 해 동안만 대만, 독일, 몰타, 오스트리아, 호주가 동성혼 법안을 제정하는 등 세계적으로 동성혼을 법적으로 인정하는 국가들이 지속적으로 늘어나고 있는 추세이다. 한편으로 동성결혼에까지 이르지 못하더라도 파트너십이나 시민결합 등의 제도로 동성 커플이 차별 없이 권리 혜택을 누리도록 보장하는 나라들도 여럿 있다.[112]

---

111 한국성소수자연구회(준), 앞의 책, 91면.

112 박한희, 「성소수자 인권 이해의 역사」, 『성소수자 인권 이해』, 125면. "1987년 스웨덴은 최초로 상속과 사회복지, 세금 영역에서 동성애자를 차별하지 않을 법률을 제

2020년 현재 동성결혼을 법으로 인정하는 국가는 영국과 미국, 프랑스, 아르헨티나 등 28개 국가이며, 결혼이 아닌 시민결합제도를 통해서 동성 커플의 법적 결합을 인정하고 있는 국가들을 포함하면 50개국 가까이 된다. 가까운 일본의 경우도 24개 지방자치단체에서 동성파트너십 등록이 가능하다.[113]

우리나라에서는 2000년대 초부터 동성결혼에 대한 논의가 진행되었다. 2002년에 레즈비언 커플의 공개결혼식이 있었고, 2004년에는 게이 커플이 공개결혼식을 한 후 구청에 혼인신고서 신청을 하고 거부당한 사례가 있다. 이것은 김조광수와 김승환의 공개결혼식이 대중의 주목을 받았던 2013년보다 훨씬 이전의 일이다. 또한 성소수자 단체들은 2005년 호주제 철폐를 계기로 동성결합과 관련한 사례를 연구하고 행사를 개최하며 논의를 이어왔다. 이러한 동성결혼 논의는 동성결합에 대한 사회적 인정은커녕 최소한의 복지나 권리

정하였으며, 1989년 덴마크에서는 입양할 권리와 교회에서 결혼할 권리가 포함되어 있지 않다는 점을 제외하면 이성 간의 혼인과 거의 유사한 종류의 권리를 인정하는 '파트너십 등록법'을 도입했다. 이 법은 최초로 동성결합 관계를 법적으로 인정했다는 점에서 역사적 의미가 크다. 그 뒤 1990년대를 거치면서 노르웨이, 아이슬란드, 그린란드, 네덜란드, 프랑스 등 유럽 북부 지역의 여러 국가에서 동성 커플에게 결혼과 유사한 법적 권리를 인정하는 법이 제정되었으며, 스페인의 경우 카탈로니아와 아라곤 주를 필두로 동성결합을 인정하기 시작하였다." 한국성소수자연구회(준), 앞의 책, 84~85면.

113 이호림, 「동성혼 불인정은 제도적 차별, 혼인평등은 거스를 수 없는 흐름이다!」, 『경향신문』, 2020.5.15.

조차 누릴 수 없는 상황에서 온갖 차별을 해소하고, 개인들이 실제로 맺고 있는 다양한 친밀성의 관계들을 법적 보호의 테두리 안으로 끌어들일 방안을 모색하는 노력의 일환이다.[114]

동성결혼에 대한 비난은 지금도 계속되고 있다. 가령 결혼은 본래 남녀 사이의 결합이며, 자녀 출산과 양육을 위한 것이라는 주장, 동성결혼을 허용하면 근친상간이나 일부다처제도 허용하게 된다는 주장들이 그렇다. 그러나 현재 벌어지고 있는 전통적인 가족제도의 붕괴, 비혼 인구의 증가는 자본주의 경제의 발전과 함께 나타나는 현상으로 서구사회에서는 우리보다 먼저 경험했던 일이며, 동성결혼과는 무관하다. 오히려 동성결혼 법제화는 가족제도를 강화하는 데 기여할 수도 있다. 동성 간 결혼이고 혈연에 기초하지 않은 부모 자식 관계라는 점만 다를 뿐 사실 동성결혼은 가족제도라는 틀 안에 있기 때문이다.

기독교인의 경우는 성서와 교리에 의해 동성애 반대, 동성결혼 반대에 대한 확신이 더욱 강화된다. 기독교인들은 창세기 1:27과 같은 성경 구절과 아우구스티누스 같은 신학자들에 근거해서 성과 결혼은 출산을 위한 것이며 동성 커플은 출산을 할 수 없기 때문에 인정할 수 없다고 한다. 그러나 인

---

114   한국성소수자연구회(준), 앞의 책, 86~89면 참조.

간의 성에 대한 성서의 이해와 거기 근거한 신학적 견해 역시 그 시대의 한계 안에 있으며, 따라서 제한적이다. 이러한 제한적 이해에 비해 '앎과 이해에 근거한 사랑'을 추구하는 것은 성서와 신앙의 근본에 속한다. 그리고 앎과 이해에 근거한 성서적 사랑을 실천하기 위해서는 성서 본문만이 아니라 오늘의 경험을 끌어와야 한다. 성서와 오늘의 경험, 이 둘을 함께 끌어오는 것, 그것은 앎과 이해에 근거한 성서적 사랑을 실천하기 위한 기본 조건이다.

진리에 헌신하고 거기 입각해서 기꺼이 스스로 변화하는 것은 기독교 신앙의 본질에 속한다. 이것은 성서와 과거 신학이 전제했던 인간의 성에 대한 생각은 이후 사람들이 인간의 성에 대해 얻게 된 지식과 발견을 통해 보완되고 바뀌어야 한다는 것을 의미한다. 사실 기독교의 역사를 돌아보면 노예제나 남녀평등 문제 등과 관련해서 교회는 이미 그렇게 해왔다. 이렇게 보면 성소수자에 대한 성서의 이해는 제한적이며, 따라서 오늘의 성소수자들에게 그것을 적용하여 그들을 죄인이라고 규정하고 결혼이라는 그들의 시민적 권리를 부정해서는 안 된다. 이것은 성서를 무시하는 것이 아니라 진리에 헌신하고 그에 따라 기꺼이 변화하는 성서적 신앙을 실천하는 것이기도 하다.

⑤

역사 속의
성소수자

반동성애주의자들은 이성애의 원인과 현상에 대해서는 설명할 필요가 없고, 동성애에 대해서는 그 원인과 현상이 설명되어야 한다고 당연히 전제한다. 어쩌면 이것이 모든 편견의 근저에 깔려 있는 가장 기본적인 편견인지 모른다. 왜 사람들은 특정한 사랑의 형식에 대해서는 이유를 따져 묻고 이름표를 붙이려고 하는 걸까? 성소수자 억압은 어디서 비롯되었으며, 어떠한 방식으로 이루어져왔는가?

　　이 장에서는 그러한 전제가 어디서 비롯되었는지, 다시 말해 동성애로 대표되는 다양한 소수 성애의 형태들과 이성애가 역사적으로 어떠한 대결 과정을 거쳐 현재와 같은 정상/비정상의 관계로 고착되었는지 살펴보고자 한다. 이 과정에서 과거 역사 속에서는 다양한 성애 형태들이 여러 가지 방식으로 공존해왔음을 확인하게 될 것이다. 물론 다양한 성애 행태가 역사적으로 존재하고 인정받아왔다는 사실이 본질적으로 그러한 성애 행태의 정당성을 입증해주지는 못한다. 그러나 인간 성애 형태의 다양성에 대한 역사적·문화적 증거들은 성소수자에 대한 본질주의적 접근이 적절하지 않으며, 인간 사회에서 성소수자에 대한 억압이 불가피하거나 영구불변한 것이 아님을 말해준다.

인류의 역사와 함께해온 성소수자

성적 지향으로서 동성애와 동성애자라는 용어는 1869년 벤커르트 Karl Maria Benkert 라는 헝가리 의사가 처음 사용했다.[115] 이것은 인간의 다양한 사랑의 형태와 욕망, 젠더 다양성에 대해 이름표를 붙이기 시작한 것이 약 150년 되었음을

---

115 벤커르트는 당시 프러시아 법무장관 레온하르트에게 익명의 서신을 보내면서 이 단어를 처음으로 썼다. 이 서신의 요지는 남성들 간의 성관계를 범죄로 추가한 형법 143조의 제정을 반대하며 남성들 간의 성행위에 대해 보다 합리적으로 접근할 것을 요구하는 것이었다. 그는 남성 간 성행위가 성도착에 해당할 수는 있어도 범죄로 보는 것은 부당하다고 했다. 그가 남성들 간의 성행위를 성도착으로 보았던 이유는 이들 남성이 여성과의 성행위에서는 발기에 실패하기 때문이라고 했다. 당시 그는 호모섹슈얼리티라는 용어를 남성들 간의 동성애 위주로 사용했다. 윤가현, 『동성애의 심리학』, 20면.

의미한다. 이때 비로소 오늘날 우리가 사용하는 용어들, 즉 이성애 heterosexual, 동성애 homosexual, 양성애 bisexual, 트랜스젠더 transgender 등의 용어로 인간의 성적 지향과 성애 형태를 구분하고, 사람들이 각기 어떤 범주에 속하는지 규정하게 되었다는 것이다. 반면 19세기 말 이전에는 사람들이 자신을 특정 성적 지향에 따라 구분하지 않고 다양하고 친밀한 성적 관계를 즐겼다. 이것은 다양한 성소수자에 대한 체계적인 억압이 최근의 현상이고 19세기 말 이전에는 존재하지 않았다는 것을 의미한다.

이렇게 보면 성소수자에 대한 체계적 차별은 지극히 근대적 현상임을 알 수 있다. 유구한 인간 역사에 비하면 근대라는 시간은 최근의 얼마 동안에 지나지 않는다. 이에 비해 동성 간의 사랑은 인류의 역사와 함께해왔다. 물론 역사적으로 특정 형태의 성행위를 금지하고 처벌한 예들은 많지만, 이때 "금지한 것은 행위였지 특정 범주의 사람들이 아니었다."[116] 이것은 성서의 경우도 마찬가지다. 당시 사회에서 동성애 행위를 죄악시했던 것은 오늘날 근대사회에서 게이나 레즈비언, 양성애자 등을 별도의 인간형으로 구분해 일관되고 체계적으로 박해하는 것과는 전혀 달랐다.

---

116   해나 디(2010), 『무지개 속 적색: 성소수자 해방과 사회변혁』, 이나라 옮김, 책갈피, 2014, 23면.

실제로 역사가들, 인류학자들은 다양한 인간 사회에서 동성 성관계가 용인되었을 뿐만 아니라 때로는 숭배와 찬양의 대상이기도 했다는 사실을 밝혀주었다. 윤가현은 인류학자들의 분류 방식에 따라 근대 이전 문화권에서 동성애로 대표되는 소수 성애 형태를 어떻게 대했는지 세 부류로 나누어 설명했다.[117]

첫째는 성별이 동일한 상대와의 성관계에 대해 특별히 언급하지 않는 문화권으로, 기독교 영향을 받기 이전의 멜라네시아 문화권이나 아메리카 원주민들이 여기 해당한다. 이들에게는 동성들 간의 성관계를 묘사하는 단어가 없고, 그러한 행위는 그저 생활양식의 일부였다. 이들 문화권에서는 동성 간의 성행위나 젠더 다양성이 비판이나 논의의 대상이 아니라 당연히 전제되었다고 할 수 있다. 예컨대 아메리카 원주민 사이에서는 자신이 원하는 젠더로 살아가는 게 흔한 일이었다. 이성이 하는 일을 선호하는 남성이나 여성은 그 젠더에 들어갈 수 있었다. 그들은 자신이 원하는 젠더에 걸맞은 경제·사회적 의무를 수행했는데, 여기에는 동성과의 성관계와 결혼도 포함됐다. 유럽 식민주의자들은 북아메리카에서 여성처럼 차려입고 여성의 일을 하는 남성이 또 다른 남성과 결혼하

---

117 윤가현, 앞의 책, 53~54면.

5. 역사 속의 성소수자

는 것을 목격했고, 그런 사람들이 공동체 안에서 존중받는다고 언급했다.[118] 오늘날 '두 영혼의 사람들'로 불리는 것과 비슷한 관습이 라틴아메리카의 식민화 이전 문명인 아스테카, 마야, 케추아, 모체, 사포테카, 투피남바 문명에 존재했다. 이런 관습은 케냐와 우간다의 이테소족과 에티오피아의 콘소족, 서아프리카의 아산티족 등 다양한 아프리카 사회에서도 발견됐다.[119]

둘째, 성별이 동일한 상대와의 성관계를 매우 긍정적으로 이해하던 문화권으로, 고대 그리스를 들 수 있다. 고대 그리스 사회에서는 특히 남성들 간의 사랑을 남녀 간의 사랑보다 더 순수하고 아름답고 가치 있고 차원 높은 것으로 여겼다.[120] 플라톤의 『향연』에서는 남성 간의 사랑을 남녀 간의 평범한 사랑과 대비해 아름다운 사랑, 천상의 사랑이라고 불렀고, 그리스 시대상을 반영하는 도자기들에는 성인 남성이 소년과 성행위를 하는 장면이 적나라하게 묘사되었다.[121] 스

---

118 Will Roscoe, *Changing Ones: Third and Fourth Genders in Native North America* (St. Martin's Press, 1988).

119 S. Murray & W. Roscoe(eds.), *Boy-Wives and Female Husbands: Studies of African Homosexualities* (N.Y.: St. Martin's Press, 1998) 참조.

120 그러나 여성들 간의 동성애는 레스보스섬에 거주하는 여성들 간의 관계 이외에는 별다른 언급이 없었다. 윤가현, 앞의 책, 54면.

121 윤가현, 앞의 책, 59면.

파르타에서도 남성들 간의 동성애가 보편화되어 있었는데, 이 경우 역시 성인 남성과 소년 간의 관계였고, 여성과의 결혼생활을 유지하면서 병행하는 양성애적 관계였다. 그러나 일반적으로 로마 시대에는 동성애적 관계를 이상적으로 여기기보다는 단순한 사실로 받아들이거나 '그리스의 질병'으로 여겼다.[122] 이 밖에 브라질 우림 지역의 토착문화권, 적도 부근의 멜라네시아 토착문화권도 이 부류에 속한다고 할 수 있다.

셋째, 동성 간의 사랑이나 성 행동에 대해 부정적인 태도를 보이는 문화권으로, 북미와 중남미, 유럽 등의 기독교 문화권과 이슬람 문화권, 우리나라 등이 있다. 이러한 문화권 대부분은 성에 대한 언급을 금기시하며 엄격한 가부장적 위계에 의해 사회질서가 유지되는 경향이 강하다.

그러나 앞서 언급했듯이 이러한 문화권에서도 동성들 간의 성적 접촉은 어느 시대에나 존재해왔다. 가령 이슬람권에 속하는 '천일야화'에는 동성 간의 욕망을 언급한 구절이 많고, 수 세기 동안 중동의 저명한 이슬람 학자, 시인, 작가의 작품에서는 남성 사이의 사랑을 널리 인정했다.[123] 10세기 초

122　윤가현, 앞의 책, 60면.

123　S. Murray & W. Roscoe, *Islamic Homosexualities: Culture, History and Literature* (New York University Press, 1997) 참조.

기독교인 남성이 이슬람 문화권에서 아랍 남성의 성적 요구를 들어주기보다 순교를 택했다는 기록도 있다고 한다.[124] 또한 19세기 유럽인들은 자신들이 정복한 이슬람권 나라들에서 동성애 관습을 접하자 즉각 이를 비난하고 법으로 금지했다. 소설가 플로베르는 이집트를 여행하면서 이렇게 말했다. "이곳 사람들은 그것에 아주 관대하다. 사람들은 자신의 남색을 인정하고 식사 자리에서 그에 대해 얘기를 나눈다."[125] 이슬람만이 아니라 기독교의 경우도 동성 간 사랑에 대한 태도를 단순화해서 말하기 어려운 부분이 있다. 가령 두 남성, 때로는 두 여성이 마치 남편과 아내처럼 함께 묻힌 중세 무덤들이 남아 있다고 한다. 당시 기록을 보면 남성 사이의 친밀한 정서적 관계를 공인한 의식들이 나온다.[126]

이러한 증거들은 이성애 중심주의와 거기 근거한 성소수자 억압이 인간 본성이나 신적 창조질서에 근거해 있다는 본질주의적 이해에 반한다. 과거와 현재 광범위한 인간 사회에 나타나는 동성 관계와 젠더 다양성은 그러한 현상 자체를 넘어 인간의 성행태를 규정하는 복잡한 요인들, 특히 사회 계

---

124 윤가현, 앞의 책, 65면.

125 해나 디, 앞의 책, 25면.

126 Alan Bray, *The Friend* (University of Chicago Press, 2003), 78-83. 해나 디, 앞의 책, 25면에서 재인용.

충적 요인을 분석할 것을 요구하며, 그것은 동성애만이 아니라 이성애도 마찬가지다.

예를 들어 그리스 로마 사회는 동성 간 성관계에 대해 관용적이었지만, 노예제에 기반했고 여성을 극도로 억압했다. 이 책 2부에서 자세히 다루겠지만, 이들의 경우 성행위에서 여성은 수동적으로 관통당하는 역할을 해야 하며, 남성 간 성행위에서 시민 계급인 성인 남자가 관통당하는 여성의 역할을 하는 것을 수치로 여겼다. 동성 간 성행위에서도 계급적이고 젠더적인 차별구조는 작동했던 것이다. 아테네에서는 10대 소년과 성인 남성의 성관계가 용인됐지만, 오로지 그 사회의 기본적 성역할과 위계에 도전하지 않을 때만 허용됐다. 예를 들면 능동적 역할의 남성과 수동적 역할의 소년 사이에 나이 차가 적절히 나야 했고 역할이 조금이라도 뒤바뀌는 것은 용인하지 않았다. 로마제국에서는 노예를 자유민의 소유물로 여겨 동성 노예를 강간하는 것은 용인했지만, 자유민이 수동적 역할로 동성 노예와 성관계를 맺는 것은 허용하지 않았다.[127]

그러므로 그리스 로마 사회가 이성애적 사회였다고 할 수 없지만, 그렇다고 해서 동성애 사회였다고 할 수도 없다.

---

127 가령 미소년이 눈에 띄면 능력 있는 남성들이 그 아버지에게 돈을 주고 성관계를 맺는 소위 매춘과 같은 관습도 별다른 규제 없이 성행했다. 윤가현, 앞의 책, 60면.

후손을 낳고 공동체를 유지하기 위해 결혼이 중요하기는 했지만, 오늘날처럼 이성애 중심주의, 이성애 문화가 지배적이었던 것이 아니다. 이것은 오늘날 당연시하는 이성애 중심주의가 실은 역사적 현상이며, 인간의 성애 형태 역시 동성애, 이성애라는 성적 요인만으로 규정할 수 없는 복잡한 현상임을 말해준다. 어느 시대 어느 곳에나 다양한 성애 형태가 있었고, 사회가 이를 용인하거나 억압하는 방식은 복잡한 사회문화적·정치적 요인들, 이른바 성-정치적 요인들에 의해 결정되었다. 말하자면 19세기 후반 서구사회에서 동성애를 성도착으로 규정하기 이전에는 성적 지향으로서 동성애라는 개념 자체가 없었고, 단지 동성애적 행위에 대해 처벌하거나 예찬하는 다양한 경향이 있었고, 이것 역시 복잡한 사회문화적 요인의 영향을 받았다는 것이다.

어떻게 이성애 중심주의는 지배적이 되었을까?

흔히 성소수자에 대한 억압은 유사 이래 계속되어왔고 당연하다고 생각한다. 인간의 성행위는 기본적으로 재생산을 위한 것이고 따라서 아이를 낳는 이성 간의 성행위는 자연적이고 정상인 반면 그 밖의 성애 형태는 부자연스럽고 비정상이라는 것이다. 그러나 이성애자도 아이를 낳기 위해서만 성행위를 하지는 않는다. 온갖 형태의 피임법이 옛적부터 있었고, 거기 의지해서 이성애자들은 재생산과 무관하게 성적 쾌락을 누려왔다. 그렇다면 재생산을 위한 성행위가 아니라고 해서 이성애자에게 쾌락을 위한 성행위를 금할 수 없듯이, 이성애 외의 다른 성애 형태에 대해 재생산을 위한 성행위가 아니니 비정상이라고 낙인찍는 것은 앞뒤가 맞지 않는다.

앞서 보았듯이, 실제로 인류학자들은 모든 인간 사회가 이성애적인 것은 아님을 밝혀주었고, 동물행동학자들은 포유류, 특히 사회생활을 하는 영장류들이 번식을 위한 짝짓기 이후까지 이성애적인 생활을 지속하지는 않는다는 사실을 밝혀주었다.[128] 다시 말해 생물학적 번식은 당연히 이성애적이지만, 사회를 구성하는 원리가 반드시 이성애적인 것은 아니라는 말이다. 이것은 인간 사회에서나 다른 동물들의 사회에서나 똑같이 확인된다. 이성애 원리는 인간을 포함해서 동물 사회를 구성하는 원리가 아니다. 인간 사회 역시 이성애 원리가

---

128 동물행동학 연구에 따르면 포유동물은 짝짓기 후에 금방 갈라진다. 함께 모여 살아가는 영장류의 경우도 마찬가지다. 발정기 동안 개체들을 하나의 성에서 다른 성 쪽으로 몰아가는 일종의 본능이 있지만, 이성애를 토대로 가족에 기반한 사회를 건설하지는 않는다는 것이다. Bruce Bagemihl, *Biological Exuberance: Animal Homosexuality and Natural Diversity* (New York: St. Martin's Press, 1999).

아니라 공동체적 협력이나 경쟁적 경제원리 등 훨씬 복잡하고 다양한 원리들에 의해 구성되어왔고, 다양한 성애 형태가 공존해왔다는 것이다. 학자들은 이성애를 기반으로 해서 사회를 건설한 것은 오랜 인류 역사에서도 특정 시기 이후, 서구의 경우 12세기 이후이고, 오늘날처럼 이성애를 제외한 다양한 성적 지향 자체를 부도덕하고 일탈적인 것으로 낙인찍고 억압하게 된 것은 그리 오래지 않은 19세기 말 이후라고 본다.

역사학자이자 화학자, 신학자인 이반 일리치Ivan Illich는 12세기 중엽 교회에서 나타나기 시작한 혼인서약서 안에 표현된 생각, 즉 계약관계에 있는 부부 양측이 각기 동등한 '부분'으로 결합되어 있다는 생각에서 남녀관계에 대한 새로운 개념이 생겨났다고 본다. 이 시기 교회가 한 쌍의 남녀의 내적 관계를 새롭게 도식화했다는 것이다. 12세기 들어 남자와 여자가 하느님 앞에서 혼인서약을 하기 전에는 남녀 부부가 가정의 중심이 아니라, 그들이 각기 속한 가문이나 가계, 촌락공동체가 중심이었다. 그런데 사회경제적 변화와 함께 부부가 과세단위로서 가정의 중심에 오게 되고, 교회가 나서서 하느님을 내세워 부부의 결합을 보증하게 된다. 하느님이 각각의 동등한 개인 남녀를 결합시키는 접착제가 된 것이다. 예전에는 신랑과 신부의 부모에 의해 행해지던 혼례의 축복기도를 이제부터는 사제가 올리게 되었고, 사제는 신자의 사랑과 가정에 대한 지배력을 갖게 되었다. 성직자들은 남자와 여자 사이의 관계에 관심을 가졌고, 남녀관계는 성직자들의 기본적인 관심사 가운데 하나가 되었다.[129]

당시 성직자들은 결혼의 윤리를 세우고 부부 결합의 틀을 공고히 하는 데 몰두했다. 그들에 따르면 혼인이라는 틀은 적법한 이성애 관계가 확립될 수 있는 유일한 장소였다. 이렇게 교회에 의해 이성애적 남녀 커플이 공인되고 이와 동시에 불륜에 대한 단죄가 강화됨으로써 사랑의 문화에 대한 가톨릭교회의 영향력이 늘어나게 되었다. 그러나 성직자들은 지극히 신중한 태도를 보였다. 왜냐하면 이 경우에는 불가피하게 섹스가 개입되고, 그것은 교회가 죄악시했던 육욕, 세속적인 것을 의미했기 때문이었다.[130] 그래서 성직자들은 하느님에 대한 사랑을 가장 우위에 두고 남녀 커플의 사랑을 혼인의 틀 안에서 통제하고자 했다. 사실상 혼배성사는 이러한 교회의 의도의 산물이었다고 할 수 있다.

또한 이때 교회는 동성애를 기본적인 왜곡으로 정의함

---

129 Ivan Illich, *Gender* (London: Marion Boyars, 1982).

130 Georges Duby, Dames du XII$_e$ siecle (Paris: Gallimard, 1995), 167. 루이-조르주 탱, 『사랑의 역사: 이성애와 동성애 그 대결의 기록』, 이규현 옮김, 문학과지성사, 2010, 18면에서 재인용.

으로써 이성 간의 쌍이 정상이라는 개념을 만들어냈다. 물론 이전에도 동성애적 행위는 존재했지만, 누군가 동성애 행위를 한다는 것은 누군가는 작가라고 말하는 것과 같은 수준에서 이상하다고 말하는 것이었고, 대부분 나름의 방식으로 그들을 받아들였지, 동성애를 이성애와 대립시켜서 비정상적인 성적 왜곡으로 규정하지는 않았다는 것이다.[131] 또한 12세기 이전까지 교회는 남색을 주요 범죄로 규정하지 않았으며, 그 행위에 대한 처벌 역시 가벼웠다. 그러나 12세기부터 남색자는 자연을 거스른다는 관념이 퍼졌고, 이것은 이성애는 자연에 일치한다는 관념에 상응하는 것이었다. 오래지 않아 남색은 중요한 죄악으로 간주되었고,[132] 존 보스웰John Boswell에 의하면 13세기에는 남색에 대한 교회의 태도가 훨씬 더 강경해져서 토마스 아퀴나스는 온 힘을 다해 남색을 가장 가증스럽고 심각한 죄로 단죄했다. 교회는 남녀가 결혼관계 안에서 자식을 낳아야 한다고 강조함과 동시에 이른바 자연에 반하는 죄로 동성애를 비난했다. 따라서 고작 한 세기만에 유럽

---

131 Ivan Illich, *Gender*, 147-148.

132 John Boswell, *Christianity, Social Tolerance, and Homosexuality: Gay People in Western Europe from the Beginning of the Christian era to the Fourteenth Century* (Chicago/London: Chicago University Press, 1980), 92-93. 보스웰에 의하면 이때 남색에 반대하는 교리가 생겨났다. 11세기 주교이자 추기경이었던 피에르 다미엥이 당시 결정적인 역할을 했다. 이 책 2부 2장 참조.

전역에서 '자연을 거스르는' 이 죄에 대한 태도가 상대적인 무관심에서 화형까지 시킬 수 있는 끔찍한 죄로 바뀌었다.[133] 이 밖에도 교회는 자위, 수간, 항문성교 등 생식과 관계없는 성행위가 역병과 기근 등 온갖 재앙을 가져온다고 했다.

문학사가인 루이-조르주 탱 역시 서구에서 이성애 문화가 지배적이 되기 시작한 시기를 12세기 초 무렵으로 보고 있다. 중세 동성사회 문화로부터 근대 이성애 문화로의 변화의 단초가 이때 시작되었다는 것이다. 그는 이 시기에 궁정사회 문화가 지배적이 되면서 이성애 문화가 서양에 등장했다고 보았다. 이전 시대에는 오히려 성직자나 기사들 중심의 동성사회 문화가 우세했고, 그들 사이에서는 동성 간의 우정, 성직자들의 경우 금욕주의적 영성, 기사들의 경우 영웅적 용맹스러움이 이상화되었다.[134] 이들 사이에 주고받았던 편지나 글을 보면 오늘의 관점에서는 매우 성애적인 표현들이 아무렇지도 않게 나온다.[135] 가령 필리프 2세와 조프루아는 항

---

133 위의 책, 95.

134 루이-조르주 탱에 따르면 봉건 문화의 토대는 오로지 남성만의 세계였고, 전사는 여자들의 세계로부터 멀리 떨어져 살았다. 집단생활과 군사작전, 위험을 함께한 경험이 불러일으키는 열광은 종종 단순한 동지애를 넘어서는 매우 확고한 유대를 낳았다. 그리고 사나이들 간의 우정은 흔히 두 기사로 하여금 죽음도 불사하도록 만드는 열렬한 관계로 발전했다. 루이-조르주 탱, 앞의 책, 17면.

135 아미와 아밀은 7년 동안 서로 찾아 돌아다니다가 마침내 만난다. "아미가 정면을 바라보니 초원이 펼쳐져 있다 / 햇빛 좋은 철처럼 온통 꽃이 피어 있다 / 아미는 초원

---

　　　　　　　　　　　　　5. 역사 속의 성소수자

상 붙어 다녔으며 음식, 요리, 침대를 공유했다. 기사는 자신의 동무가 걱정될 때 눈물을 참지 못한다. 다 자라 건장한 남자라도 자신의 친구가 죽을 때는 실신한다. 걸핏하면 서로 입맞춤을 하고 때로는 함께 밤을 보낸다. 동시대인들에게 이들의 이러한 행동은 아주 자연스러운 것으로 보였다.[136]

그러나 루이-조르주 탱에 따르면 11세기 말 궁정문화의 출현으로 이성애 문화가 강화되기 시작한다. 중세사회에서 궁정풍의 사랑이 유행하면서 남성의 우정을 이성애적 사랑이 대체하게 되고, 이전에는 이상적으로 여겨졌던 남성 간의 사랑이 수상쩍은 것으로 여겨졌다.[137] 이전 시대에는 남자들 사

한가운데 서서 아밀 백작을 본다 / 결코 만난 적이 없었지만 금방 알아보았다 / 갖추고 있는 멋진 장비, 이전에 들었던 생김새로 / 그가 아밀 백작임을 어렵잖게 알 수 있었다 / 아미는 자기 말에 황금빛 박차를 가해 / 아밀 쪽으로 거침없이 나아가니 / 이번에는 아밀이 아미를 첫눈에 / 알아보고 아미에게로 다가온다 / 둘은 서로 열정적인 입맞춤을 주고받고 / 포옹하고 어찌나 강렬한 애정으로 껴안는지 / 자칫하면 숨이 꽉 막혀 죽을 만큼 야무지다." Peter F. Dembowski, *Ami et Amile: une Chanson de geste de l'amitie* (Paris: Champion, 1987), V. 13-14. 루이-조르주 탱, 앞의 책, 30~31면에서 재인용.

136 루이-조르주 탱, 앞의 책, 37면.

137 이렇게 이성애적 연애가 유행하면서, 당시 여성들은 남성들의 치근거림, 예찬, 현양의 대상이 되면서 상징적 지위가 대단히 높아졌다. 피상적으로 보면 이러한 이성애 문화가 여성의 지위 향상으로 이어졌다고 볼 수 있지만, 실제로 여성의 현실이 개선된 것은 아니었다. 12세기와 13세기에 여성성이 이상화되었다 해도 여성에 대한 규범과 통제 또한 강화되었다. 여성들에게는 남성이 바라는 여성의 이미지에 순응할 것이 요구되었다. 이상적인 여성성이 강조되면서 여성에 대한 환상적 이미지를 예찬하는 한편, 그러한 이상에서 벗어나는 여성들을 악마화하고 가혹하게 벌하는 경향이 나타난 것이다. 마녀사냥은 그 대표적인 예라고 할 수 있다. 루이-조르주 탱, 앞의 책, 54~55면.

이의 사랑이 '정상적인 사랑'이었고, 그러한 사랑에 의해 맺어지는 동무 기사들의 커플이 자연스러운 커플이었지만, 이제는 남자와 여자 사이의 사랑이 정상적이고, 남녀 커플이 자연스러운 커플이 된 것이다.

루이-조르주 탱은 당시 지배계급을 대표했던 성직자들과 귀족들이 이 새로운 문화의 유입에 대해 어떻게 대응했는지에 주목했다. 그에 따르면 성직자들은 이성애 문화가 육욕의 단념과 하느님에 대한 사랑에 바탕을 둔 자신들의 윤리에 반해 지나치게 성적이기 때문에 저항했다. 기사들, 즉 군인귀족은 과거 동성사회적인 질서와 남성다운 우정에 기초한 그들의 에토스에 반해 이성애 문화는 이성 간의 관계에 근거했기 때문에 저항했다. 요컨대 성직자들에게는 이성애 문화가 종교적 경건과 금욕에 도전하는 성적 타락과 향락으로 여겨졌고, 그 때문에 그들은 이성애 문화가 제기하는 섹스의 문제에 저항했다. 한편 군인귀족에게는 이성애 문화가 과거 동성사회 문화의 영웅적이고 씩씩한 무사의 이미지에서 벗어나 여성에게 매이는 무력하고 나약한 아첨꾼 남성의 이미지를 이상화하는 것으로 여겨졌고, 이 때문에 그들에게 이성애 문화는 젠더의 문제를 제기했다. 그러나 이러한 성직자들과 기사계급의 저항은 실패했고, 이성애 문화의 범람을 막지 못했다. 반면 의사들은 이성애 문화를 도덕 규범화하는 과정에서

5. 역사 속의 성소수자

동성애를 비롯한 다양한 성도착을 개념화했다는 것이다.[138]

　일리치와 루이-조르주 탱의 연구는 이성애 문화가 지배적으로 된 과정이 당연하고 자연발생적인 과정이 아니었음을 보여준다. 이 변화의 과정은 갈등과 충돌, 저항, 그리고 타협과 화해로 점철되었다. 요컨대 이성애자/동성애자라는 대립항이 오늘날 아무리 당연해 보일지라도 12세기 이전 옛 사회에서 그러한 대립은 사실상 존재하지 않았다는 것이다. 그 시대에도 남녀 커플이나 이성애적인 사랑이 당연히 있었겠지만, 그러한 이성애적 관계는 동성애적인 관계와 대립항을 이루지 않았다. 그보다는 오히려 기사들의 경우는 기사도 윤리와 남성 간의 우정이, 성직자들의 경우는 종교 윤리와 하느님에 대한 사랑이 이성애적 관계와 대립항을 이루었다고 보는 것이 정확하다.

　이반 일리치와 루이-조르주 탱은 서구사회에서 12세기에 시작된 이성애 문화가 극단적인 남녀 양성의 섹스사회로 정착한 것은 산업사회 이후라고 본다. 일리치는 산업사회의 경제적 인간 유형이 탄생하게 된 것이 이 과정에서 결정적인 영향을 끼쳤다고 보고, 루이-조르주 탱은 근대의학의 발전을 중요한 한 가지 요인으로 본다. 일리치는 '호모 이코노미쿠

138　루이-조르주 탱, 앞의 책, 277면.

스'(경제인간)라는 산업사회의 인간형이 탄생하는 과정에서 자본이 획일화, 추상화하기 힘든 젠더의 복잡하고 풍부한 문화적 다양성이 사라지고 남녀 양성의 생물학적 섹스만 남게 되면서 인간을 극단적으로 성적인 방식으로만 규정하는 관습이 일반화되었고, 이 과정에서 동성애자를 비롯한 성소수자는 성적 도착의 이미지를 얻게 되었다고 본다.[139]

한편 루이-조르주 탱에 의하면 이성애 문화가 정착된 이후 성립한 근대의학에 의해 동성애자를 성도착자로 이미지화하는 작업이 완성됐다. 그에 따르면 19세기 심리학자들과 의사들이 이성애 규범을 강화하는 과정에서 동성애자라는 인간 유형을 성도착의 전형으로 이미지화했다. 의사들과 심리학자들은 과거 가톨릭교회가 난잡한 성적 특징이라고 규정했던 것들을 동성애자에게 적용해서 동성애자에 대한 과장된 성적 도착의 이미지를 만들어냈다는 것이다.[140] 이렇게 해서 동성애 욕망과 행위를 일시적 일탈, 즉 이론상으로는 누구나 범할 수 있는 것으로 여기던 데서 특정 부류 사람들의 본성으로 보게 된 것은 매우 중요한 전환점이었다. 이제 동성애자를 범주화하고 체계적으로 억압할 수 있는 이론적 근거가 마련된 것

---

139 Ivan Illich, *Gender*, 169-179.

140 루이-조르주 탱, 앞의 책, 279면.

이다.

그 결과는 존 보스웰이 언급했듯이 남녀 간의 사랑, 이성애 문화의 범람이다. 그는 초기 기독교 시대부터 14세기까지 서양 사회에서 동성애에 대한 태도를 연구한 후 산업사회 이후 성문화에 대해 결론적으로 이렇게 말했다.

산업 문화로 인해 이 주제(이성애)는 완전히 강박관념이 되었다. 현대 서양 문명의 기념비적 작품들을 관찰해보면 사랑은 19~20세기 산업사회에서 관심의 중심에 있었다는 인상을 받을 수 있을 것이다. … 옛 문명들이나 현존하는 비산업문명권에서 남자는 여자를 사랑하기 위해 존재하고 여자는 남자를 사랑하기 위해 존재한다는 것을 당연시하는 경우는 별로 많지 않다. 언제 어디서건 인류의 대부분은 이성애라는 인간적 가치 척도를 옹졸한 것으로 여겼던 것으로 보인다. 수많은 문명과 과거 서양 사회는 오히려 다른 문화적 쟁점들에, 예컨대 영웅적인 인물에 대한 상찬, 계절에 대한 사색, 성공이나 실패, 또는 농사 주기의 불안정에 대한 충고, 가문의 내력(여기서 사랑은 완전히 부재하지는 않더라도 제한된 역할을 했을 뿐이다), 종교적이거나 정치적인 전통의 연구나 발전에 더 열중했다.[141]

141 John Boswell. *Les Unions de même sexe dans l'Europe antique et mêdievale* (Paris: Fayard, 1996), 20. 루이-조르주 탱, 앞의 책, 10~11면에서

그러므로 인간 사회가 지속하기 위해 이성애를 통한 재생산이 이루어져야 한다는 것이 생물학적 기본 조건임에는 틀림없지만, 위에서 기술한 이성애 문화의 역사는 이성애 문화 역시 본질적이고 신적인 질서가 아니라 하나의 역사적 현상임을 알려준다. 기독교는 이성애만이 하느님의 창조질서에 따른 유일하고도 지배적인 인간 성애의 형태라고 규범화함으로써 다른 성애의 형태들을 억압하는 데 일조했지만, 기독교에 의해 이루어진 이 과정 역시 하나의 역사적 현상이다. 따라서 성소수자 문제에 접근할 때에는 인간의 성애, 특히 이성애를 영원한 신적 질서, 또는 하느님에 의해 정당화되는 '자연의 질서'로부터 끌어내려 '시간의 질서' 속에서, 역사 속에서 그 성-정치적 작동기제를 살펴보아야 한다.

성소수자 억압의 기원 : 하나의 관점

서구사회의 경우 12세기에 이성애적 남녀관계의 전형이 만들어지고, 점차 지배적인 성애의 형태로 자리잡아 20세기에 이르면 '정상적'이고 '자연적인' 성애 형태로 고정되었다.

재인용.

그렇다면 이성애가 정상적이고 자연적인 성애 형태라고 결정하게 된 근본 원인은 무엇일까? 인간의 성의식, 섹슈얼리티, 젠더 등과 관련하여 정상과 비정상을 나누고 성소수자를 체계적으로 억압하는 일은 왜 일어나게 되었을까?

루이-조르주 탱이나 이반 일리치를 비롯해서 오늘날 많은 학자들이 이성애 문화의 지배와 자본주의 산업사회의 도래 사이에 긴밀한 관련성을 본다. 사회주의자이자 성소수자 활동가인 해나 디 Hannah Dee는 인간의 성의식과 계급관계의 상호성에 입각하여 서구사회에서 사회변혁을 위한 투쟁으로서 성소수자 해방운동이 어떻게 전개되어왔는지 기술했다.[142] 그녀는 엥겔스의 전제에서 출발한다. 엥겔스는 이렇게 말한다.

역사를 규정하는 결정적 계기는 궁극적으로 직접적 생산 및 재생산이다. … 그 하나는 생활수단, 즉 의식주의 대상과 이에 필요한 도구의 생산이며, 다른 하나는 인간 그 자체의 생산, 즉 종족의 번식이다. 특정한 역사 시기 및 특정한 지역의 인간들의 사회 조직은 이 두 가지 종류의 생산에 의해, 즉 하나는 노동의 발전 단계에 의해, 다른 하나는 가족의 발전 단계에 의

142 해나 디, 앞의 책.

해 규정된다.[143]

    따라서 계급사회가 도래한 이후 다양한 계급사회 내에서 성 행동과 성별 역할을 지배하는 규범의 기저를 이루는 것은 사유재산과 가족제도다. 그에 따르면 인간의 성의식은 계급관계에 기반한 가족제도의 사회경제적 기능에 의해 결정된다. 동성 관계는 이런 제도들에 도전하지 않는 한 허용되며, 허용되는 행위의 범위는 언제나 사회의 물질적·사회적·정치적 조건에 따라 결정된다.[144] 따라서 성관념과 성역할이 어떻게 형성되는지 이해하려면 계급사회의 발전과 함께 가족이 어떻게 형성되었으며, 또 계급 권력을 유지하는 데 가족이 어떠한 역할을 했는지 살펴보아야 한다.

    엥겔스의 고전적인 이론에 따르면, 계급사회 이전 사회 경제적 관계는 평등했고, 따라서 남녀관계 역시 훨씬 평등했으며, 성에 대한 제약 역시 덜했다. 그러나 계급사회의 발전과 함께 사유재산의 상속을 위해 가부장적 가족제도가 생겨났고, 여성의 몸과 성을 통제하는 일부일처제가 확립되었

---

143 Friedrich Engels, *The Origin of Family, Private Property and the State* (Peking: Foreign Languages Press of Peking, 1978), 4; 프리드리히 엥겔스, 『가족, 사유재산, 국가의 기원』, 두레, 2012, 8~9면.

144 해나 디, 앞의 책, 38면.

다.[145] 오늘날 마르크스와 엥겔스의 단계적 생산양식 발전이론이 도전받고 있는 것은 사실이지만, 이러한 엥겔스의 기술은 사회경제적 관계가 인간의 성과 성소수자에 대한 태도를 규정하는 결정적인 요인임을 말해준다. 가령 고대 그리스 로마 사회에서 상대적으로 동성 간 성관계에 관대했던 것은 생산노동을 노예가 담당했기 때문에 지배계급의 재생산이 부의 확대와 직접적인 관련이 없었고, 또한 가족의 범위 밖에서 생식과 무관하게, 즉 상속과 아무 관련 없이 행해지는 성행위를 억제할 필요가 별로 없었다는 데 그 이유가 있었다. 반면 재산을 상속하기 위해서는 가족을 유지하고 여성의 몸과 성을 통제할 필요가 있었다.

해나 디에 의하면, 13세기에 동성애를 자연에 반하는 죄로 규정하고 박해하기 시작한 것 역시 경제발전으로 인해 전통적 제도들이 불안정해진 상황과 관련이 있다. 유럽 전역에서 시장관계가 성장하면서 점차 초기 자본주의적 생산관계가 발전하자 지주, 교회, 가족 등 옛 제도들은 힘을 잃기 시작했고, 가정과 일터가 분리되면서 시골 지역으로부터 도시로 인구가 이동했다. 이러한 사회경제적 변화로 인해 비교적 익명성이 보장될 수 있는 도시에서는 자유로운 남녀관계와 남성

---

145 프리드리히 엥겔스, 앞의 책, 103~126면.

간 성관계를 할 수 있는 하위문화가 등장했다. 신흥 자본가계급은 이러한 변화에 직면해서 새로운 형태의 성 통제와 억압을 도입하려 했지만, 혁명적 도전과 저항에 맞닥뜨리게 되었다.[146] 교회와 권력자들은 동성애를 금지하고 마녀사냥을 비롯해 인종적·종교적 소수파들을 탄압했지만, 새로운 변화의 물결을 멈출 수 없었다.

산업화 이후의 역사는 자신들이 새로운 형태의 노예제, 즉 임금노동의 노예가 되었음을 깨달은 노동계급과 부르주아 계급의 투쟁의 역사였고, 가족 및 성 문제와 관련한 도덕과 정책은 실질적으로 그러한 투쟁의 맥락 안에 있었다. 해나 디는 17세기 중반 이후 산업화가 진행된 이래 사회주의 혁명운동과 부르주아지 사이의 권력투쟁이 남녀평등과 성적 자유를 둘러싸고 어떠한 과정을 거쳐 오늘날과 같은 노동자 계급과 여성, 성소수자에 대한 억압으로 귀결되었는지 그 과정을 자신의 저서 『무지개 속 적색』에서 밝혀주고 있다. 그녀는 초기 산업화 과정 영국에서 등장한 혁명적인 종교 정치 집단이 단순히 정치체제의 변화만이 아니라 급진적인 사회변화를 원했으며, 거기에는 새로운 영성과 성도덕이 중요한 요소였다고 말했다. 그들은 평등한 애정관계와 개인의 자유를 갈구했다.

---

146 해나 디, 앞의 책, 40~41면.

가령 '수평파'Levellers[147]는 경제적으로 해방되기 위해서는 개인의 생산도구 소유권을 착취자들로부터 가져와야 한다고 보았고, 개인의 자기 신체에 대한 권리를 주장했다. 토지점유파Diggers[148]는 사유재산제를 철폐하고 공동체 생활을 할 것을 주장했고, 가문이나 재산에 상관없이 사랑하는 사람과 결혼할 자유를 설파했다. 이 두 혁명적 집단은 "하느님은 사람을 차별하지 않는다"고 하면서 평등을 요구하는 격문을 잇따라 내놓았다.[149] 랜터파의 로런스 클라크는 이렇게 말했다. "빛과 사랑 속에서 당신이 하는 행동이 무엇이든 그것은 빛나

---

147 수평파는 17세기까지 영국 정치에서 완전히 소외되었던 중층·하층 계급의 정치적 견해를 최초로 대변한 정치 집단으로, 영국 청교도혁명 과정 중 1645~1646년 런던과 그 주변 지역에서 국왕과 왕당파에 맞서 의회를 지지한 급진세력 가운데서 시작되었다. 이들은 크롬웰이 찰스 1세를 처형하고 호국경으로 취임하여 통치하던 공화국 시기에 소시민, 직공, 자영농민, 소작농민, 군대의 사병 등 소외당해온 사회 기층계급을 기반으로 그들의 이해를 공개적으로 대변하는 근본적인 공화주의·민주주의 운동을 벌였다. 수평파라는 이름은 이 운동이 사람들의 재산을 균등하게 만들려 한다는, 즉 인위적이고 기계적인 평등을 주장하며 공산주의적 정책을 편다는 인상을 주기 위해 적대적인 사람들이 악의적으로 붙인 이름이다. 이승영, 『17세기 영국의 수평파 운동』, 민연, 2001 참조.

148 영국 청교도 혁명 때 등장한 평등주의 운동 집단으로 토지공유를 주장했다. 이들은 1649년 윈스턴리(G. Winstanley)의 지도 아래 황무지를 개간하여 토지를 공유하는 공동 사회를 만들고자 하였으나 크롬웰의 탄압으로 1650년 해산되었다. 토지점유파, 직역하면 '땅 파는 사람들'(Diggers)이라는 명칭은 땅을 파서 황무지를 개간하려 한 데서 왔다. 토지 개인소유 폐지를 주장했으며, 열성적인 종교적 평화주의자들이었다. 윈스턴리는 독실한 기독교인이었지만, 제도 종교와 성직자를 반대했다. 위의 책 참조.

149 더글러스 러미스, 「평등」, 볼프강 작스 외, 『반자본 발전사전: 자본주의의 세계화 흐름을 뒤집는 19가지 개념』, 이희재 옮김, 아카이브, 2010, 104면.

고 사랑스러운 것이다. 성서, 성인과 교회가 뭐라고 말하든, 당신 내면이 스스로 비난하지 않는다면 당신은 비난받지 않으리라."[150] 또한 프랑스 혁명정부는 1791년 남성 간 성행위를 비범죄화했다. 1776년 영국의 식민 지배에 맞선 미국 혁명 또한 소도미를 비범죄화했다. 이처럼 17세기와 18세기의 부르주아 혁명 과정에서 억압으로부터의 해방과 평등이라는 사상이 대중적 지지를 받았고, 이런 사상은 흑인 노예와 여성의 해방, 성적 자유로까지 확장될 수 있었다.[151] 토마스 페인Thomas Paine과 메리 울스턴크래프트Mary Wollstonecraft의 여성해방 사상은 이러한 맥락에서 나왔고, 이러한 사회적 분위기 속에서 혁명사상가가 아니었던 제러미 벤담도 성인끼리 합의한 성행위를 법으로 처벌하는 데 반대했다.

이후에도 세계 최초의 노동계급 조직운동이었던 차티스트 운동과 생시몽, 푸리에, 오언 등 19세기 초의 유토피아적 사회주의 운동은 과학과 산업이 새로운 세계와 새로운 자유를 가져올 수 있다는 낙관론을 폈고, 여성과 사랑에 대한 제약은 부르주아지가 그런 희망을 배신했음을 보여주는 강력한

---

150 Norah Carlin, "The Roots of Gay Oppression", *International Socialism* 42 (Spring 1989), 85; 노라 칼린, 『동성애자 억압의 사회사』, 책갈피, 1995.

151 해나 디, 앞의 책, 45면.

상징이라고 주장했다.[152] 푸리에는 일반적 해방을 가능하려면 여성이 얼마나 해방됐는지를 척도로 삼아야 한다고 주장하기도 했다.[153] 이들은 교회나 국가로부터 공인받을 필요가 없는 자유로운 사랑과 도덕적 결합을 추구했고, 피임을 홍보하고 성을 스스로 통제할 자유를 지지한 최초의 선동가들이었다. 오언과 푸리에 추종자들은 경쟁 대신 상호 협력하는 공동체들을 세웠고, 가사의 고역과 육아를 함께 하는 집단적 생활방식을 추구했다. 1830년대와 1840년대에 자본주의의 불의에 맞선 저항이 늘어나면서 그런 이상향을 쟁취할 수 있는 길이 보이기 시작했고, 그러한 투쟁을 벌이는 사람들 사이에서 여성과 성에 대한 새로운 사상에 우호적인 청중이 늘었다. 오언주의 노동자들은 결혼과 혼외자 차별을 없애자거나 가족생활을 집단생활로 대체하자거나 여성의 노동권과 노동조합 가입권을 보장하자는 등 다양한 주장과 제안을 내놓았다.[154]

유토피아적 사회주의Utopian Socialism는 우리나라에서는 '공상적 사회주의'라는 다소 모욕적인 언어로 번역되었다. 유토피아적 사회주의는 아직 노동계급이 정치세력으로 등장하

---

152 해나 디, 앞의 책, 60~65면 참조.

153 샤를 푸리에, 「네 가지 운동과 일반적 운명에 대한 이론」, 『사랑이 넘치는 신세계 외』, 책세상, 2007, 19~20, 29~38면.

154 해나 디, 앞의 책, 63면.

기 이전에 나왔고, 계급투쟁에 기반한 혁명전략을 내세우지도 않았지만, 이들의 사상은 "사회를 전면적으로 개조"하고 싶어 했던 억압받고 착취당하는 사람들의 "최초의 본능적 열망"을 표현하고 있었다. 특히 공동체를 형성하여 자신들의 유토피아적 이념을 구체적으로 실험했던 로버트 오언과 오언주의 공동체들은 그 당시보다 오히려 오늘날 경청할 요소가 많다.[155] 이들은 보통 사람들의 삶에서 일상적으로 이루어지는 구체적인 억압의 문제를 진지하게 다뤘고, 성적 자유와 여성 해방을 이루려는 투쟁을 새로운 세계를 쟁취하려는 투쟁에 통합하려 노력했다.[156] "성소수자 문제가 아직 직접적으로 제기되지 않았던 상황에서 명시적으로 동성애 문제를 다루지는 않았지만, 이들은 일반적 관점에서 여성 억압과 성애에 대한 제약에 반대하는 주장을 했다."[157]

이러한 초기 사회주의의 인간해방에 대한 신념은 유럽 전역을 휩쓸던 노동계급의 투쟁의 흐름 속에서 노동계급이 인간해방을 쟁취할 경제적 힘과 이해관계를 지닌 집단이라

---

155 G.D.H. 콜, 『로버트 오언: 산업혁명기, 협동의 공동체를 건설한 사회혁신가』, 홍기빈 옮김, 칼폴라니사회경제연구소협동조합, 2017.

156 알렉스 캘리니코스, 크리스 하먼 외 「성소수자 차별과 해방」, 『여성과 성소수자의 차별과 해방』, 국제주의 전통 자료집 Ⅶ, 책갈피, 2018, 420~421면.

157 해나 디, 앞의 책, 67면.

5. 역사 속의 성소수자

는 이론과 결합됐다. 마르크스주의와 과학적 사회주의가 탄생해, 유토피아적 사회주의자들의 이상을, 노동계급이 사회주의를 쟁취할 힘을 가지고 있다는 인식과 결합할 수 있게 된 것이다. 노동계급의 해방은 노동계급 자신의 힘으로 쟁취해야 한다는 인식이 확고해진 것이다. 마르크스에 의하면 소수 계급인 부르주아지는 법률과 이데올로기를 통해 가족을, 노동자가 착취당하고 여성이 억압받으며 어떤 섹슈얼리티 차이도 박해받는 불평등한 사회를 지키고 재생산하는 도구로 만들었다. 마르크스는 사회의 다수인 노동계급에게는 착취와 억압이 없는 더 발전한 형태의 가족과 양성 관계를 위한 새로운 경제적 토대를 만드는 것이 이익이라고 주장했다.[158] 이것이 마르크스가 죽은 지 수개월 후 엥겔스가 "위대한 혁명이 일어나면 언제나 자유로운 사랑이 화두가 된다"고 말한 이유였다.[159]

그렇다면 가족과 사랑을 둘러싼 싸움은 어떻게 벌어졌

---

158 해나 디, 앞의 책, 66면.

159 Friedrich Engels, *Das Buch der Offenbarung, in Marx-Engels Werke* (Berlin, 1959; *MEW*), XXI, 10. 실제로 19세기 중후반이 되면 유럽 사회에서 '가족' 개념에 맞서 '자유로운 사랑'을 옹호하는 경향이 강력하게 나타났고, 당시 프러시아와 독일 제국 정부는 가족에 대한 사회주의자들의 위협에 고삐를 채우기 위해 다양한 입법 활동을 했다. Richard Weikart, "Marx, Engels, and the Abolition of the Family", *History of European Ideas*, Vol. No. 5. (Elsevier Science Ltd., 1994), 657.

는가? 산업화 초기의 지독한 착취 속에서 노동계급의 가정은 붕괴했고, 그들에게는 가난과 고통만이 남겨졌다. 그들에게는 노동력을 팔거나 아니면 굶어죽을 자유밖에 남겨져 있지 않았다. 한편 전 유럽을 휩쓸던 급진적 혁명의 바람 속에서 기존제도가 붕괴하고 위계질서도 무너지자 부르주아지 일부는 사회 불안이 확대되고 자신들의 사회 통제력이 약해질까 봐 걱정하기 시작했다. 자본주의 산업을 효과적으로 조직하려면 가족이 전통적으로 주입한 위계와 규율이 준수돼야 했고, 노동자들이 집단적 계급투쟁 조직이 아니라 개별 가정에 대한 책임감과 자급자족 욕구에 매이는 편이 나았다. 물질적 조건 때문에 노동계급 가족은 붕괴하고 있었던 반면, 부르주아지는 자신들의 계급적 필요에 맞게 가족제도를 법적, 이데올로기적으로 강화하는 조처를 취했다. 영국에서 1753년 혼인법은 결혼을 구두 합의에서 법적 계약으로 바꾸고 재산, 소득, 자녀에 대한 여성의 권리를 박탈했다. 가족제도를 강화해 부르주아지의 재산을 보호하려는 것이었다.[160] 가족의 사회적 구실을 둘러싼 싸움은 부르주아지가 노동계급을 확고히 통제하기 위해 벌인 광범위한 투쟁에서 매우 중요한 요소였고, 따라서 가족제도를 위협하는 성적 행위와 관행을 공격하

---

160 해나 디, 앞의 책, 51~52면.

5. 역사 속의 성소수자

고 가족을 강화하는 수많은 조치들이 취해졌다.

19세기에 이르면 혼인계약의 중심인 가정은 부르주아지가 자신의 부를 향유하고 자신의 여자와 자녀, 재산을 보호하는 사적 안식처가 된다. 이처럼 개인적 선택에 의한 관계를 강조하고 가정생활 이데올로기(가정을 안정, 미덕, 자기수양의 장소로 강조하는)를 만들어냄으로써 부르주아지는 사회를 자기 방식대로 변화시키고 자신을 타락한 귀족이나 부도덕한 하층민과 구별하는 데 유용한 가치를 얻게 됐다.[161] 가족의 해체와 성적 질서의 붕괴는 사회불안과 혁명의 위험을 뜻하는 강렬한 은유가 되었다. 가족제도를 위협하는 성적 행위와 관행을 공격하고 가족을 강화하는 수많은 조치들이 취해졌다. 가령 1793~1815년 프랑스와 전쟁을 벌이는 동안 영국 지배계급은 프랑스혁명을 소도미와 성적 방종과 연결함으로써 재앙과 악행에 대한 해묵은 공포를 불러일으키려 했다. 또한 18세기 말부터 19세기까지 영국에서는 동성 간 성행위에 대한 박해가 극심해졌다.[162]

지배계급이 노동계급을 향해 가족 가치를 강조한 것은

---

161 해나 디, 앞의 책, 52~53면.

162 1834년 가혹한 신구빈법. 1800년대의 부랑금지법은 "무질서한 생활방식"을 금지했고 실업자, 비국교도, 매춘부나 소도미 행위자를 겨냥해 적용될 수 있었다. 이 법은 성매매, 과잉 출산, 사생아 출산, 근친상간 같은 하층민의 소위 부도덕한 성행태를 겨냥한 것이었다. 해나 디, 앞의 책, 55~59면.

건강한 노동력을 확보하고 노동계급의 재생산을 안정적으로 유지하기 위한 이유가 일차적이었다. 이를 위해 소극적으로는 가족제도를 위협하는 요소들을 분쇄해야 했지만, 다른 한편으로 노동계급 가정의 안정성을 위해 일정 부분 타협하기도 했다. 그들은 노동자들이 참혹한 노동 조건에 맞서 대중운동을 일으키자 아동과 여성의 노동 연령, 노동 시간, 노동 장소를 규제하는 법을 잇달아 도입했다. 공장법과 교육법도 도입해 여성의 노동 시간과 노동할 수 있는 산업을 제한하고 아동에 대한 국가교육을 13세까지로 확대했다.[163] 또한 나머지 가족이 노동하지 않고 먹고살 수 있을 만큼 남성 가장의 임금이 보장되어야 한다는 가족임금을 장려했지만, 그것은 여성이 있어야 할 곳은 가정이라는 반동적 사상을 의미했다.

노동자들에게는 이런 개혁이 생활수준을 어느 정도 개선하는 최선의 방법을 제시하는 것처럼 보였고, 많은 노동자들이 이런 조치들을 환영했다. 공장과 빈민가의 참상에 지친 노동자들에게 가족은 안식처로 보였다. 이렇게 해서 가족은 모든 계급에게 해결책으로 여겨졌다. 이와 함께 노동자들이 모든 사람의 임금과 노동 조건의 전반적 향상을 위해 투쟁할 수 있는 능력도 약해졌다. 가족은 가난과 실제 착취 상황을

---

163 해나 디, 앞의 책, 69면.

5. 역사 속의 성소수자

바꾸지는 못했지만, 가혹한 생활조건으로부터 도피할 안식처를 찾는 노동자들은 가족을 강렬히 열망했다. 이렇게 해서 노동계급 조직이 노동계급 일부의 당면 이익에만 매몰되는 형태로 굳어지면서 가족 이데올로기가 강화되었다.[164]

지배계급만이 아니라 노동계급에게도 부르주아적 가족은 이상적이자 유일한 삶의 방식으로 확고해졌고, 부르주아적 가족을 유지하는 것은 창조질서만이 아니라 자연에 따른 삶의 방식이라고 여기게 된 것이다. 사실 노동계급에게까지 이렇게 부르주아적 가족 이데올로기가 확대되고 인간 삶의 유일하고도 중심적인 형식으로 자리잡게 된 것은 철저히 근대적 현상이었다. 근대 이전에는 대부분의 사람들에게 가족보다는 공동체가 삶의 터전이었고, 귀족 역시 가족보다는 자신들의 지위에 따른 사교생활을 더 중요시했다. 그런데 근대 이후 부르주아 사회와 함께 등장한 핵가족 시대가 되면서 가정은 전통적인 생활공동체의 상실에 따른 심리적·정서적 욕구를 해결할 수 있는 유일한 기구가 되었다. 그리고 자본주의 사회의 야만적 경쟁이 삶의 기본 원리가 되면서 가정은 외부세계로부터 절연된 은신처로서 유일하게 따스한 정을 느낄 수 있는 곳으로 생각되었다. 자본주의 사회에서의 삶이 추하

---

164   해나 디, 앞의 책, 68~69면.

고 야만스러운 것이 되면 될수록 가정의 의의는 더욱 강조되고, 그 결과 가정의 신성함이라는 이데올로기가 뿌리내렸다. 이러한 가족 이데올로기는 노동계급이 지배체제의 작동원리를 스스로 내면화하는 데 기여했다. 핵가족이 발달하고 가족 간의 사랑이라는 개념이 발달할수록 타인과의 공동의 이익 추구나 연대의식에 대한 불신이 확산되고, 오래된 질곡과 억압의 구조가 한층 강화되었다.

이러한 가족 이데올로기의 강화는 한편으로 노동 조건이나 사회경제 체제의 전반적인 변화 대신 노동자와 그 자녀를 재생산하고 양육하고 돌보는 부담을 주로 노동계급 가족, 그중에서도 여성에게 지우는 결과를 가져왔고, 다른 한편으로 이상적인 가족 개념과 성역할에서 벗어나는 사람들을 낙인찍기 시작했다. 일탈적 성행위는 훨씬 더 체계적으로 공격받았고, 그중에서도 남성과 성관계를 맺는 남성과 성매매 여성 두 집단이 주된 표적이 됐다. 해나 디는 이때 성매매 행위가 아니라 성매매 여성을 처벌했던 경향은 19세기 말 동성애자를 범주화하고 억압하는 데서 훨씬 더 파괴적으로 작용하는 전환점이 되었다고 주장한다. 동성애 욕망과 행위를 일시적 일탈, 즉 이론상으로는 누구나 범할 수 있는 것으로 여기던 데서 벗어나 특정 부류 사람들의 본성으로 보게 되었다는 것이다. 성매매를 규제하는 법이 동성애자 공격을 강화하는

5. 역사 속의 성소수자

수단이 되었다.[165] 또한 19세기 말 식민주의를 통해 자본주의 모순을 해결하는 과정에서 아프리카, 아시아, 중동에서 제기되는 새로운 성적 위협에 맞서기 위해서도 가족과 국가를 수호할 필요가 있었다. 그들은 식민지에 소도미법을 도입했다. 해나 디는 이러한 맥락에서 볼 때 인종주의와 식민지 억압, 동성애 혐오는 밀접한 관련이 있다고 보았다.[166]

그러나 이러한 반동의 시대에 노동계급의 자유를 위한 투쟁을 자유로운 사랑과 여성의 권리를 위한 투쟁과 연결짓는 움직임 역시 나타나기 시작했다. 에드워드 카펜터 Edward Carpenter, 존 애딩턴 시먼즈 John Addington Symonds, 해블록 엘리스 Havelock Ellis 등 영국의 동성애자 권리운동 선구자들의 활동이 시작되었고, 독일에서는 칼 하인리히 울리히 Karl Heinrich Ulrichs와 '동성애'라는 말을 처음 사용했던 칼-마리아 벤케르트 Karl-Maria Benkert 등에 의해 새로운 동성애자 정체성과 노동계급 운동의 연계가 이루어졌으며, 최초의 대규모 동성애자 권리 조직이 탄생했다.[167] 이들은 새롭게 생겨난 동성애 정체성의 관점에서 사회주의 전통을 발전시키고 표현했으며, 노동의 소외와 성적 관계 사이의 연관 같은 초기 사회주의의 주

165 해나 디, 앞의 책, 69~71면.

166 해나 디, 앞의 책, 72면.

167 해나 디, 앞의 책, 73~78면.

요 사상을 부활시켰다. 이제 사회주의 운동과 노동계급 운동을 통해 초기 유토피아적 사회주의 전통과 국제사회주의 운동에서 발전한 여성해방과 동성애자 해방에 대한 새로운 사상이 발전하기 시작한 것이다. 카펜터는 자유로운 사랑과 여성해방을 주장했으며, 부르주아적 결혼 관행을 비판했다. 그는 만년에 셰필드의 준공동체에서 남성 애인과 공개적으로 동거하면서 자전거를 타고 노동계급 지역을 돌아다니며 자유로운 사랑을 다룬 소책자를 나눠주고 사상을 전파했다.[168]

앞서 언급한 엥겔스의 『가족, 사유재산, 국가의 기원』은 이 시기에 나왔다. 이때는 한편으로 부르주아지의 가족 이데올로기가 강화되던 빅토리아 시대였고, 다른 한편으로는 그러한 보수 가족 이데올로기의 강화에 맞서 노동조합운동과 사회주의적 관점에서 성소수자 해방에 관한 사상과 실천이 시작되고 있던 때였다. 당시 영국 자본가 계급은 자국에서 권력을 강화하면서 식민 제국 건설에 박차를 가하고 있었다. 그들은 자국에서는 여성이 원래 있어야 할 곳은 가정이며 가족을 벗어난 성 행동은 모두 잘못이라는 이데올로기를 퍼뜨리면서 가족을 강화했고, 식민 제국 건설과정에서는 인종차별주의를 강화했다. 이에 대해 해나 디는 억압과 착취를 자연스

168 해나 디, 앞의 책, 74~75면.

러운 질서로 정당화하려고 사람들을 젠더, 인종, 섹슈얼리티, 심지어 재산이 많고 적음에 따라 서열화해서 나눈 것이라고 평했다.[169]

엥겔스는 이런 시기에 계급주의에 기반한 가족 이데올로기에 도전했다. 그는 빅토리아 시대의 신성화된 제도들을 비판했을 뿐 아니라 그 제도를 전복하려면 계급 지배를 끝장내고 여성과 섹슈얼리티를 해방할 "억압받는 사람들의 축제"인 혁명이 필요하다고 호소했다. 그는 아메리카 대륙부터 지중해까지 여러 사회를 다룬 인류학 연구를 이용해 체계적인 여성억압과 핵가족, 국민국가조차 비교적 최근 현상임을 증명했고, 인간의 삶과 사회를 조직하는 제도로서 전통적 가족 이데올로기의 작동방식을 밝혔다. 전통적 가족 이데올로기는 근본적으로 계급적 이해관계의 관철을 위해 작동하며, 이 과정에서 법률, 정치인, 언론과 다양한 제도를 통해 성소수자를 체계적으로 깎아내리고 주변화시키는 방식으로 작동한다는 것이다.[170]

위에서 기술했듯이 사회주의적 관점에서 보면 성소수자에 대한 억압은 계급관계에 기초한 가족 이데올로기 강화

169　해나 디, 앞의 책, 28면.

170　이예송, 「엥겔스와 여성억압의 기원」, 『여성과 성소수자의 차별과 해방』, 국제주의 전통 자료집 Ⅶ, 76~80면.

의 필연적인 결과이다. 그렇다면 가족 이데올로기를 해체하는 것이 성소수자에 대한 억압을 없애는 길일 텐데, 이것은 오늘날 성소수자 억압을 남성 지배의 결과로 보는 페미니스트 이론가들의 견해와도 일맥상통한다. 1970년대부터 여성 해방주의자들은 이성애 체계의 논리를 폭로했다. 『성의 정치학』에서 케이트 밀레트Kate Millett는 성에 따라 사회적 위계를 세우는 이성애적 카스트 체계를 비판했고, 특정 집단에 성의 독점권을 합법적으로 부여하고자 하는 광적인 이성애 활동을 비판했다.[171] 페미니스트로서 성소수자에 대한 이론을 펼쳤던 게일 루빈Gayle Rubin은 1975년 「여성 거래: 성의 '정치경제'에 관한 노트」를 썼다.[172] 루빈은 개인에게 어릴 때부터 강요되는 이성애를 비판했으며, 성에 있어서 '자연적'이라는 환상을 거부했다. 1980~90년대 미국에서 전개된 젠더 및 남성 동성애자 연구도 이성애에 문제를 제기했다. 주디스 버틀러Judith Butler는 『젠더 트러블』Gender Trouble에서 성정체성, 특히 이성애적 성정체성 관념 자체를 해체했다.[173] 이 관념은 끊임

---

171 케이트 밀레트, 『성의 정치학』, 현대사상총서 11, 12, 정의숙·조정호 옮김, 현대사상사, 1975.

172 게일 루빈, 「여성 거래: 성의 '정치경제'에 관한 노트」, 『일탈: 게일 루빈 선집』, 신혜수 외 옮김, 현실문화, 2015.

173 Judith Butler, *Gender Trouble: Feminism and the Subversion of Identity* (Routledge, 1990); 조현준, 『주디스 버틀러, 젠더 트러블』, 커뮤니케이션북스, 2016.

없이 되풀이하도록 강요되는 환상이고, 인위적인 수행의 결과일 뿐이라고 주장했다. 버틀러에 따르면 모든 성정체성은 동성애적이건 이성애적이건 확실히 끝없는 모방의 연속이다. 즉 기존의 상투적인 태도를 모방하는 것일 뿐이다. 자연성의 인상을 주려는 이성애는 있을 법하지 않은 원형에 맞춰 주체를 빚어내는 젠더의 수행이자 자기 연출일 따름이다. 이렇게 오늘날 이성애 문화는 페미니즘에 의해서도 철저히 해체되고 있다.

사회주의든 여성주의든 위에서 기술한 혁명적 전통은 새롭게 정의될 사랑이 국가와 사회가 개인의 성적 관계에 개입하지 않는 자유로운 관계여야 하며, 어떠한 형태든 성소수자에 대한 억압을 인정하지 않는 것이어야 한다는 점을 시사한다. 그리고 거기 이르는 과정은 단순히 편견이나 관념을 해체하는 것이 아니라, 오늘날 지배적인 세계구조를 뒷받침하고 있는 사회경제 체제의 변화와 함께 이루어진다는 점 역시 시사한다.

사실 인위적으로 가족과 젠더 개념을 해체하는 것은 가능하지 않다. 특정 시공간을 살아가는 역사적 존재로서 인간의 조건을 고려할 때 가족과 젠더 개념의 인위적 해체과정은 쉽지 않을 뿐만 아니라 동의를 얻기도 어렵다. 가족과 젠더 정체성은 많은 사람에게 그 자신의 일부가 되었기 때문이다.

그러나 달리 보면 현재 우리 사회만 해도 이미 다양한 형태로 가족과 젠더 정체성의 해체를 경험하고 있다. 최근 코로나19 사태에서 보듯이, 기후변화와 경제위기는 지금 세계가 파국적인 변화의 문 앞에 와 있으며, 누구도 거기서 비껴갈 수 없고, 세계의 약자들은 누구보다 먼저, 더 비극적으로 그 위기를 겪을 수밖에 없다는 사실을 우리에게 경고하고 있다. 이러한 격렬한 변화의 시대에 가족관계와 성 관념 역시 급격하게 변하고 있다. 실질적인 의미에서 일부일처제는 이미 오래전에 무너졌고, 다양한 성별정체성과 성적 지향을 인정하라는 요구 역시 세계적으로 눈에 띄게 강력해졌다. 이러한 상황은 이성애건, 동성애건 새롭게 정의될 자유로운 사랑에 대한 절박한 갈구를 드러낸다. 자의든 타의든 이 거대한 생태적·사회경제적 변화의 물결 속에서 사랑 역시 새롭게 정의되어야 하며, 자유로운 사랑을 인정하는 변화의 방향이 생태적으로도, 사회경제적으로도 올바른 방향의 변화이다.

제2부

성소수자와
성서

성소수자와
성서해석

성소수자와 기독교

조셉 니담의 저서『중국의 과학과 문명』에는 중세 유럽에서 자주 행해졌던 동물재판에 대한 이야기가 나온다.[174] 중세 유럽에서는 법정에서 동물의 재판과 구형이 상당수 행해졌고, 그에 따라 정식으로 사형이 집행되는 일이 빈번하게 있었다고 한다. 저자가 예로 든 것들 중에서 가장 흥미로웠던 것은 자연의 법칙을 어긴 동물에 대한 처벌이었다. 예를 들어 수탉이 알을 낳는 "가증스럽고 부자연스러운 죄"에 대해 수탉을 앞에 놓고 재판을 해서 산 채로 화형을 시켰다는 기록이

---

174   조셉 니담,『중국의 과학과 문명 III』, 이석호 외 옮김, 을유문화사, 1988, 308~310면.

있다. 스위스 바젤에서는 1730년에도 이렇게 한 기록이 있다고 한다. 아마도 당시 해부학의 수준으로는 그런 변이를 설명하지 못해서 벌어진 일일 것이다. 사실 니담은 자연의 이상현상에 대한 동서양의 태도의 차이를 말하기 위해 이 예를 들었지만, 성소수자들에 대한 개신교인들의 적대적인 태도를 접할 때마다 이 이야기가 떠오른다.

암탉이 알을 낳는다는 경험적 인식이 자연의 섭리라는 이름의 보편적 진리가 되고, 마땅히 암탉만 알을 낳아야 한다는 당위적이고 도덕적인 원칙으로 진화한다. 그리하여 질서를 어지럽히는 무엄한 닭들은 불태워진다. 개인에게나 집단에게나 경험은 문화나 제도, 지식 형성의 출발점이며, 그러한 의미에서 경험의 무게는 존중되어야 한다. 그러나 경험에 바탕을 둔 지식은 경험의 한계를 지닐 수밖에 없고, 또 개인적, 집단적 주관과 편견의 영향을 받을 수밖에 없다. 따라서 그것을 보편화해서 도덕적 원리로 만드는 것은 위험성을 내포한다. 편견을 강요하기 위한 방편으로 경험적 인식이 이용될 수 있기 때문이다. 편견을 무시간적·윤리적 원칙으로 포장하기 위해 소위 자연의 섭리, 또는 상식이 동원되는 것을 우리는 자주 보아왔다. 암탉이 알을 낳는다는 것은 경험적 진실일 뿐, 정말로 모든 동물이 암컷만 재생산을 하는지, 생명체가 모두 암수로만 구성되어 있는지, 암수의 구별을 어떻게 하는

지는 자명하지 않다. 그리고 자명하지 않은 것을 자명한 듯이 강요할 때 소수자나 예외적인 집단은 산 채로 불태워진 저 불쌍한 수탉의 신세가 된다. 인식론적으로나 물리적으로나 간단히 그것은 폭력이다.

동성애는 동서고금을 막론하고 인간 사회에 존재해왔다. 많은 동물이 동성애 행위를 하며, 그중 하나인 인간도 동성애를 한다. 기독교적 언어로 말하자면 하느님께서 사람이나 동물이나 소수이지만 동성애를 하는 생명체들을 허락하셨고, 또 그렇게 창조하셨다.[175] 생물학적으로나 인류학적으로 다수는 아니라도 동성애는 언제나 자연 생명들 속에, 그리고 인간의 삶 속에 자연스럽게 있어왔다. 이것은 성행위의 목적을 재생산으로 보고 거기서 벗어나는 성행위, 가령 동성 간 성행위를 부도덕하다고 보았던 자연법사상과 거기 근거한 기독교적 성윤리를 다시 한번 돌아볼 것을 요청한다. 만일 동성애나 양성애가 소수이지만 특정 집단 안에 존재하고, 그들에게는 그것이 부자연스럽지 않다면, 동성애자에게 이성애를 강요하는 것이야말로 자연의 이치와 하느님의 창조행위를 거스르는

---

175 기린과 코끼리, 펭귄을 비롯해서 현재 확인된 것만 450여 종의 영장류와 조류가 활발히 동성애 행위를 한다. Bruce Bagemihl, *Biological Exuberance: Animal Homosexuality and Natural Diversity* (New York: St. Martin's Press, 1999); Marlene Zuk, *Sexual Selections: what we can and can't learn about sex from animals* (Berkeley: University of California Press, 2002), 176.

것이 아닐까? 그것은 이성애자에게 동성애를 강요하는 것만큼이나 부자연스럽다. 세상에 남성과 여성만 있는 것이 아니라 다른 성도 존재하고, 또 이성애만이 아니라 동성애가 존재한다면, 남녀 양성 중심, 이성애 중심의 법과 제도, 문화는 그렇지 않은 소수 집단에게 그 자체로서 하나의 폭력으로 경험될 수 있다.

기독교의 경우 이러한 자연법적 원리가 하느님의 명령과 겹쳐지고 성 자체를 죄악시하는 경향이 더해지면서 성소수자에 대한 태도는 '죄와 벌'이라는 법적·재판적 응징의 구도 안에서 작동하며, 따라서 폭력성이 훨씬 증폭된다. 세속 법체계 안에서 동성애라는 성적 지향 자체가 범죄로 규정되지 않음에도, 독자적으로 종교적 법체계가 작동하면서 동성애를 비롯한 성소수자의 성적 지향은 엄격히 죄로 규정된다. 이로 인해 근대 국민국가의 일원으로서 성소수자가 마땅히 누려야 할 법적·사회적 평등권, 기본권을 부정하는 행동이 종교의 이름으로 정당화되고 권장된다. 우리 사회에서는 차별금지법 제정 문제와 관련해서 개신교인들이 보여준 행태에서 이러한 현상을 확인할 수 있었다. 현재 우리 사회에서 극우 개신교 집단은 성소수자들의 자유와 평등을 가로막는 가장 큰 장애물이다.

성소수자든 비성소수자든 인간은 성적 존재로서 세상

안에서 살아간다. 심리학자들은 인간이 타인과 관계를 맺을 때 가장 중요한 계기이자 출발점이 되는 것이 인간 존재의 성적 층위라는 점을 밝혀주었다. 인간에게 성은 생식만이 아니라 삶의 전 차원과 관련된다. 성은 지극히 육체적이면서 지극히 정신적이다. 그래서 성의식이 왜곡되거나 성적인 측면에서 억압받고 상처받을 때 인간은 전 존재가 흔들리며 영혼의 가장 깊은 곳에서부터 신음하고 고통스러워한다. 그러므로 교회가 누군가의 성별정체성과 성적 지향을 인정하지 않고 억압하는 것은 그 사람의 존재를 부정하고 그를 깊은 고통 속으로 밀어넣는 것이다. 이 점에서 성소수자에 대해 교회와 사회가 어떤 태도를 가지느냐는 것은 법 앞에서의 평등과 정의에 관한 문제일 뿐만 아니라, 개인과 사회의 도덕적 수준을 가늠하는 사안이며, 영적인 문제이다. 기독교인에게 이 문제는 하느님이 창조하신 다양한 세계 안에서 우리가 어떻게 예수 그리스도의 가르침에 따라 살 수 있는가, 성서가 가르치는 하느님의 사랑을 어떻게 누구에게나 공평하게 실천하며 살 수 있는가 하는 윤리적 실천의 문제이다.

예수께서는 사람을 있는 그대로의 모습으로 사랑하셨고, 바울은 하느님은 사람을 외모로 평가하지 않는다고 했다. 예수는 이웃을 사랑하라고 했는데, 최근 개신교 대표집단에서 벌어지고 있는 성소수자와 그들을 돕고 지지하는 사람들에 대한 폭력적인 조치들은 이웃 사랑이라는 복음의 원뜻에 일치하는가? 이방인인 우리가 할례받은(여성은 할례를 받고 싶어도 받을 수 없다) 유대인이 되지 않고도 하느님의 구원의 역사에 받아들여질 수 있었듯이, 동성애자가 이성애자가 되지 않고도 교회와 사회의 온전하고도 평등한 일원으로 받아들여질 수는 없는 것일까? 동성애자를 이성애자로 개조하고 나서야 온전한 신자로 받아들이겠다는 교회의 아집에서 할례를 고집했던 예루살렘 교회 유대주의자들의 모습이 어른거리는 것을 어쩔 수 없다. 특정 성적 지향을 죄악시하는 것은 오랜 종교적, 문화적 전통에 근거해 있다. 전통과 경험, 관습에 근거한 만큼 쉽게 바뀌지 않는다. 기독교의 경우 특히 성서가 그 근거로 내세워지기 때문에 더욱 완강하다. 그러므로 쉽게 생각이 바뀔 수 없는 문제라는 사실 자체를 인정하고, 상처받고 아파하는 이웃, 살아 있는 인간 앞에 함께 마주 서는 일이 무엇보다 필요하다.

성소수자 문제와 성서해석의 원리

성서는 기독교적 전통과 관습, 믿음의 토대로서 중요한 의미를 지닌다. 그러나 성서는 현대 사회에서 제기되는 다양한 문제들에 대해 알지 못하며, 따라서 마치 성서 안에 모든 답이 있기라도 한 듯이 문자적으로 성서에 답을 구하는 태도는 적절치 못하다. 신구약성서는 농경사회를 배경으로 하고 있으며, 오늘날 산업사회에서 제기되는 다양한 문제들에 대해 알지 못한다. 과학기술과 생태계의 문제, 자본주의 경제와 인간성의 파괴 같은 오늘날의 절박한 문제들에 대해 성서는 직접적인 답을 해줄 수 없거나 포괄적이고 간접적인 답변을 제시해줄 수 있을 뿐이다. 성소수자 문제도 그중 하나이다.

더 심각한 문제는 성서 본문은 성서가 씌어진 당시의 경험적 세계를 반영할 수밖에 없고, 자주 그것이 오늘의 경험적 현실이나 윤리적 감각과 충돌한다는 것이다. 게다가 특정 성서 본문에 근거한 왜곡된 윤리적 관점이 종교적 확신에 의해 강화될 때는 성서가 자칫 파괴적인 역할을 할 수 있다. 그중 대표적인 것이 성서를 근거로 내세워 동성애를 죄악시하는 것이다. 이 문제는 정말 심각하다. 이러한 오류를 피하기 위해서는 무엇보다도 성서 본문에 대한 정확한 역사적 이해와 현대 세계에 대한 세심하면서도 폭넓은 이해가 필요하다. 설사 오늘날의 정의 관념과 일치하지 않는다 하더라도 성서 저자가 무슨 말을 하려고 하는지 가감 없이 정확하게 읽는 것이 무엇보다도 선행되어야 하며, 다음에는 오늘의 윤리적 도전과 현실 인식에 입각해서 성서를 비판적으로 재해석해야 한다. 오늘의 인간 경험에서 볼 때 비진리인 것을 성서의 권위를 내세워 무조건적으로 정당화하는 것은 실은 성서를 신뢰하지 않는 태도이며, 지적으로 정직하고 겸허한 태도가 아니다. 아무리 성서가 경전적 위치를 차지하고 있다 하더라도 해당 본문을 비판적으로 정확하게 읽어야 하며, 성서를 정당화하려 해서는 안 된다. 성서도 틀릴 수 있기 때문이다.

그렇다면 당연히 신학적인 문제가 제기된다. 성서는 예나 지금이나 기독교인들에게 신앙의 기초이며, 윤리적 판단과 실천의 시금석이다. 그런데 만일 성서 본문이 오늘의 문제에 대해 잘 알지 못할 뿐만 아니라 작성 당시의 편견을 반영할 수밖에 없다면, 성서의 권위 문제가 제기된다. 오늘날 새롭게 제기되는 윤리적 문제들과 관련해서 성서의 권위는 어떠한 방식으로 새롭게 재정립될 수 있는가? 여기서는 이러한 문제의식을 가지고 성소수자 문제와 관련해서 성서를 읽을 때 해석학적으로 어떠한 문제가 제기되는지, 그리고 그때 지켜야 할 해석학적 원칙은 어떠한 것인지, 성소수자 문제와 관련해서 비판적 성서해석은 어떠한 방식으로 정당화될 수 있는지 살펴볼 것이다.

기독교인에게 성서는 단순한 책이 아니라 경전이고, 기독교 신앙의 표준적인 내용을 담은 성스러운 책이다. 세계와 인간에 대해 성서가 보여주는 일정한 관점은 시대를 관통하는 보편적 진리를 내포하며, 그렇기 때문에 우리는 시대의 차이를 넘어 자연과 인간, 인간과 인간, 신과 인간과의 관계에 대해, 그리고 그로부터 파생되는 윤리적 태도에 대해 성서를 향해 질문을 던진다. 이러한 의미에서 성서聖書보다 성경聖經이라는 말이 맞을 수 있다. 그런데 우리나라 개신교의 절대 다수를 차지하는 보수 교단들에서는 성서의 경전성을 성서가 문자 그대로 '하느님의 말씀'이라는 의미로 이해한다. 성서는 일점일획 하느님의 계시에 의해 영감으로 씌어졌기 때문에 한 자도 바꿀 수 없고 절대 오류가 있을 수 없다는 것이다. 이른바 축자영감설이다. 축자영감설을 주장하는 사람들은 성서를 문자 그대로 역사적 사실, 하느님의 명령으로 받아들인다. 그러나 성서는 하느님의 말씀이면서 동시에 인간의 말이기도 하다는 점이 오늘날 성서를 읽을 때 전제되지 않으면 때로 성서는 매우 위험한 문서가 될 수 있다.[176]

성서가 인간의 말이라는 것은 성서의 내용을 쓴 사람들의 신앙이나 주관적인 생각, 그 시대의 가치관, 생활습관 등이 성서 기술에 결정적인 영향을 끼쳤다고 전제하는 것이다. 성서의 기술을 문자 그대로 사실, 내지는 '하느님의 말씀'이

---

176 성서가 하느님의 말씀이면서 동시에 인간의 말이라는 데 대한 이하의 서술은 필자의 『신약성서, 새로운 삶의 희망을 전하다』, 사계절, 2014, 7~9면의 내용을 수정 보완한 것이다.

라고 볼 수 없다는 것이다. 성서는 그것이 기록된 당시의 문화적인 삶의 자리에 기초하고 있으며, 하느님의 음성은 그 시대의 소리로 들려진다. 이것은 기독교인으로서 성서를 읽는다고 해도 마찬가지이다. 기독교인에게도 성서는 '하느님의 말씀'이면서 동시에 인간의 말이다.

성서가 인간의 말이기도 하다는 사실을 무시하고 문자 그대로 성서를 하느님의 말씀으로 받아들일 경우 성서 자체의 굴곡과 왜곡의 역사를 무시하게 되고, 결과적으로는 시대착오적이 되어버리고 만다. 또한 성서를 있는 그대로 이 시대에 적용한다는 것은 그렇게 하고 있다고 착각하는 사람들이 생각하는 것처럼 실제로 가능한 일이 아니다. 그들 자신이 이미 성서에서 무의식적으로 취사선택을 하고 있기 때문이다. 예를 들어 구약성서의 정결법에 의하면 돼지고기를 먹을 수 없지만 오늘날 종교적인 이유에서 이것을 지키는 기독교인은 거의 없다. 오늘날 전쟁에서는 구약성서의 전멸법을 지키지 않으며, 산상수훈의 과격한 윤리를 그대로 실천하지도 않는다. 동성애와 관련해서는 집요하게 성서 구절을 적용하려는 사람들도 예수의 절대적인 이혼금지 명령을 그만큼 철저하게 받아들이지는 않는다. 일부다처제나 노예제를 정당화하거나 전제하는 성서 구절들 역시 오늘날 그대로 받아들이지 않는다. 결국 자기들 좋은 대로 선택해서 그 구절들을 적용하고 있는 것이다. 어떤 방식으로든 우리는 나름대로 자기 입장에서 '해석된 성서'를 읽고 있다. 그리고 이렇게 무의식적으로 하고 있는 취사선택은 많은 경우 우리들 자신의 자기중심성이나 식민주의, 인종차별, 성차별, 그리고 성소수자 차별 같은 집단적이고 개인적인 편견의 지배를 받는다.

역사적으로 기독교는 현실 세계의 잘못된 관습이나 정책, 이데올로기를 성서를 통해 정당화해온 경우들이 많다. 자유와 평등이 아니라 억압을 정당화하기 위해 성서를 끌어다낸 것이다. 이것은 외견상으로는 성서를 하느님의 말씀이라고 추켜세우면서 실제로는 성서해석을 독점한 지배집단의 이익을 위해 성서를 이용하는 것이다. 특히 가부장주의처럼 역사가 긴 억압의 구조는 비단 과거 성서가 씌어질 당시뿐만 아니라 오늘날에도 문제가 된다. 가부장제가 지배적인 문화라는 점에서는 성서가 기술될 당시나 지금이나 다를 것이 없기 때문이다. 따라서 문자대로만 읽는다면 성서는 가부장주의를 정당화하는 방편으로 사용될 수 있다.

이처럼 성서가 인간의 말이기도 하다는 사실을 무시한 채 문자 그대로 하느님의 말씀이고 역사적 사실이라고 주장할 경우, 사실 성서를 가지고 무슨 소리든지 할 수 있게 된다. 그러므로 일차적으로 중요한 것은 우선 성서가 지니는 문화적, 시대적 한계들을 인정하는 일이고, 다음에는 다양한 성서의 목소리 중에서 그 핵심적인 줄기가 무엇인가를 찾는 일이다. 흔히 말하는 '경전 안의 경전', 전체로서 성서가 말하고자 하는 바가 무엇인지 찾아야 한다는 것이다.

성서는 고대 수천 년에 걸쳐 역사 속에서 이루어진 특정 인간집단과 그들의 하느님 사이의 만남의 경험을 기록한 책이다. 크게 보면 구약성서는 고대 이스라엘의 형성과 소멸, 그리고 그 가운데서 경험한 이스라엘의 좌절과 희망을 그들의 신 야웨 하느님과의 관계 속에서 기술한 책이라고 할 수 있다. 또한 신약성서는 새로운 하느님의 백성인 교회의 성립과 그 기원이 되는 예수운동에 대한 이야기라고 할 수 있다. 이런 의미에서 성서는 일차적으로 역사 문헌이다. 그러나 성서는 철저하게 하느님이 역사의 주인이라는 확신을 바탕에 깔고 있다. 성서에서 역사의 주체는 왕도, 민중도, 또 남성도 여성도 아니며, 오로지 하느님 한 분이다.

그리고 역사의 주인이 하느님이라는 신앙고백은 성서 안에서 구체적으로 세상의 가난하고 약한 사람들을 하느님이 구원하시는 이야기로 펼쳐진다. 사실 성서는 어느 한 사람, 또는 한 집단에 의해 쓰여진 작품도 아니고, 시대적으로도 아주 오랜 세월에 걸쳐 형성된 문헌이다. 그래서 성서 안에는 서로 조화될 수 없는 모순된 내용이 많이 있다. 그러나 전체적으로 보았을 때 성서의 역사기술의 한 가지 중요한 특징은 가난하고 억압받는 사람들의 관점에서, 다시 말해 아래서부터의 관점에서 씌어졌다는 것이다. 아마도 이것이 역사의 주인은 하느님이라는 성서의 신앙고백의 실질적인 의미일 것이다.

구약성서는 당시 고대 근동近東, near east의 대제국이었던 이집트의 압제 아래 신음하고 있던 노예들, 하층민들의 해방 사건을 원체험으로 이야기하고 있고, 신약성서는 예수가 벌인 하느님 나라 운동을 원사건으로 기술하고 있다. 출애굽 사건과 하느님 나라 운동, 이 둘은 모두 가난하고 억압받던 사람들, 시대와 인간 삶의 모순이 집약되는 가장 낮은 곳에 있는 사람들이 자기 삶의 주인이 되는 이야기를 핵으로 하고 있다. 그러므로 앞서 말한 하느님 중심적 역사기술이라는 성서의 일차적인 특징은 실질적으로는 민중해방적, 약자중심적 역사기술이라는 의미로 이해할 수 있을 것이다. 이것은 권력을 가진 자, 가령 왕이나 귀족 중심의 역사기술이 지배적이었던 고대의 일반적인 역사기술과 비교해보면 매우 두드러지는 성서의 특징이다. 아마도 성서 역사기술의 신중심적 특징이 현실 권력을 탈신성화하는 효과를 가져왔다고 말할 수 있을 것이다.

성서에 대한 이러한 이해를 성소수자 문제와 관련해서 생각해볼 필요가 있다. 구약성서 레위기의 성결법전을 비롯해서 신약성서의 몇몇 구절들에는 '동성애는 죄'라는 관념이 나타난다. 이것은 성서 시대의 사람들만이 아니라 우리 시대의 많은 사람이 공유하고 있는 관념이고, 그런 점에서 성서 시대의 문화적 한계를 반영하는 것이면서 동시에 우리 시대 역시 그러한 한계를 지니는 것일 수 있다. 아마도 성서 시대의 사람들과 우리 시대의 사람들이 공유하고 있고, 또 현재 급격히 바뀌어가는 중에 있는 관념이기 때문에 첨예한 논란의 대상이 되고 있을 것이다.[177] 문제는 이러한 관념을 극복되어야 할 편견으로 볼 것인가, 아니면 무시간적으로 타당한, 하느님이 주신 윤리적 명령으로 볼 것인가이다. 이와 관련해서는 한편으로는 인간의 성적 지향과 관련된 과학적 지식이 객관적 기준이 될 수 있고, 다른 한편으로는 개별 성서 구절들의 타당성을 가늠하는 잣대로서 성서 전체의 핵심적인 메시지가 또 하나의 판단기준이 될 수 있을 것이다.

우선 동성애자를 비롯한 성소수자의 비율이 정확히 얼마나 되는지 통계를 내기는 어렵지만, 확실한 것은 인간이 존

---

177 2017년 발표에 의하면, 우리나라 중학생들 중 친구가 동성애자임을 알게 되었을 때 '절교하겠다'거나 '거리를 두겠다'는 부정적 답을 내놓은 학생은 전체(610명)의 18.6%에 불과한 반면, 80%는 친구가 동성애자인 사실을 뒤늦게 알아도 평소처럼 관계를 이어가겠다고 생각하는 것으로 조사됐다. 이 결과는 김애라 이화여대 한국여성연구원 연구위원이 서울시교육청이 주최한 '성 평등 교육정책 연속토론회'에서 발표한 '학생의 성 권리 인식 및 경험 실태조사'에 따른 것이다. 이 조사는 2017년 7월 4~19일 사이에 중학교 3학년 학생들을 대상으로 이루어졌고, 최종적으로 분석 대상이 된 학생은 총 664명이었다. 〈https://www.yna.co.kr/view/AKR20171201183100004〉.

재해온 이래 동성애자를 비롯한 성소수자는 늘 있어왔다는 것이다. 뿐만 아니라 이 책 1부 5장에서 언급했듯이, 모든 문화에서 동성애를 죄악시한 것이 아니라 문화에 따라 동성애를 오히려 이상적인 성적 관계로 보아온 전통도 있다. 성소수자에 대한 억압은 보편적이고 자연적인 질서에 근거한 것이 아니라 역사적 현상이고, 따라서 역사적 한계를 지닌다. 또한 오늘날 의학적으로나 정신분석학적으로 동성애나 성소수자의 성적 지향이 고쳐야 할 질병이 아니며, 고칠 수도 없다는 데 대해서는 전반적인 학계의 동의가 이루어져 있다. 동성애자가 이성애자에 비해 높은 범죄율을 보인다거나 신경성 질환을 앓고 있지도 않다고 한다.[178] 이러한 점들을 고려할 때 '동성애는 죄'라는 관념은 무시간적이고 보편타당한 진리가 아니라, 성서 시대는 물론이고 오늘날에도 바꾸어야 하고 또 바뀔 수밖에 없는 편견에 해당한다고 할 수 있다.

다른 한편으로 성서 전체의 중심 사상이라고 할 수 있는 가난하고 약한 사람들에 대한 하느님의 특별한 사랑과, 고통 가운데 있는 사람들을 향한 구원의 소식으로서 그리스도의 복음에 비추어 보더라도, '동성애는 죄'라는 관념은 극복되어

---

178 동성애자의 자살률과 알코올 중독률이 높은 것은 사회적으로 배척당하고 억압받기 때문이라고 해석된다. 알렌 브레쉬, 『우리들의 차이에 직면하다: 교회 그리고 게이, 레즈비언 교인들』, 26~27면.

야 할 편견이다. 이 편견으로 인해 복음이어야 할 성서가 성
소수자들에게는 저주가 된다. 성소수자는 자신의 성적 지향
을 선택하는 것이 아니라 '발견'한다고 한다. 성서가 한 인간
이 그 자신으로 존재하는 것을 부정하기 위한 근거로 사용된
다면 그것은 성서 자체에 대한 배반이자 모독이다.

그러므로 문자적 성서해석을 통해 동성애 혐오를 정당
화하는 것은 성서의 권위를 인정하지 않는 것이다. 문자적 성
서해석은 실제로는 성서의 권위를 내세워 자신들의 편견이
나 혐오를 정당화하는 경우가 많다. 어떠한 경우든 성서를 내
세워 특정 집단에 대한 혐오를 부추기는 것은 그 자체가 성서
에 대한 배반이다. 우리는 성서가 마치 만병통치약처럼 모든
시대의 모든 문제에 대한 유일하고도 올바른 답변을 제시한
다고 주장하는 사람들을 일단 의심해야 한다. 성서는 그것이
내포하는 다양한 인간 경험의 빛과 어둠을 함께 볼 때 비로소
그 역사적이고도 풍성한 의미를 드러내며, 우리는 성서의 그
러한 역동성 안에서 일관된 사랑과 해방의 소식을 읽고 실천
할 수 있어야 한다.

성서 자체와 기독교 전통 안에서 이루어진
자기갱신과 재해석의 전통

앞서 말했듯이 하나의 문서로서 성서가 지니는 역사적 성격은 성서 본문 자체의 역사적 경험과 오늘날 우리의 경험 양자 모두를 고려할 것을 요구한다. 그런데 역사적으로 보면 기독교는 이미 오래전부터 늘 새롭게 제기되는 시대적 도전을 통해 성서의 역사적 경험들을 재해석해왔다. 당대의 윤리적 도전과 현실인식에 입각해서 성서를 재해석해온 전통이 기독교 자체 안에 뚜렷하게 자리잡고 있다. 그리고 보다 근본적으로는 성서 자체 안에서도 예수 자신과 바울이 구약성서와 유대교 전통에 대해 그러한 해석학적 도전을 하고 있다.

예수는 병자를 고치고 죄를 용서하기 위해 안식일 계명을 어겼고, 안식일 본문을 상대화했다.(막 2:27) 하느님을 사랑하고 이웃을 사랑하라는 계명이 안식일 계명이나 정결법 규정보다 앞선다. 이것은 구체적인 인간을 고려해서 성서 본문에 우선순위를 두고 거기 근거해서 특정 본문을 약화시키거나 배제한 대표적인 예이다. 또한 이방인에게 할례 없는 복음을 전파한 바울도 복음의 보편적 평등(갈 3:28)을 할례 계명보다 우위에 두었다. 이후 노예제도, 여성의 역할, 이혼 등과 관련해서 교회가 역사적으로 보여온 태도 변화는 원칙적으로 예수와 바울이 보였던 이러한 해석학적 입장에 근거해 있다.

우선 복음서에서 예수는 당시 유대 전통의 대변자라고 자부하던 바리새파 율법학자들과 반복해서 논쟁을 벌였으며, 그것은 해석학적인 의미를 지닌다. 특히 마가복음 2~3장에는 율법학자들과 예수 사이의 논쟁이 집중적으로 나온다. 여기서 예수는 안식일과 정결법을 지키는 문제를 두고 율법학자들과 논쟁을 하며, 거기서는 옛 전통과 규정을 해석하는 예수의 입장이 드러난다. 가령 마가복음 2:23-28에서 예수는 안식일에 밀밭 사이로 지나면서 밀이삭을 자르는 제자들을 비난하는 바리새파 사람을 향해 "안식일이 사람을 위하여 생긴 것이지, 사람이 안식일을 위하여 생긴 것이 아니다"(2:27)라고 말한다. 삶이 계명보다 우선한다. 예수는 삶의 곤궁 속에 있는 한 사람 한 사람에 주목하고, 그 곤궁으로부터 벗어나 생명을 구하고 존엄성을 지키는 것이 율법과 계명의 본뜻임을 천명했다. 사람이 안식일을 위해 있는 것이 아니라 안식일이 사람을 위해 있다는 말씀은, 전해져온 히브리 성서 전통을 예수가 자신의 삶의 경험에 근거해서 살아 있는 말씀으로 재해석한 것이라고 할 수 있다. 문자적으로 보면 이때 예수는 안식일 규정을 무시하고 위반한 것이지만, 문자적인 율법 규정이 아니라 구체적으로 땅에 발 딛고 살아가는 사람의 삶과 행복을 해석의 출발점으로 삼음으로써 율법과 예언의 기본

6. 성소수자와 성서해석

정신에 더 가까이 다가간 것이다.

또한 예수는 당시 사회에서 죄인이라고 여겨졌던 사람들, 가령 세리나 창녀들과 함께 거리낌 없이 식사를 했고, 정결법을 금과옥조처럼 생각하는 사람들을 향해 무엇이든 입으로 들어가는 것이 사람을 더럽히는 것이 아니라 입에서 나오는 것이 사람을 더럽힌다고 했다.(마 15:11; 참조. 막 7:1-23) 결정적으로 요한복음서의 예수는 "이제 나는 너희에게 새 계명을 준다. 서로 사랑하여라"(13:34)라고 말한다. 공관복음서의 예수는 오래된 율법과 전통의 핵심을 사랑, 즉 이웃 사랑과 하느님 사랑 두 가지로 요약했고, 요한복음서의 예수는 "서로 사랑"이라고 했다. 전해져온 율법과 예언의 기본 정신은 '사랑'이며, 이 사랑의 정신에 입각해서 정결법이나 안식일법, 그 외 율법학자들이 수집해온 수많은 문서, 구전 전승들의 진정성과 시대적 정당성을 평가해야 한다. 그러므로 우리가 성서를 윤리적 행동의 기준으로 삼고 성서에 근거해서 타인과 타인의 행동에 대해 윤리적 판단을 할 때 실은 예수는 이렇게 묻고 있다. "너는 지금 사랑하고 있느냐?"라고.

예수만이 아니라 바울 역시 전통을 자신의 경험에 입각해서 재해석했다. 창세기 17장에 따르면 아브라함의 자손은 누구나 할례를 받아야 했고, 그에 따라 모든 유대인은 난 지 8일 만에 할례를 받았다. 이것은 최초의 이방 그리스도인들에게 심각한 어려움을 제기했다. 예루살렘 교회의 지도적인 인물들은 그들에게도 할례받을 것을 요구했고, 이방인을 위한 사도로 소명을 받은 바울은 이방인 선교 정책과 관련해서 이 문제를 두고 마지막까지 예루살렘 교회와 갈등했다. 바울은 그리스도 안에 나타난 하느님의 보편적인 사랑은 이방인 신자에게 할례를 요구하지 않는다고 주장했다. 바울의 이러한 입장은 예루살렘 교회의 기둥 같은 사도들이 보기에는 성서를 무시하는 것으로 여겨졌을 것이다. 그러나 바울은 이방인을 차별하는 것은 그리스도 안에서 나타난 하느님의 보편적인 구원의 복음과 일치하지 않는다고 보았고, 이러한 기본적인 확신에 따라 차별을 정당화하는 성서의 규정들을 따르지 않았다. 이 역시 죽은 문자가 아니라 살아 있는 영에 따라 성서를 해석한 것이라고 볼 수 있다.

이후 초기 기독교 역시 예수와 바울의 선례를 따라 주체적이고 능동적으로 성서를 해석했다. 그들은 하느님이 그리스도 안에서 보여주신 새로운 사랑은 이방인에게 할례를 요구하지 않는다고 결론지었으며, 이 외에도 음식과 정결에 대한 구약성서의 규정들을 영구히 무효화했다. 초기 기독교가 구약성서를 정경으로 받아들이면서도 이렇게 했다는 것은 해석학적으로 중요한 의미를 지닌다. 그들은 구약성서의 권위를 인정했지만, 그것을 문자적으로 받아들이지는 않았던 것이다. 구약성서의 하느님과 동일한 하느님, 아브라함과 이삭과 야곱의 하느님, 예수와 바울의 하느님을 믿었지만, 구약성서에 계시된 내용 전체가 모두 똑같은 권위를 지닌다고 여기지는 않았던 것이다. 자연 세계와 인간을 창조하고 축복하신 하느님, 고통스러운 역사 한가운데서 구원과 해방의 역사를 펼치시는 하느님에 대한 믿음을 계승했지만, 고대 이스라엘의 경험적 한계 안에 있었던 많은 내용을 문자적으로 받아들이지는 않았다. 어떤 의미에서 이것은 성서의 내용 가운데서 우선순위를 인식하는 것이라고 볼 수도 있지만, 보다 근본적으로는 구약성서 전체를 관통하는 핵심 정신과 현재적 경험에 입각해서 초기 기독교가 재해석한 것이라고 볼 수 있다. 이처럼 해석학적 유연성을 지니는 것은 기독교 신앙의 유전자 안에 새겨져 있다.

초기 기독교의 이러한 해석 전통은 이후 교회의 역사에서 계속 이어졌다. 세월이 흐르면서 새롭게 얻게 되는 지식으로 인해 각 시대마다 자연세계와 인간, 사회적 관계들에 대해 계속해서 새로운 이해에 도달했고, 이것은 그리스도의 복음에 대한 새로운 해석적 통찰을 요구했다. 이러한 통찰들은 과거 성서 시대에 당연하게 여겼던 것들을 재고하게 만들었다. 가령 오늘날 교회는 노예제도와 신분차별은 복음과 성서의 정신에 위배된다고 믿어 의심치 않는다. 바울은 종이나 주인이나 그리스도 안에서 하나라고 하면서도 노예제 자체에 도전하지 못했고, 바울 이후 바울 계열 교회들은 노예제와 관련해서 바울보다 퇴행적인 태도를 보였다.(딛 2:9-10; 딤전 6:1-2)[179] 그러나 오늘날 노예제를 당연시하는 성서의 구절들은 더 이상 받아들여지지 않는다.

성서해석의 역사에서 가부장적 가족주의와 성평등, 섹슈얼리티 문제는 비교적 최근에 인식되었고, 현재 교회는 이 문제로 논란을 벌이고 있다. 다른 여러 가지 문제들과 함께 가부장주의와 섹슈얼리티의 문제는 오늘날 현대 교회가 감당해야 할 중요한 해석학적 과제 중 하나이며, 성소수자 문제는 그중 가장 첨예한 논란의 대상이다. 우리는 과거 신앙의 선배들보다 더욱 의식적으로 이 해석학적 과업을 수행해야 하며, 더 확고하게 과거의 해석과 맞서야 한다. 적당히 무마해서 해당 본문이 지니는 억압적 성격을 은폐하려고 해서는 안 되며, 성서 본문 자체를 비판할 수 있어야 한다. 성서를 진정으로 소중하게 여긴다면, 인간의 성에 대한 성서의 이해 중 몇 가지는 더 이상 적합하지 않다는 것을 솔직하게 인정하는 것이 좋다. 믿는다고 해서 레위기나 바울이 성소수자에 대해 가졌

---

179 오늘날 비판적인 성서학계에서는 목회서신이라고 알려져 있는 디모데전후서, 디도서는 바울이 직접 쓴 것이 아니라 바울 이후 바울 계열의 저자가 쓴 것이라고 본다. 목회서신 외에도 데살로니가후서, 에베소서, 골로새서는 바울이 직접 쓴 편지 목록에서 제외된다.

던 생각을 우리도 가져야 하는 것은 아니다. 젠더와 성소수자 문제는 오늘날 특히 급진적인 해석학적 변화가 필요한 부분이다.

오늘날 지동설을 인정한다고 해서 성서를 무시하는 것이 아니듯이, 성소수자를 인정한다고 해서 바울을 무시하는 것이 아니다. 이혼을 인정한다고 해서 예수의 가르침을 배반하는 것도 아니다. 남성과 여성 외에 우리가 알지 못하는 다른 성이 존재할 수 있고, 인간은 이성애자만이 아니라 동성애자일 수도 있다는 사실을 인정한다고 해서 성서와 신앙을 무시하는 것도 아니다. 오히려 믿음은 언제나 우리를 새로운 시대적 도전 앞에 세운다. 이러한 도전을 받아들인다면 우리는 인간의 성에 대한 성서의 이해가 제한적이었다는 점을 인정해야 하며, 그렇게 인정하는 것은 실은 예수와 바울, 그리고 오랜 역사 속에서 교회가 이미 선구적으로 보여준 태도이기도 하다. 결국 성소수자 문제와 관련해서 교회는 그동안 그래왔듯이 시대적 한계를 지닌 과거의 이해를 오늘의 새로운 이해로 보완해야 한다. 그리고 그렇게 하는 것은 성서를 존중하지 않는 것이 아니라, 실은 성서의 진리에 헌신하고 거기에 따라 기꺼이 변화해왔던 신앙의 전통을 따르는 것이다.

* * *

아무리 성서가 시대의 한계를 지닌 문서라는 점을 인정한다 해도 성서 안에서 동성애를 죄악시하는 본문들은 기독교인과 기독교인 성소수자들에게 부담이 된다. 그러므로 동성애에 대한 혐오를 보이는 본문들의 맥락과 의미를 다시 한 번 짚어볼 필요가 있다. 이 작업은 세계교회협의회를 비롯해서 교회 내 성소수자 문제를 연구하고 서로 다른 견해들 사이에서 대화하고 일치를 이루는 길을 모색해온 캐나다와 미국의 교회들에서 1980년대 이후 활발하게 해왔다.[180] 다음 장부터는 그동안의 연구 결과를 소개하면서 성소수자 문제와 관련해서 자주 인용되는 구체적인 성서 본문들을 비판적으로 재해석할 것이다.

성서 안에는 오늘날 이야기되는 다양한 성소수자들의 성별정체성이나 성적 지향에 대해 언급하는 본문은 없고, 동

---

180 우리말로 번역된 것으로 다음과 같은 책들이 있다. 잭 로저스(2009), 『예수, 성경, 동성애』, 조경희 옮김, 한국기독교연구소, 2015; 테드 제닝스, 『예수가 사랑한 남자: 신약성서의 동성애 이야기』, 박성훈 옮김, 동연, 2011; 다니엘 A. 헬미니악, 『성서가 말하는 동성애: 신이 허락하고 인간이 금지한 사랑』, 김강일 옮김, 해울, 2003. 이 외에 성소수자 문제와 관련한 캐나다 연합교회의 노력을 소개한 책으로 『온전한 포용을 향해: 캐나다연합교회의 성적 지향과 성별정체성』, 신하은·한지혜 옮김, 신승민 감수, 한국기독교교회협의회, 2017; 세계교회협의회의 성소수자문제 교육자료인 알렌 브레쉬의 책 『우리들의 차이에 직면하다: 교회 그리고 게이, 레즈비언 교인들』 참조.

성애 행위를 가리키는 것으로 보이는 본문들이 있을 뿐이다. 두꺼운 성서 전체로 보면 모두 합쳐봐야 3~4쪽 정도에 불과하지만, 동성애를 죄로 규정하기 위한 근거로 빈번하게 인용되고 있다. 그중에 예수의 말씀은 없으며, 동성애 행위를 실제로 언급하는지 여부와 상관없이 동성애와 관련해서 자주 인용되는 본문은 10여 개 정도 된다.(창 1:27-28; 2:18-25; 19:1-29; 레 18:20-23; 20:13; 삿 19:1-30; 신 23:17; 왕상 14:24; 15:12; 22:46; 왕하 23:7; 롬 1:18-32; 고전 6:9-11; 유 1:5-7) 그중에서 자주 인용되는 창세기 19장의 소돔과 고모라 이야기와 레위기의 성결법전, 고린도전서와 로마서에 나오는 바울의 언급들을 다룰 것이다.

성서 본문을 다루기에 앞서 미리 언급해둘 것은 우선 용어상의 문제이다. 성소수자에는 동성애자만이 아니라 다양한 성적 지향과 성별정체성을 가진 사람들이 모두 포함된다. 흔히 말하는 LGBT lesbian, gay, bisexual, and transgender만이 아니라, 오늘날 성과학은 성적 지향, 성별정체성과 관련해서 매우 세분화된 다양한 스펙트럼을 보여주고 있다. 그런데 우리나라 개신교권에서 성소수자 문제는 '동성애' 문제로 집약해서 표현되고 있다. 성서에서 성소수자와 관련해서 문제가 되는 본문들이 대부분 '동성애'적 행위로 제한된다는 사실도 한 가지 이유일 것이다. 그러나 오늘날 개신교권에서 '동성애자'

라고 말할 때 실질적으로 그 말은 성소수자 전반을 다 포함한다. '동성애자'라는 말로 실제로는 성소수자 전반을 지칭하고 있는 것이다. 이러한 사정 때문에, 그리고 실질적으로 성서와 관련해서 주로 동성애 문제가 논의되고 있기 때문에, 이 책에서 성서 본문을 분석하면서도 '성소수자' 대신 '동성애' 또는 '동성애자'라는 말을 쓰는 경우가 있을 것이다. 그러나 성서 본문의 제약 때문에 '동성애'라고 표현했어도 함축적으로는 성소수자를 포함해서 언급한 것이다. 그리고 내용상 구체적으로 동성애자에 한정되는 경우가 아니라면, 가능한 한 '성소수자'라는 표현을 쓰고자 했다는 점을 밝혀둔다.

또 한 가지 언급해 둘 것은, 이 책 2부에서는 성서 본문 중 종종 동성애적 행위를 긍정적으로 묘사하는 것으로 해석되기도 하는 본문들을 분석 대상에 포함하지 않았다. 예를 들어 다윗과 요나단(삼상 18장 ~ 삼하 1장) 이야기, 룻과 나오미(룻기 1~4장) 이야기, 예수가 사랑한 제자(요 13, 19, 20장)에 대한 언급 등이 그렇다. 이 책 1부에서도 언급했듯이, 성적 지향으로서의 동성애 개념을 비롯해서 성소수자 개념은 비교적 최근에 생겨났다. 물론 동성애적 행위나 오늘날 성소수자라 부르는 사람들이 과거에도 존재했겠지만, 그러한 현상을 인식하는 개념 틀은 최근에 형성된 것이다. 당시는 누구나 당연히 이성애자라고 전제하고 동성애적 행위는 그로부터 벗어난 일탈행위로 보았다. 성적 지향으로서의 동성애나 성소수자 개념이 존재하지 않았던 것이다. 인식 틀이 존재하지 않으면, 비존재이거나 다른 존재가 된다. 말하자면 성서 안에는 오늘날과 같은 의미에서 동성애자나 성소수자가 이야기되지 않는다는 것이다. 이렇게 보면 동성애를 반대하기 위해 제시되는 본문이 실제로 반동성애적 본문일 수 없듯이, 동성애를 지지한다고 제시되는 본문 역시 실제로 동성애를 지지하는 본문이라고 할 수 없다. 그것은 기껏해야 중세 기사들 사이의 에로틱한 우정 정도로 해석될 수 있다. 또한 반동성애 본문으로 사용되는 본문들의 파괴력에 비해 그러한 본문들이 줄 수 있는 힘은 제한적이고, 해석상 논란의 여지가 있기 때문에 이 책에서는 그러한 본문들을 분석 대상에서 제외했다.

7

동성애 혐오와
여성의 희생

창세기 19:1-29 ; 사사기 19:1-30

창세기 19장의 소돔과 고모라 이야기는 타락한 도시 소돔과 고모라를 하느님이 불과 유황으로 벌하셨다는 이야기로 전해졌고, 이 본문에 근거해서 소돔과 고모라의 죄는 동성애의 죄라는 대중적인 생각이 퍼졌다. 오늘날 영어의 Sodomy라는 말이 동성애를 뜻하게 된 것도 이러한 사정에 기인한 것이다. 그러나 본문 자체가 그렇게 이야기하고 있는지는 따져봐야 한다. 여기서는 우선 창세기 19장 본문을 꼼꼼히 읽어봄으로써 이 이야기가 정말로 '동성애의 죄'에 대한 하느님의 벌을 말하고 있는지 살펴볼 것이다. 소돔의 죄가 정말로 동성애인지, 나아가서 이 본문을 근거로 동성애를 죄라고 주장할 수 있는지, 그리고 이 세상에 집단학살이라는 잔혹한 벌을 받을 만한 죄라는 것이 정말 있는지 생각해볼 것이다. 그리고 이 이야기와 매우 긴밀한 유사성을 보이는 사사기 19장의 레위인의 첩 이야기를 함께 살펴봄으로써 나그네 환대와 외부인 혐오증이라는 상반된 두 가지 태도 사이에서 이 이야기들이 무슨 말을 하고 있는지 살펴볼 것이다.

"소돔의 죄"와 창세기 19장

소돔의 죄를 동성 간 성행위로 이해한 것은 1세기 유대인 철학자 알렉산드리아의 필로에게서 처음 나타난다.[181] 그러나 이것이 지배적이 된 것은 일반적으로 12세기부터라고 본다. 이때부터 본격적으로 창세기 19:1-29의 소돔과 고모라 이야기는 동성애를 단죄하는 이야기로 사용되었다. 여기에는 11세기 주교이자 추기경이었던 피에르 다미엥의 집요

---

181 필로는 "소돔 사람들(Sodomites)은" 자연의 질서를 전복시켰다고 했다. 그들은 "여성에 대한 미친 정욕에서 이웃의 결혼을 망가뜨렸을 뿐만 아니라 능동적 파트너가 수동적 파트너와 공유하는 성 본성에 대한 존중 없이 남자가 남자 위에 올라탔다"는 것이다. 필로는 헬레니즘 지식사회를 향해 유대교를 변호하는 데 스토아 철학의 자연법사상을 동원했다. 자연법에 따르면 남자는 성행위에서 능동적 역할을, 여자는 수동적 역할을 해야 하는데 남성 간 동성 성행위는 수동적 역할을 하는 남성이 여성의 역할을 하게 되므로 자연의 법칙을 어겼다는 것이다. *Philo.* vol. 7, *On the Decalogues, On the Special Laws* 1-3, Loeb Classical Library, tr. F. H. Colson (Cambridge: Mass., Havard University Press, 1937), *Spec.* 2. 170.

한 노력이 있었다.[182] 그는 『고모라의 서』라는 책에서 동성애를 창세기의 소돔과 고모라 이야기와 관련시키고, 하느님이 동성 간 성교 때문에 소돔 사람들을 유황불로 멸하셨다고 썼다. 소돔 사람은 소도미에 자신을 내어준 종족이며, 하느님과 신적인 자연질서에 반기를 든 사람들이라고 했다. 그는 이 책을 교황 레오 9세에게 바치면서 남색 혐의가 있는 모든 성직자를 해임할 것을 요구했다. 당시 레오 9세는 그의 건의를 거부했지만, 12세기 제3차 라테란 공의회에서 남색은 죄로 규정되었다. 이 공의회에서는 "누구든 자연을 거스르는 방탕을 저지른 자, 그로 인해 하느님의 분노가 타락한 자손들에게 임하고 다섯 도시가 화염에 불타게 만든 방탕을 저지른 자는, 그가 성직자라면 직무에서 배제하여 수도원에 갇혀 회개해야 하고, 평신도라면 파문하고 신자들의 공동체로부터 쫓아내야 한다"[183]고 결정했다. 이것은 창세기의 소돔 이야기가 동성애를 단죄하는 이야기로 해석되고 교회법에 의해 동성애를 단죄하는 성서적 근거로 사용된 초기의 역사에 속하는 사건들

---

182 루이-조르주 탱, 『사랑의 역사: 이성애와 동성애, 그 대결의 기록』, 134면.

183 Gian Domenico Mansi(1774) *Sacrorum Conciliorum nova et amplissima collectio*, 22:224-225. John Boswell, *Christianity, Social Tolerance, and Homosexuality: Gay People in Western Europe from the Beginning of the Christian era to the Fourteenth Century* (Chicago/London: Chicago University Press, 1980), 277에서 재인용.

이다. 이후 '소돔 사람'Sodomites이라는 단어는 항문성교를 하는 사람을 가리키게 되었고, 소돔의 죄는 흔히 남성 간 동성 성행위라고 받아들여졌다.

이와 더불어 구약성서의 영어 번역과정에서도 비슷한 현상이 일어났다. 17세기 초 영어 흠정역에서는 신명기 23:17과 열왕기상 14:24에 나오는 히브리어 *qadhesh*를 sodomites(소돔 사람들)로 번역했다.[184] *qadhesh*(남성형), *qedheshah*(여성형)는 직역하면 '성별된 자'라는 뜻으로 이교 신전의 남녀 사제를 가리키는 말이었다. 그런데 고대 근동에서 카데슈, 케데샤는 풍요다산 제의를 담당했던 신전 남녀 사제이면서 동시에 풍요를 상징하는 성적 서비스를 신전 방문자들에게 제공하는 사람들이었다. 가령 영어에서 '창녀'를 뜻하는 prostitute의 어원인 라틴어 *prostitutus*(남성형), *prostituta*(여성형) 역시 원래 성적 서비스를 제공하는 신전 사제를 가리키는 말이었다. 이

---

184 영어 흠정역 본문은 다음과 같다. "There shall be no whore of the daughters of Israel, nor a sodomite of the sons of Israel."(Deuteronomy. 23:17) "And there were also sodomites in the land: [and] they did according to all the abominations of the nations which the LORD cast out before the children."(1Kings 14:24) 우리말 표준새번역은 다음과 같다. "이스라엘의 딸은 창녀가 될 수 없다. 또 이스라엘의 아들들도 남창이 될 수 없다."(신 23:17) "그 땅에는 신전 남창들도 있었다. 이와 같이 이스라엘 자손은, 주께서 그들 앞에서 내쫓으신 나라들이 지킨 그 혐오스러운 관습을 그대로 본받았다."(왕상 14:24) 흠정역에서 sodomites라고 번역한 것을 우리말 표준새번역의 경우 신명기 23:17에서는 '남창'으로, 열왕기상 14:24에서는 '신전 남창'이라고 번역했다.

는 농경에서의 풍요다산과 인간의 성행위를 통한 재생산 사이의 개념적 유사성 때문에 생겨난 것이다. 말하자면 카데슈는 일종의 신전 매춘자를 가리키는 말이었고, 위 구절들에서 카데슈, 케데샤는 그런 의미로 쓰였을 가능성이 크다.[185]

그런데 흠정역에서는 카데슈를 남성 간 동성 성행위를 하는 사람들을 가리켰던 sodomites라고 번역함으로써 이 구절들에 그런 관념을 끌어들이게 되었다. 카데슈, 케데샤가 동성 간 성행위를 했다는 증거가 없는데도[186] 카데슈라는 말을 sodomites라는 영어 단어로 번역함으로써 이 구절들을 신전 매춘이 아니라 동성 간 성행위를 반대하는 구절로 만든 것이다. 즉 창세기 19장의 소돔의 죄를 동성애의 죄로 규정하고, 여기 근거해서 성서 다른 구절에 나오는 *qadhesh*를 "소돔 사람"이라고 번역함으로써 소돔의 죄, 즉 동성 간 성행위에 대한 반대 의미를 더 강화하고 확산시킨 것이다. 결과적으로 동성애와 소돔 이야기와의 연결은 더욱 확고해졌다. 이것은 동성애를 소돔의 죄로 낙인찍어온 지속적인 작업의 초기 예에

---

185 반면 *qadhesh*, *qedheshah*가 신전 매춘자가 아니라, 그냥 이교 신전의 남녀 사제를 가리킨다고 보는 학자들도 있다. Tikva Frymer-Kensky, "Deuteronomy", *Women's Bible Commentary*, Expanded ed. (Louisville, Ky: Westminster John Knox Press, 1992, 1998), 64-65.

186 Robert L. Treese, "Homosexuality: A Contemporary View of the Biblical Perspective", *Loving Women/Loving Men*, eds. Sally & William R. Johnson (San Francisco: Glide, 1974), 23-60.

해당한다. 이런 과정을 통해 극우 개신교인들은 유황불 지옥 운운하는 말들을 동성애자들에게 쉽게 내뱉을 수 있게 된 것이다.

그렇다면 그 이전에는 이 이야기가 어떻게 이해되었을까? 기독교 쪽의 동성애 혐오적인 해석과 대조적으로 구약성서와 유대교 전통에서 소돔과 고모라는 외부인을 적대하는 악행의 전형으로 부각되었고, 소돔의 죄란 가난한 사람을 냉혹하게 대하고 자신의 부를 가난한 사람과 나누지 않는 죄를 의미했다.(사 1:10-17; 3:9; 렘 23:14; 겔 16:49-50 등) 신약성서에서도 누가복음 10:12와 마태복음 10:15에서 예수는 여행 중인 제자들을 환대하지 않는 도시들에 심판을 선언하는 맥락에서 소돔의 죄를 언급한다. 소돔 사람들은 롯의 손님들을 내놓으라고 요구함으로써 그들을 공격하고 모욕하고자 했다. 이러한 폭력적인 행동은 외부인들이 소돔을 비롯한 평원의 도시들에 침범하지 못하도록 하기 위한 경고였을 수 있다.[187] 기존 정착민으로서 자신들의 특권과 부를 유지하기 위해 소돔 사람들은 나그네 환대라는 법을 어기고, 외부인에게 폭력을

---

187 정착민이 자신들의 보호를 위해 외부인에게 혐오를 드러내는 것은 고대 문화에서 흔히 있는 일이고, 자기보호 본능에서 비롯한 자연스러운 현상일 수 있다. 어느 집단에서나 외부인 환대와 외부인 혐오는 둘 다 나타날 수 있다. 그런데 이스라엘에서 특이한 것은 이중 나그네 환대, 즉 외부인 환대가 율법의 계명 중 하나로 자리잡고 있다는 것이다. 아마도 이것은 고대 이스라엘의 선조들 자신이 유목민으로서 나그네, 즉 고대 근동의 떠돌이들이었다는 사실과 관련이 있을 것이다.

행사하고 내쫓았다. 이러한 죄 때문에 소돔과 고모라가 파괴되었다는 것이다. 유대교에서는 소돔 사람들이 롯의 집을 포위한 행동을 제어되지 않는 동성 간 섹스 욕망에서 비롯한 행동이 아니라, 외부인과 약자에 대한 폭력적 행위로 이해했고, 구체적으로 본문에서 그것은 롯에게 온 손님들에 대한 성폭력, 강간으로 나타난다.

한편 신약성서 유다서 1:5-7에서는 거짓 교사들에 대해 경고하면서 하느님을 모독하는 죄에는 반드시 하느님의 벌이 뒤따른다고 경고하는 맥락에서 소돔과 고모라가 언급된다. 6-7절에서는 천사들을 언급하면서 "소돔과 고모라와 그 주위의 성들도, 그들(천사들)과 마찬가지로 음란함에 빠져서 다른 육체를 좇았으므로, 영원한 불의 형벌을 받음으로써, 사람들에게 본보기가 되었습니다"라고 말한다. 여기서 성적 타락을 소돔과 연결시키고 있는 것은 분명하지만, 이 경우 그것이 꼭 집어서 동성애를 가리킨다고 볼 수는 없다. 왜냐하면 음란에 빠진 천사들, 즉 1:6에서 "자기네가 통치하는 영역에 머무르지 않고 자기들의 거처를 떠난 천사들"은 창세기 6:1-4에서 사람의 딸들과 결혼한 하느님의 아들들을 가리키기 때문이다. 다시 말해 유다서에서 소돔과 고모라가 성적 부도덕과 연결되기는 했지만, 그것은 동성애가 아니라 "다른 육체", 즉 인간과 천사, 인간과 동물 사이의 결합을 가리킨다고 볼 수 있다.[188] 그러나 이것은 예수와 달리 초기 기독교 공동체 안에서 이미 소돔과 고모라 이야기를 성적 부도덕, 음란과 관련해서 이해한 예가 있다는 것을 말해준다.

이렇게 보면 이 이야기에는 동성애 코드와는 전혀 다른 외부인에 대한 태도라는 코드가 작동하고 있다는 것을 알 수 있다. 그리고 이 후자의 주제와 관련해서 창세기 19장 본문과 사사기 19장 본문을 함께 볼 필요가 있다. 그 과정에서 동성애혐오 코드와 여성혐오 코드가 어떻게 서로 공모하는지 드러날 것이다. 여기서는 이 이야기가 원래 소위 '동성애의 죄'에 대한 심판을 말하고 있는지, 죄와 심판과 관련해서 이 이야기는 기독교 역사 속에서 어떠한 기능을 해왔는지를 중심으로 본문을 읽어볼 것이다.

외부인 혐오와 외부인 환대

양식상으로 보면 소돔과 고모라 이야기는 일종의 원인론적 민담etiological saga이라고 할 수 있다. 무슨 이유에선가 역사의 어느 시점에 소돔과 고모라는 파괴되어 버려져 있었

---

188 Peter J. Gomes. *The Good Book: Reading the Bible with Mind and Heart* (New York: William Morrow & Co. Inc., 1996), 152.

고, 후대 사람들은 소돔과 고모라의 폐허를 바라보면서 그 원인을 하나의 이야기로 만들어낸 것이다. 일반적으로 학자들은 이 이야기가 기원전 9세기경 작성된 야웨문서에 속한다고 본다. 이 이야기가 작성된 시점에 소돔과 고모라는 이미 파괴되어 있었을 것이다. 다시 말해 소돔과 고모라의 폐허가 소돔과 고모라 '이야기'보다 먼저 있었고, 이것은 이야기의 역사성에 대해서 비판적으로 접근해야 한다는 것을 의미한다.

문맥상으로 보면 소돔과 고모라 이야기는 창세기 18장부터 이어지는 수태고지 이야기의 틀 안에 있다. 사라의 수태소식을 전하는 천사들을 잘 접대하는 아브라함과 그들을 폭력적으로 대하는 소돔과 고모라 사람들의 이야기가 뚜렷이 대비되고 있다. 먼저 18장 첫머리에 하느님이 두 천사와 함께 낯선 나그네의 모습으로 아브라함에게 나타난다. 장막 어귀에 앉아 있던 아브라함은 달려나가서 절을 하고 극진히 이들을 접대한다. 발을 씻을 물을 가져오고 송아지를 잡아 요리하게 하여 먹을 것을 접대하는 모습을 본문은 공들여 세밀하게 묘사한다.(18:1-8) 이는 아브라함의 나그네 접대를 최대한 부각시키려는 의도이면서 동시에 소돔과 고모라 사람들의 나그네에 대한 태도와 대조하려는 의도가 처음부터 깔려 있다고 할 수 있다. 하느님은 환대하는 아브라함에게 사라의 출산을 예고하고 아브라함이 그로 말미암아 큰 축복을 받게 될 것임을 예고한다.(18:9-19) 18:20-23에서는 소돔과 고모라를 멸망시키겠다는 하느님의 계획이 언급된다. 뒤이어 소돔과 고모라를 심판으로부터 면하게 하려는 아브라함의 헛된 노력이 제시된다.(18:24-33) 아브라함은 만일 그곳에 의인 열 명이 있으면 멸망시키지 말아 달라고 부탁하고, 하느님으로부터 약속을 받아낸다. 여기까지가 소돔과 고모라 이야기의 배경이라고 할 수 있다. 그 뒤에 19:1-29에서 소돔과 고모라 이야기가 본격적으로 전개된다.[189]

이것은 사라의 수태 예고와 아브라함에 대한 축복이 중심에 있고, 앞뒤로 아브라함의 나그네 환대와 소돔과 고모라 사람들의 나그네 거부가 둘러싸는 구조이다. 이 구조 안에서 아브라함의 환대 이야기가 소돔과 고모라의 거부를 두드러져 보이게 한다면, 소돔과 고모라 이야기는 아브라함의 환대를 더욱 돋보이게 하는 일종의 어두운 배경이라고 할 수 있다. 이 두 이야기는 대조적 효과를 통해 중심에 있는 내용, 즉 아브라함이 축복받을 만한 사람임을 강조한다. 소돔과 고모라 이야기는 다음과 같이 전개된다. 우선 롯의 극진한 나그

---

189 정리하면 다음과 같다.
      18:1-8   아브라함의 나그네 접대
      18:9-19   사라의 출산 예고
      18:20-23   소돔과 고모라를 멸망시키려는 하느님의 계획
      18:24-33   소돔과 고모라를 구출하려는 아브라함의 노력
      19:1-29   소돔과 고모라 이야기

네 접대가 묘사되고(19:1-3), 손님을 내놓으라는 소돔 사람들의 폭력적인 요구와 함께 딸들을 대신 내주겠다는 롯의 대응이 나온다.(19:4-9) 다음에 하느님이 극적으로 개입하여 롯은 위기를 모면하고(19:10-11), 소돔은 멸망한다.(19:12-29) 이때 롯은 구출되지만 그의 아내는 뒤를 돌아보아 소금기둥이 된다.(19:26) 전체적으로 보면 소돔 사람들은 찾아온 외부인에게 폭력을 행사하려 했고, 하느님은 악한 그들을 멸하신다는 이야기이다.

세부적으로 살펴보자면, 이 이야기는 우선 롯에게 두 천사가 나타나는 것으로 시작된다. 롯 역시 아브라함처럼 극진히 그들을 대접한다.(19:1-3) 이때 "소돔성 각 마을에서 젊은이 노인 할 것 없이, 모든 남자가 몰려왔다.(19:4) 그들은 "오늘 밤 너의 집에 온 그 남자들이 어디에 있느냐? 그들을 우리에게로 데리고 나오너라. 우리가 그 남자들을 알 수 있도록."[190](19:5)이라고 말한다. 여기서 '알다'라는 말, 히브리어 *yadha*는 구약성서에서 943회 나오는데 그중 10회가 성행위를 가리키는 의미로 사용되었다.[191] 여기서 이 단어가 성적인

---

190 이 대목에서 우리말 표준새번역과 개역개정은 "상관"이라고 번역했고, 공동번역에서는 "재미 좀 봐야겠다"라고 번역했다. 여기서는 히브리어 원문에 입각해서 "알다"라고 번역했다.

191 신약성서에서 그리스어 '알다'(*ginosko*)라는 말이 성행위를 가리키는 의미로 사용된 예로는, 눅 1:34 "나는 남자를 **알지** 못하는데, 어떻게 이런 일이 있겠습니까?"

의미를 지니는지에 대해서는 논란이 있다.[192] 이 단어를 성적인 의미로 해석하는 것이 이 본문을 동성애 혐오적인 본문으로 해석하는 첫 단추가 되었기 때문이다. 그래서 동성애 혐오적인 해석에 반대하는 학자들 중 이 단어의 성적 함의를 부정하는 경우도 있다. 그러나 롯이 딸들을 대신 내주겠다고 하는 것으로 보아 성적인 의미가 없다고 보기는 힘들다.

롯이 딸들을 내주는 것은 한편으로 *yadha*('알다')라는 동사가 성적인 의미를 지닌다는 것을 말해주며, 다른 한편으로는 롯에게 손님들을 내놓으라고 하는 소돔 사람들이 소위 '동성애자'가 아니라는 것을 말해준다. 만일 소돔 사람들이 동성애자였다면, 동성애자인 남자들의 성행위 대상으로 롯이 딸들을 내주겠다고 제안하는 것은 말이 되지 않기 때문이다. 그렇다면 여기서 소돔 사람들의 행동을 어떻게 이해해야 하는가? 그들은 동성애자가 아닌데 어째서 동성 간 섹스를 하려고 하는가? 게다가 정확히 말하자면 여기서 소돔 사람들이

---

192 가령 야마구찌 사토꼬는 이 말이 성적 의미로 사용되었다는 데 반대한다. 즉 이 말이 나오는 압도적 다수가 그냥 '알다', '만나다'라는 뜻이고, 여기서도 그렇다는 것이다. 소돔 사람들은 롯이 불러들인 낯선 사람이 도대체 어떤 사람인지 알고 싶어 했다는 것이다. 야마구찌 사토꼬, 『동성애와 성경의 진실: 무지개는 우리 가운데』, 양희매 옮김, 무지개신학연구소, 2018, 48~49면; Lindsay Louise Biddle, "Hospitable Interpretation of Sodom and Gomorrah", *Biblical Self-Defense Course on Lesbian, Gay and Bisexual Concerns* (Minneapolis, 1992), 1-6. 그러나 여기서 문맥상 성적 의미가 없다고 본다면 이어지는 이야기 전개가 어색해진다.

하려는 행위는 동성 간 성폭력에 해당한다. 이 질문에 답하기 위해서는 오늘날과는 다른 고대 근동의 성의식, 성행태를 고려해야 한다.

학자들에 따르면, 고대 세계에서 동성 간 강간은 승자가 포로가 된 적들의 복종을 강요하는 전통적인 방법이었다. 고대 문화에서 남성에게 가장 부끄러운 경험은 여성처럼 취급당하는 것이었고, 남성을 강간하는 것이 가장 난폭한 처우였다.[193] 남성 성기에 의한 관통은 정복의 상징이며, 그러한 성행위를 통해 상대를 피정복자로 만들고 자신은 정복자라고 인식하는 것이 말하자면 남자다움을 상징한다고 보았다. 남성 성기 관통으로 인해 정복당한 남자는 남자다움을 빼앗겨 여자 같은 이가 되어 진짜 남자가 아니라는 모욕을 받으며 살아간다.[194] 따라서 여기서는 동성애가 아니라 남성 세계에서의 힘의 과시, 폭력이 훨씬 더 중요한 주제로 부각된다. 이런 문화 속에서 소돔 사람들이 롯의 집에 온 낯선 사람에게 행하

193　잭 로저스, 앞의 책, 144면, 각주 4.

194　야마구찌 사토꼬, 앞의 책, 52면, 각주 20에서는 창세기 9:20-27의 노아와 함 이야기도 이러한 맥락에서 이해한다. 즉 '하체를 보다'(*raah erwa*), '알몸을 드러내다'(*gala erwa*)는 성행위를 돌려서 표현하는 말이고, 따라서 여기서 노아는 함이 아버지인 자신을 강간함으로써 남자인 자신에게 여자 역할을 시킨 것에 대해 격노했다는 것이다. 함이 아버지를 강간했다는 것이 상징하는 것은 정복과 피정복의 관계라는 것이다. Martti Nissinen, *Homoerotism in the Biblical World: A Historical Perspective*, trans. Kirsi Stjerna (Minneapolis: Fortress Press, 1998), 52-53 참조.

려 했던 것은 동성애가 아니라 상대를 정복하는 강간, 즉 자신들에게 피해를 줄지도 모르는 외부인/적에 대해 폭력 행위를 통해 자신들의 우위를 알리고 모욕을 주기 위한 집단강간이었을 가능성이 크다. 즉 그들의 목적은 성폭행을 통한 모욕과 힘의 과시에 있었다. 그러므로 여기서 소돔 사람들의 요구를 오늘날의 의미에서 동성애적 행위로 보기는 어렵다. 동성 간 성행위 이전에 그들이 하려는 행동이 강간이라는 점에 주목할 필요가 있다. 말하자면 여기서는 동성 간의 강간이 문제되고 있는 것이다.

성폭력과 여성의 희생

이것은 이 이야기와 유사한 사사기 19:1-30의 레위인의 첩 이야기와 관련해서도 똑같이 말할 수 있다. 병행하는 사사기 19장의 이야기에서 에브라임 땅에 사는 한 레위인은 자신에게 화가 나서 베들레헴의 친정으로 돌아간 아내를 찾으러 간다. 기이할 정도로 반복해서 사위에게 떠나지 말라고 만류하는 장인을 뒤로 하고 베들레헴으로부터 아내를 데리고 돌아가는 길에 그들은 베냐민 족속이 사는 기브아에서 한 노인의 집에 머물게 된다. 이때 창세기 19장에 나오는 것과 같은 사건이 일어난다. 성읍 사람들이 몰려와 손님을 내놓으라고 한다. 그리고 여기서도 똑같이 노인은 손님 대신 딸들을 내놓겠다고 한다. 그들이 거부하자 대신 레위인의 첩을 내주고, 그녀는 밤새 윤간을 당한 끝에 죽는다. 다음날 아침 문 앞에 쓰러져 있는 아내를 발견한 레위인은 그녀의 시체를 열두 토막을 내어 이스라엘 열두 지파에게 보낸다. 그리하여 이 사건은 이스라엘 열한 지파가 베냐민 지파에 맞서 싸우는 베냐민 전쟁의 기원이 된다.

이 두 이야기 사이에는 유사점이 많다. 둘 다 나그네 접대가 이야기의 기본적인 서사구조를 이루고, 동성 간 성폭력이 갈등의 핵심을 이루며, 또한 두 이야기 모두에서 집주인은 자신의 딸을 대신 내놓겠다고 한다. 창세기 이야기에서는 하느님의 개입으로 롯의 딸들이 강간을 면하지만, 사사기의 이야기에서는 레위인의 첩이 밤새 윤간을 당하고 죽임을 당한다. 한편으로 이것은 두 이야기에서 무뢰한들이 동성애자로 전제되지 않았음을 말해주며, 다른 한편으로 젠더 문제가 이야기의 배경으로 깔려 있음을 말해준다. 그리고 두 이야기 모두 성폭력이 끔찍한 집단학살의 계기로 묘사된다. 소돔과 고모라 이야기에서는 소돔과 고모라에 대한 하느님의 벌로 도시 전체가 멸망하고, 레위인의 첩 이야기에서는 베냐민 지파를 상대로 나머지 열한 지파가 벌인 전쟁에서 베냐민 지파가 살육당한다.

그렇다면 결정적인 차이점은 무엇일까? 사사기 19장의 이야기는 만일 롯이 손님들을 소돔 사람들에게 내주었다면, 그리고 하느님의 개입이 없었다면 어떤 일이 벌어졌을지 보여준다. 하느님의 사자였던 롯의 손님들은 성폭력을 면하지만, 사사기의 이야기에서 레위인의 첩은 성폭력의 희생자가 된다. 그리고 소돔과 고모라 이야기에서 파괴는 하느님의 벌로 묘사되어 하느님이 파괴의 주체로 나타나지만, 레위인의 첩 이야기에서 파괴는 지파들 사이의 전쟁, 즉 인간들 사이의 갈등으로 나타난다. 아마도 희생자가 여성이고 죄와 벌이라는 구도가 명확하게 드러나지 않기 때문에 기독교 전통에서 레위인의 첩 이야기가 별로 주목받지 못했을 것이다. 이것은 두 이야기에서 딸들을 대신 내놓겠다는 집주인들의 기이한 제안에 교회가 별 주목을 하지 않았던 것과도 일맥상통한다.

동성 간 강간 시도가 있었고, 한 이야기에서 남성들은 하느님의 개입으로 폭력을 면하지만, 다른 한 이야기에서 여성은 하느님으로부터 외면당한 채 성폭력의 희생자가 되고, 남편에 의해 죽은 시체까지 토막이 난다. 그런데 기독교 전통에서는 그녀의 희생에 주목하지 않았다. 이것은 희생자가 여성이었다는 이유 말고는 설명이 되지 않는다. 죽은 사람이 여성이었기 때문에 사사기의 이야기는 기독교 전통에서 대부분 간과되었을 것이다. 그리고 기독교 전통은 이렇게 끔찍하게 희생당한 레위인의 첩을 무시해야만 소돔과 고모라 이야기를 성폭력이 아니라 동성애 혐오 이야기로 읽을 수 있었을 것이다. 왜냐하면 만일 하느님의 개입이 없었다면 인간의 모습을 한 천사들 역시 어떤 꼴을 당했을지 희생당한 레위인의 첩의 몸은 똑똑히 보여주고 있고, 그것은 동성애가 아니라 끔찍한 성폭력, 강간이 문제라는 것을 부정할 수 없이 명백하게 눈앞에 보여주기 때문이다. 그러므로 기브아에서 이 레위인의 첩에게 벌어진 일에 기독교 전통이 주목하지 않았던 것과 소돔과 고모라 이야기를 기독교 전통이 동성애 혐오 텍스트로 읽어온 것은 동전의 양면과도 같다.

이것은 두 이야기에서 강간, 폭력이 핵심적인 주제이며, 나아가서 그것이 가부장적 폭력과 연결되어 있다는 것을 말해준다. 두 이야기에서 집주인인 롯과 익명의 노인은 둘 다 결혼하지 않은 딸이 있으니 손님 대신 딸을 강간하도록 내주겠다고 한다. 손님 대신 딸을 내주는 것은 오늘날 자식에 대한 부모의 책임이라는 관점에서 보면 매우 이해하기 힘든 행동이다. 그러나 여기에는 고대사회 남성들 간의 권력관계가 작동한다. 두 이야기 속에서 롯은 소돔에서 나그네살이를 하는 것으로 나오고(창 19:9), 사사기 19장의 노인 역시 원래 에브라임 산간지방 사람인데 베냐민 지파 사람들이 사는 기브아에 더부살이하고 있는 것으로 나온다.(삿 19:16) 딸을 내놓겠다는 롯과 노인의 제안은 소돔 사람들과 기브아 사람들이 나그네 처지인 자신들에 비해 우월하다는 것을 인정하는 행동이다. 다른 한편으로 니시넨M. Nissinen에 의하면 고대 근동 사회에서 중요했던 것은 오늘날과 같은 섹슈얼리티의 문제가 아니라 젠더 문제였고, 따라서 여성에 대한 남성의 우월한 지위를 유지하는 것이 중요했다. 그러한 문화권에서는 심지어 자신의 딸이나 아내라 할지라도 여성보다는 자기 집에 온 남자 손님을 보호하는 것이 더 중요했다.[195] 남성의 우월성을 유지하기 위해 동성 간 강간은 막아야 하고, 이를 위해 여성이 대신 강간당할 수 있다는 것이다. 이것은 동성애 금지와 여성에 대한 차별이 가부장제의 유지를 위한 작동기제임을 말해준다. 달리 말하자면 이성애 강요는 남성중심의 결혼/가족제도의 유지를 위해 강제적으로 자리잡은 것일 수 있다. 위의 두 이야기에서도 이 점을 확인할 수 있다.

여기서 한 가지 더 생각해볼 점이 있다. 결국 누가 실제로 강간을 당하고 희생당했는가? 그것은 롯의 딸들이 아니라 레위인의 첩이었다. 왜 그녀였을까? 이 질문과 관련해서 여성신학자들은 좀 더 상상력을 발휘한다. 두 이야기에서 모두 여자가 위험에 노출되었지만, 실제로 강간을 당하고 끔찍한 죽

195 Martti Nissinen, *Homoerotism in the Biblical World*, 48.

7. 동성애 혐오와 여성의 희생

음에 이르고 남편에 의해 사체훼손까지 당하고 그것도 모자라 자신의 희생이 전쟁의 빌미가 되고 기독교 전통에서도 지워진 것은 자기 의지대로 행동한 한 여자였다. 엑숨 C. Exum은 서사를 이렇게 구성한 데에는 섹슈얼리티와 폭력에 대한 저자 자신의 관념이 드러나며, 그러한 의미에서 레위인의 첩은 기브아 사람들에 의해서만이 아니라 저자에 의해서도 강간당했다고 말한다.[196] 두 이야기 모두에서 남성 간 강간의 목적은 상대 남자에게 수동적인 여성의 역할을 하게 만들어 그를 남자답지 못한, 여자 같은 남자로 만들고 수치스럽게 하려는 것이었다. "외부인 혐오와 관련해서 말하자면 소돔 남자들은 낯선 사람을 강간함으로써 자기들이 성읍과 소유물을 지킬 힘이 있음을 과시하고, 자신들은 그들보다 우위에 있으며 정복자 위치에 있음을 확인하려 했던 것이다. 그 행위야말로 소돔의 남자들이 진짜 남자임을 입증하는 행위였을 것이다."[197] 그런데 레위인의 첩은 남편에게 화가 나서 그와 그의 집을 떠나 자기 고향으로 돌아간 여자다. 이런 당돌한 여자, 자기 감정과 뜻에 충실한 여자를 가부장 전통에서는 내버려두지 않

---

196 J. Cheryl Exum, "Murder They Wrote: Ideology and Manipulation of Female Presence in Biblical Narrative", *The Pleasure of Her Text: Feminist Readings of Biblical and Historical Texts*. ed. Alice Bach (Philadelphia: Trinity Press International, 1990), 45-67.

197 야마구찌 사토꼬, 앞의 책, 55~56면.

는다. 그녀에게는 낙인이 찍히고, 이야기에서 그녀의 역할은 끔찍한 희생자의 역할이다. 이것 역시 여성에 대한 가부장적 편견과 관련이 있다.

위에서 언급한 내용들을 고려할 때 이 두 본문은 동성애를 비난하는 본문이라고 보기 어렵다. 그보다는 윤간이라는 형태의 성폭력이 가장 인상적으로 부각된다. 무엇보다도 나그네 환대가 두 본문의 일차적인 주제이고, 남성들 간의 힘의 과시로서 남성에 대한 강간, 젠더 상 여성의 취약한 위치가 배경으로 전제된다. 그러므로 소돔의 죄는 동성애 행위와 아무 관련이 없다. 앞서 언급했듯이 구약의 예언서들에서도 소돔의 죄악은 약자를 무시하고 그들에게 도움의 손길을 내밀지 않은 냉혹함과 불의로 이해되었고, 이것은 1세기 예수와 예수운동, 초기 기독교 시대에까지 계속되었다. 예수도 그렇게 이해했다.

그러므로 두 이야기의 집단폭력의 근저에 있는 것은 동성애가 아니다. 실제로 유대인들은 예부터 전해오던 창세기 18장의 아브라함의 환대와 19장의 소돔과 고모라 이야기를 외부인에 대한 두 가지 대조적인 태도로 이해했다. 젠더 상 열악한 여성의 지위와 함께 외부인에 대한 두 가지 태도, 즉 외부인 공포증과 외부인 환대가 이 두 이야기에 개입되어 있는 동기들이다. 창세기 19장의 이야기는 문맥상으로도 그렇고 신구약성서 다른 본문들에서 이 본문을 언급할 때도 동성애와는 거리가 멀다. 창세기 19장의 소돔 멸망에 관한 이야기가 18장의 아브라함의 모범적인 환대 이야기 바로 뒤에 나오는 이유는 나그네를 환대한 아브라함, 롯과 나그네에게 폭력적으로 행동한 소돔의 죄악을 대조하기 위한 것이다. 나그네 환대를 실천한 아브라함은 자손 대대로 번영하리라는 축복을 받지만, 환대는커녕 외부인 공포증으로 인해 나그네들에게 폭력을 행사한 소돔 사람들은 유황불 심판을 받는다.[198] 외부인, 낯선 사람들에 대한 혐오와 공포에 근거해서 폭력적인 행동을 한 것이 문제이다. 그렇다면 오늘 소돔의 죄를 저지르는 사람은 누구인가? 동성애자인가? 동성애 혐오를 퍼뜨리는 자들인가? 답은 분명하다. 우리 시대의 '낯선 자들'이라고 할 수 있는 동성애자들, 성소수자들에 대해 혐오를 퍼뜨리고 폭력적인 말과 행동을 일삼는 사람들이야말로 오늘의 Sodomites이다.

죄와 벌

마지막으로 한 가지 더 생각해보아야 할 신학적 문제가

---

198   야마구찌 사토꼬, 앞의 책, 57면.

있다. 기독교는 세계와 인간의 모순과 갈등, 고통을 죄와 벌이라는 인과관계로 해석하는 유대교의 오래된 전통을 물려받았다. 소돔과 고모라 이야기는 죄와 벌이라는 기독교 신앙의 핵심적 요소에 대해 다시 한번 생각해보게 한다.

소돔과 고모라 이야기는 대량학살의 이야기지만 사람들은 이 이야기가 지닌 참혹함에 주목하지 않는다. 오히려 기독교인들은 거기 근거해서 이 이야기를 동성애에 대한 심판의 이야기로 만들었고, 이 이야기는 기독교의 동성애 혐오의 신화적 근거가 되었다. 소돔 사람들은 동성애라는 더러운 죄를 범했기 때문에 하느님의 진노를 불러들였고, 도시 전체의 파괴와 파멸, 집단학살은 신적 분노의 당연한 결과이다. 죄의 대가는 벌이고, 하느님이 내린 벌에 대해서는 누구도 항의할 수 없다. 소금기둥이 된 롯의 아내를 동정하는 것이 허락되지 않듯이, 유황비를 쏟아붓는 하느님의 팔을 한 치라도 끌어내리려는 사람은 더러운 동성애자와 한편으로 취급된다.

이 텍스트는 고통스러운 삶의 현실, 재난과 불행을 죄와 벌이라는 질긴 인과관계의 줄로 묶어서 이해하는 기독교 특유의 해석틀을 형성하는 데 기여했다. 비단 이 본문만이 아니라 창세기에 나오는 인류의 신화적 조상들에 대한 이야기는 아담과 이브에서부터 가인과 아벨, 라멕을 거쳐 노아의 홍수 이야기에서 정점을 이루며, 그것은 죄의 기하급수적 증가에 대한 이야기이면서 동시에 그에 상응해서 하느님의 진노의 범위가 넓어지고 그 강도가 점점 더 세지는 이야기이다. 최초의 죄에 대해 하느님은 죄인들을 동산에서 내쫓는 것으로 그쳤지만, 마지막에 하느님은 노아의 방주에 탈 수 있었던 소수의 생명체만 제외하고 온 세상을 물로 쓸어버린다. 그리고 이번에는 불이다. 죄와 벌, 심판으로 이어지는 일련의 이야기들은 파괴와 죽음, 비참에 대해 무감각해지게 만들고, 당연하다고 여기게 만드는 경향이 있다.

하느님의 구원의 역사는 언제나 죄와 벌이라는 어두운 드라마를 배경으로 펼쳐진다. 전승사적으로 보면 창세기의 이 이야기 단편들은 일찍이는 기원전 10세기 다윗 솔로몬 시대까지 거슬러 올라가지만, 그것이 현재와 같은 서사 형태로 편집된 것은 기원전 6세기 바빌론 포로기 이후이다. 나라가 멸망하고 이민족의 지배를 받으면서 유대 지식인들은 자신들의 참담한 처지를 죄의 결과로, 우상숭배의 죄에 대한 하느님의 벌로 해석했다. 고대 종교사의 일반적인 법칙에 따르면 바빌론의 마르둑 신에게 패한 야훼 신은 무력한 신이고 사라져야 마땅했지만, 유대 지식인들은 망국의 처참한 현실을 야훼의 무력함의 증거로 보지 않고 자신들의 죄의 결과로 보았다. 망국의 현실을 죄에 빠진 자신들을 교육하기 위한 야훼의 벌로 해석한 것이다. 다시 말해 우상숭배의 죄로부터 돌아서도

록 하기 위해 하느님이 바빌론을 도구로 사용해서 이스라엘을 벌했다는 것이다. 망국의 비참함을 자신들의 죄의 결과로 해석함으로써 이 지식 엘리트들은 다 죽어가던 자신들의 신 야웨를 기사회생시켰다. 뿐만 아니라 이때부터 유일신앙이 발전되기 시작한다. 야웨는 유대민족의 신인 것만이 아니라 바빌론까지 도구로 사용하는 온 세상의 유일한 신이라는 것이다. 창세기를 비롯해서 오경, 예언서까지도 실은 이러한 신명기 역사가의 관점에서 편집되었다.

이렇게 보면 죄와 벌을 끈끈하게 연결한 것은 하느님의 존재를 의심하게 만드는 고통스러운 현실 속에서 하느님의 살아계심을 계속해서 붙들고 희망을 만들어가기 위한 믿음의 행위였다. 하느님은 살아계시다! 우리가 이렇게 망국의 비참을 겪고 있는 것은 우상숭배의 죄를 범했기 때문이고, 이제라도 강력한 제국의 신들로부터 야웨 하느님께로 돌아오면 은혜로운 하느님은 구원해주신다. 그러므로 애초에 죄와 벌을 인과적으로 연결해서 생각하기 시작한 것은 강대국의 폭력에 시달리던 약소민족이 고통스러운 자신들의 삶의 현실을 해석하고 시련 가운데서도 하느님의 정의에 대한 기대를 저버리지 않기 위한 노력이었다. 말하자면 고통스러운 현실의 바다에서 익사하지 않고 살아남아서 희망을 만들어가는 믿음의 행위였던 것이다.

그러나 이러한 희망의 선포는 양날의 칼이었다. 적어도 영향사 측면에서 보면 그렇다. '죄와 벌'에 대한 이 담론이 원래 그것이 형성되었던 맥락으로부터 벗어나 하나의 독립된 교리처럼 도식화되어 사람들의 뇌리에 박히고 제도화되기 시작하자 타자의 불행과 고통을 정당화하는 파괴적인 힘을 발휘하기 시작했다. 구약성서 욥기에서도 욥을 방문한 친구들은 불행을 겪는 친구를 위로하기보다 불행은 그가 죄를 지었다는 증거이니 무슨 죄를 지었는지 생각해보라고 욥에게 반성을 요구한다. 요한복음 9장에서도 예루살렘 성전 앞에 구걸하는 맹인 거지를 앞에 두고 제자들은 예수에게 이 사람이 이렇게 된 것이 "누구의 죄 때문인지" 묻는다. 불행과 고통, 재난은 죄의 결과라는 것이다.

이런 생각은 고통에 대한 감수성, 특히 타인의 고통에 대한 연민의 능력을 발휘하지 못하도록 가로막는다. 재난과 불행을 겪고 있는 개인과 집단 앞에서 왜, 무슨 죄 때문에 그런 고통을 겪고 있는지 가르치려 드는 기독교인들을 우리는 종종 본다. 나아가서 사회적 약자와 소수자를 겁박하고 소외시키기 위한 도구로 죄와 벌, 심판의 언어를 사용하기도 한다. 소돔과 고모라 이야기를 이용해서 동성애자들을 향해 하느님의 심판 운운하는 것은 그 전형적인 예라고 할 수 있다. 죄와 벌, 그리고 그 가운데서 이루어지는 하느님의 구원의 역사에 대한 이야기는 원래 고통을 겪는 당사자가 스스로 삶의 희망을 만들어가는 과정에서 삶의 밑바닥으로부터 길어올린 믿음의 언어였는데, 이제 그것이 거꾸로 타인을 심판하기 위한 가학적 무기가 된 것이다.

요한복음 9장에서 예루살렘 성전 문 앞에서 구걸하는 맹인을 보고 그가 보지 못하는 것이 누구 죄인지 묻는 제자들을 향해 예수는 그가 그렇게 된 것은 누군가의 죄 때문이 아니라 하느님께서 하시는 일이 그에게서 드러나게 하기 위한 것이라고 답한다.(9:3) 고통은 죄의 결과가 아니라 하느님이 드러나기 위한 것이다. 다시 말해 마치 길가의 돌멩이 같았던 그가 하느님의 자녀로 다시 서고 자신에게 주어진 생명을 있는 힘껏 누리게 되고 또 다른 사람들도 그가 그렇게 되도록 돕고 응원함으로써 하느님의 영광이 드러나도록 하기 위한 것이다. 예수의 이 말은 '죄와 벌'의 질긴 고리를 끊는 말이면서 동시에 타자를 있는 그대로, 장점과 단점이 있는 복잡하고 다양한 존재로, 살아 있는 생명으로 있는 그대로 대하도록 요구하는 말이다.

이렇게 보면 소돔 이야기에서 예수의 요구에 가장 합당하게 행동한 사람은 롯의 아내가 아닐까 생각한다. 기독교 전통에서는 그녀가 소금기둥이 되었다는 것 때문에 그녀에 대해 온갖 험담을 늘어놓지만, 그녀야말로 타인의 불행 앞에서 어떻게 행동해야 하는지에 대한 모범일 수 있다. 실제로 비난으로 일관하는 기독교 전통과 달리 유대교 전통에는 그녀에 대한 긍정적인 해석이 나타난다. 유대교 전통에서는 그녀를 에딧이라고 불렀는데, 에딧은 연민 때문에, 결혼한 다른 딸들이 뒤따라오는지 보기 위해, 그리고 하느님의 미움을 받은 사람들에 대한 연민으로 마음이 움직여서 뒤돌아보았다는 것이다.[199] 연민으로 인해 에딧의 마음은 불운한 소돔 사람들에게 붙들렸고, 이로 인해 징벌이 그녀에게도 임하게 되었다는 것이다. 오늘날에도 그녀처럼 행동하면 벌을 받게 될까? 적어도 성소수자들과 함께 하려는 목회자나 신학자는 그녀처럼 소금 기둥이 될 각오를 해야 할지도 모른다.

성소수자들을 죄인으로 정죄하고 유황불로 하느님이 심판하시리라고 말하는 사람들, 그러면서도 죄는 미워하지만 죄인은 사랑한다고 말하는 사람들은 예수의 요구를 거스를 뿐만 아니라 타인의 존재 자체를 부정함으로써 그를 극심한 절망의 늪으로 몰아넣는다. 독실한 기독교인 동성애자로서 자신의 존재 자체를 죄로 규정하는 사람들에게 절망한 나머지 스스로 목숨을 끊은 육우당, 그를 그러한 죽음으로 몰아넣

199   Michael Carden, "Genesis/Bereshit", *The Queer Bible Commentary*, eds. Deryn Guest, Robert E. Goss, Mona West, Thomas Bohache (London: SCM Press, 2006), 38.

고도 사과 한마디 하지 않는 기독교를 기독교라고 할 수 있을까? 온 도시가 유황불에 타 멸망하는 벌을 받아야 할 죄라는 게 정말로 존재할까? 세상에 그런 죄가 있다는 착각은 기독교인들을 용감하게(?) 만들고 자신들이 폭력을 휘두르고 있다는 사실에 둔감하게 만든다. 그런 생각은 집단수용소와 가스실, 온갖 종류의 혐오범죄를 당연시하는 길로 이어진다. 세상에 그런 불행을 당해 마땅한 죄는 없으며, 그런 악행을 당해 마땅한 죄인도 없다. 단지 함께 살길을 찾아가고 희망을 만들어가야 할 불행이 있을 뿐이다.

⑧

성소수자와
거룩

레위기 18:22 ; 20:13

창세기 19장의 소돔 이야기가 원래 본문의 의미와 무
관하게 반동성애적 텍스트로 사용되었다면, 레위기 18:22와
20:13은 매우 분명하게 남성 간 성행위, 즉 항문성교를 죄악
시하고 있다.[200] 이 두 본문은 '성결법전'에 해당한다. 성결법
전은 레위기 17~26장에 나오는 일상생활과 제의, 윤리, 절
기 등에 관한 복잡한 규정 모음집을 가리킨다. 그중에서 이
두 본문은 동성애와 관련해서 자주 인용된다. 여기서는 우선
성결법전과 그것이 속해 있는 제사문서가 어떻게 형성되었
는지, 이스라엘 역사 속에서 제사문서는 어떤 의미를 지니는

---

200   "여자와 자듯이 남자와 한자리에 들어도 안 된다. 그것은 망측한 짓이다."(레
      18:22) "여자와 한자리에 들듯이 남자와 한자리에 든 남자가 있으면, 그 두 사람은
      망측한 짓을 하였으므로 반드시 사형을 당해야 한다. 그들은 피를 흘리고 죽어야
      마땅하다."(레 20:13)

지 살펴볼 것이다. 그 다음에 제사문서와 성결법전에서 금하고 있는 행동으로는 어떤 것이 있는지 전체적으로 살펴보고, 그것과 관련해서 남성 간 성행위를 금하고 있는 본문이 어떠한 의미를 지니는지 다룰 것이다. 그리고 마지막으로 성결법전이 기초해 있는 성결, 즉 거룩의 개념과 신약성서 복음서의 예수의 말씀에 나타나는 거룩의 의미를 비교할 것이다. 그러한 맥락에서 오늘날의 성소수자와 거룩과의 관계에 대해 생각해볼 것이다.

제사문서의 특징 : '거룩'과 '거룩'을 유지하는 방식

남성 간 성행위를 금하고 있는 레위기의 이 두 본문은 성결법전이라 불리는 레위기 17~26장 안에 들어 있다. 성결법전은 제사에서의 정결을 유지하기 위한 세밀하고도 복잡한 규정들을 담고 있으며, 넓게는 출애굽기 24장부터 레위기, 민수기까지 이어지는 제사문서의 일부분이다. 여기서 다루고자 하는 두 본문에서 남성 간 성행위를 "망측"하다고 금하는 방식은, 성결법전, 나아가서 제사문서 전반에서 거룩, 즉 깨끗함과 더러움을 규정하는 방식과 관련되어 있다. 정확히 말하자면, 제사문서에서 거룩을 유지하는 특정한 방식이 이 두 본문에서도 그대로 유지되고 있다. 따라서 동성 간 성행위를 금지하는 레위기의 두 본문이 구체적으로 어떤 맥락에 있는지 알기 위해서는 먼저 성결법전을 비롯한 제사문서 전반의 특징을 살펴볼 필요가 있다. 여기서는 제사문서의 형성 과정과 그 목적, 그 과정에서 형성된 이스라엘 특유의 거룩 개념과 거룩을 유지하는 방식을 살펴보고자 한다.

레위기 및 제사문서의 형성과 특징

레위기는 흔히 학자들이 P문서 Priestly Source라고 부르는 제사문서의 중심에 있으며, 제사문서는 출애굽기 24:15에서부터(출 32:1-34:28을 제외하고) 레위기, 민수기 대부분까지 이어진다. 형식상 레위기는 복잡하고 까다로운 율법조문들을 모아 놓은 것으로 보이지만, 오경 전체의 서사 안에서 보면 출애굽 이후 시내산에서 겪은 일들을 다루는 문맥 안에 있다.(출 19:1-민 10:10) 프랫하임 T.E. Fretheim은 오경 서사 안에서 레위기의 위치를 다음과 같이 기술하고 있다. "출애굽기 21~23(34)장의 금송아지 사건에도 불구하고 하느님께서는 이스라엘을 용서하기로 한다.(출 34:6-10) 그리고 출애굽기는 성막과 제단을 짓고 그 안의 기구들을 다 갖춘 후 하느님께서 그곳에 임재하시는 것으로 끝난다.(출 40:34-38) 성막과 제단은 이제 준비를 다 갖추었다. 레위기는 이 성막과 제단에 초점을 맞춘다. 성막과 제단은 죄 많은 공동체를 위해 만들어졌으며, 이스라엘은 이를 통해 그들의 예배와 세속적인 삶의 통합을 이룬다."[201] 말하자면 레위기는 출애굽 이후 죄 많은 공동체가 하느님과의 관계를 유지, 회복하기 위한 자리로서 성막과 제단에 주목하고 있다는 것이다.

이처럼 오경 전체의 서사 안에서 레위기는 모세 시대를 배경으로 하지만, 일반적으로 학자들은 현재의 본문은 기원전 6세기 바빌론 포로 이후에 편집된 것으로 본다. 또한 레위기의 제의 관련 규정들이 제1성전(솔로몬 성전) 시대의 제의를 반영하는지, 포로기 이후 제2성전 시대의 제의를 반영하는지에 대해 논란이 있지만, 대체로 레위기 26:34-45에 근거해서 현재의 본문은 바빌론 포로기 동안 편집이 이루어졌다고 본다.[202] 제사 규정만이 아니라 유대교 기본틀의 성립과 관련해서 바빌론 포로라는 망국의 체험은 결정적으로 중요하다. 오늘날 우리는 유대교라는 명칭을 바빌론 포로 이전까지 소급해서 사용하기도 하지만, 역사적으로 유대교는 국가체제가

201   테렌스 E. 프랫하임, 『오경』, 이영미 옮김, 대한기독교서회, 2015, 154면.
202   레위기 26:34-45에는 이스라엘이 원수의 땅에 끌려가 있는 동안에도 야곱과 이삭, 아브라함과 맺은 언약을 기억하겠다는 야웨의 약속이 반복해서 나온다. 즉 포로기 이후 제2성전 시대를 암시한다.

무너진 이후 국가 없는 상황에서 민족적 동질성을 유지하는 기능을 했던 유대인들의 신념체계를 의미한다. 따라서 유대교는 기원전 6세기 바빌론 포로 이후에야 기본틀이 형성되었고, 이전의 종교는 야웨종교라고 부른다. 레위기를 포함한 제사문서 역시 바빌론 포로 이후 귀환한 유대 공동체의 경험과 떼려야 뗄 수 없이 결합되어 있다.

망국의 경험을 한 당시 유대인들, 특히 여론을 형성하고 기록을 남겼던 유대 지식인들에게 절박한 문제는 무엇이었을까? 우리는 이 질문에 대한 답을 현재 남아 있는 구약성서 문서들을 통해서 추측할 수밖에 없다. 학자들은 일반적으로 신명기계 역사서들과 예레미야서를 비롯한 예언서들을 편집한 신명기계 역사가들의 작품을 통해 당시 정황을 추측한다. 기원전 6세기 3차에 걸쳐 바빌론에 이주 당한 유대인들에게 절박했던 문제는 하느님이 살아계시다면 어찌하여 당신의 백성에게 이러한 고난을 주실 수 있는가라는 질문이었다. 그들은 이 신정론적 질문에 대해 그것은 하느님 편에 잘못이 있는 것이 아니라 이스라엘 측의 죄, 즉 계약위반과 특히 우상숭배의 죄에 대한 벌이라고 답했다. 이를 통해 유대인들의 독특한 죄 이해가 발전한다. 신명기 사가는 이러한 죄로부터 돌이켜 회개하면 하느님은 다시 이스라엘을 회복시키고 구원하실 것이라고 선언했다. 오경과 예언서는 포로기 이후 이러한 신명기

사가의 신학에 근거해서 편집되었다.

제사문서는 원래 예루살렘 성전 제사장들의 제의규정을 기본으로 하지만, 이스라엘 전체에 해당하는 규정들을 포함하고 있다. 포로기 이후 이러한 규정들은 죄로부터의 회복과 함께, 어떻게 해야 유대인으로서 민족적 동질성을 유지하느냐는 관심과 긴밀하게 결부되었다. 죄로부터의 회복과 유대인으로서의 정체성 유지는 동전의 양면과도 같은 것이었다. 특히 이민족의 땅에 유배되어 살던 유대 지식인들에게는 민족적 정체성을 유지하는 문제가 절박했다. 그런데 당시는 예루살렘 성전이 파괴되었기 때문에 예전처럼 성전에서 제사를 드리거나 예배를 드리는 것이 불가능했다.[203] 이러한 상황에서 민족적 동질성을 유지하기 위한 방편으로 강조되었던 것이 할례와 안식일, 음식물 규정이었다. 이것이야말로 그들을 이민족으로부터 구별해줄 수 있는 방법으로 이해되었다.

음식물 규정(레 11:1-23; 신 14:3-21)은 식생활을 통해 유대인을 주변 세계로부터 구별하는 기능을 했다. 할례와 안식일 규정은 원래 오래된 주술적 관념이나 금기, 농경사회의 관습에 기원을 두고 있지만, 이민족으로부터 유대인을 구별하

---

[203] 이처럼 성전 파괴로 인해 성소 중심적인 종교행위가 불가능해진 상황에서 원로나 학자를 중심으로 모여 율법서나 예언서를 낭독하고 간단한 말씀을 전하며 기도하는 형식의 예배를 드리게 되었고, 이것이 훗날 유대교 회당 예배의 근간이 되었다. 또한 그것은 초기 기독교 예배형식의 기본틀이 되었다.

기 위한, 달리 말하자면 민족적 동질성을 유지하기 위한 것으로 재규정되었다. 그리고 이를 지키지 않는 것은 죄로 여겨졌다. 포로 후기 제사문서를 편집한 사람들은 이처럼 안식일과 할례 같은 옛 관습들에 신학적 의미를 부여하는(창 1:1-2:4a; 17:9-14; 출 31:13-17) 한편, 중단된 성전제의가 재개될 것을 믿고, 자신들에게 전해진 제의 전승을 문서화했다.(레위기) 안식일, 할례, 음식물 규정을 중심으로 했던 율법체계는 그 후 계속해서 이민족의 지배를 받으면서 어디서든 유대인이 유대인으로서 존재하기 위한 기반이 되었다.

포로기 이후 문서로서 레위기를 비롯한 제사문서의 성격을 위와 같이 규정하면, 제사문서에 등장하는 다양한 규범들의 근거인 '거룩'은 역사적으로는 포로 후기 유대인의 민족적 동질성 유지, 다시 말해 다른 민족들로부터 구분되는 문화적 경계를 형성하는 것과 긴밀하게 관련되었다고 볼 수 있다. 이것은 포로 후기만이 아니라 실은 초기 이스라엘의 경험과 관련해서도 동일하게 말할 수 있다. 이집트의 노예 상태로부터 벗어나 광야 생활을 거쳐 가나안에 정착하는 동안 이스라엘 사람들은 굶주림과 이민족의 공격, 전염병으로 고통받았다. 이러한 과정을 거치면서 그들은 자신들을 다른 부족이나 민족으로부터 구분해주는 거룩함, 성결함의 객관적 표지를 얻고자 했다. 이것은 한편으로는 질병을 막기 위해 청결을 유지해야 한다는 현실적 필요와도 관련이 있었을 것이고, 다른 한편으로는 이민족으로부터 자신의 정체성을 유지한다는 의미도 있었다.

그들은 삶의 전 분야에서 '깨끗함'을 유지하고자 했다. 성결을 유지함으로써 정체성을 지키고자 했고, 이를 위해 그들은 성결법전을 발전시켰다. 성결법전을 지킴으로써 그들은 자신들이 도망쳐 나온 이집트 사람들과도 달라져야 했고, 이제 들어온 가나안 사람들과도 구별되어야 했다. 거룩하게 구별되기 위해 이스라엘은 주변 종족과 다른 제의적 관행을 지켜야 했고, 다른 민족과 섞이거나 이방 관습을 받아들여서는 안 되었다. 무엇이든 혼합은 거부되었다. 이처럼 그들에게 '거룩'은 기본적으로 분리와 구분의 의미를 지녔다. 깨끗함을 유지함으로써 더러운 이민족으로부터 스스로를 분리하고 민족적 정체성을 유지하는 것, 그것이 '거룩' 개념의 근저에서 작동하는 사회심리학적 원리였다.

레위기의 '거룩' 개념

앞서 언급했듯이, 동성애적 행위를 금지하는 두 본문은 레위기 안에서도 학자들이 '성결법전'이라고 부르는 율법 모음집(레 17~26장) 안에 나온다. 성결법전이라는 명칭은 "너희의 하느님 나 주가 거룩하니, 너희도 거룩해야 한다."(레 19:2;

20:26)라는 레위기 사상의 기본 원칙에 근거한 것이다. '거룩'을 뜻하는 히브리어 단어 *qadosh*는 원래 하느님께 바치기 위해 "따로 떼어놓다"라는 의미를 지닌다. 하느님의 선택을 받은 거룩한 백성인 이스라엘은 개인과 국가의 생존을 위해 삶의 필수적인 두 측면, 즉 음식물(11:1-23)과 성(18:3-30; 20:10-24)에 관한 엄격한 제의적 정결법을 준수함으로써 하느님을 닮아야 하고, 이민족으로부터 스스로를 구별해야 한다는 것이다.

그러므로 하느님이 거룩하듯이 이스라엘도 거룩해야 한다는 레위기 19:2는 이스라엘의 거룩함이 하느님의 거룩함과 직접적으로 연결된다는 것을 말해준다. 이것은 "레위기의 '거룩' 개념이 하느님과의 관계성에 근거하고 있음"을 말해준다. 프랫하임에 의하면 레위기에서 '거룩'이란 인간이 신이 되지 않고 거룩하신 하느님과의 관계 속으로 들어가 그 은혜를 누리고 동시에 그에 대한 책임을 지는 것을 의미한다.[204] 즉 거룩하게 되라는 명령은 선택받은 거룩한 백성으로서 이스라엘이 하느님과의 관계 안에서 진실한 모습으로 살아가라는 요청이다. 구체적으로 그것은 하느님의 명령에 순종하는 것이다.

오늘날 현대인은 많은 경우 '거룩'을 영적이고 금욕적인 의미로 이해한다. 삶의 물질적 측면과 거리를 둔다는 의미에

---

204   테렌스 E. 프랫하임, 앞의 책, 169면.

서 영적이고, 자연적이고 육체적인 욕망을 억누른다는 의미에서 금욕적인 것으로 '거룩'을 이해한다. 그러나 고대 종교 사상이 일반적으로 그렇듯이 레위기에서도 '거룩'은 자연스러운 생명현상으로서 인간 삶의 성적이고 육체적인 측면을 긍정한다. 오히려 레위기에서는 개인적·공동체적 층위에서 생명의 지속과 유지가 '거룩'과 긴밀하게 관련된다. 역사적으로 보더라도 '거룩'을 이원론적 의미에서 영성, 금욕과 관련시킨 것은 훗날 기독교가 그리스의 이원론적 철학과 결합하면서 나타난 현상이다. 레위기 규정들의 토대인 '거룩'이 무엇을 의미하는지 이해하기 위해서는 그러한 이원론적 전이해로부터 벗어날 필요가 있다.

레위기에서 '거룩'은 일차적으로 제사장 계급의 삶을 지배하는 원리이지만, 단순히 내면적·종교적 층위에서만 관철되는 것이 아니라 세속적 삶의 전 영역에서 밖으로 드러나야 한다. 다시 말해 '거룩'은 제사만이 아니라 식생활(레 11장)과 성관계(레 18장)처럼 개인과 공동체의 생존을 위한 기본적인 일상적 경험들과 관련되며, 삶의 전 영역에서 특정한 방식으로 행동할 것을 요구한다. 거룩한 하느님의 선택을 받은 거룩한 백성으로서 이스라엘은 제사만이 아니라 세속적인 일상생활에서 거룩한 삶의 원리를 지킴으로써 이민족과 구별되어야 한다는 것이다.

구약학자 밀그롬Jacob Milgrom은 레위기 안에서도 특히 성결법전이 지니는 의미를 '거룩의 민주화'라는 말로 표현했다. 그에 따르면 성결법전 전승이 형성된 시대적 배경은 기원전 8세기 말이었으며, 당시는 아시리아의 침략으로 북이스라엘이 멸망하고 지주들의 수탈로 인해 소농들은 땅을 잃고 수많은 농민이 삶의 벼랑 끝에 있었다. 이러한 상황에서 성결법전 저자는 '거룩'을 "약속의 땅"과 관련시켰으며, 새로운 거룩의 원칙을 세웠다. 즉 성결법전에서는 약속의 땅을 받기 위한 거룩한 삶의 방식을 제시하고 있다는 것이다. 밀그롬은 성결법전 전승의 저자가 거룩을 동적인 원리로 바꾸었다고 말한다. 레위기의 다른 전승(제사장계 전승)이 거룩을 제사장에게만 요구함으로써 정적인 원리로 이해했다면, 성결법전 전승에서는 거룩을 이스라엘 전체에게 요구함으로써 동적인 원리로 만들었다는 것이다. 따라서 성결법전에서 거룩은 제사장만의 특권이 아니라 모두가 따라야 할 윤리적 명령이 된다. 부나 사회적 지위, 제사장 혈통이 아니라 하느님의 명령을 지키는 것이 거룩을 얻기 위한 길이다. 누구나 하느님의 명령을 지킴으로써 거룩해질 수 있다. 이것을 밀그롬은 앞서 언급했듯이 '거룩의 민주화'라는 말로 표현했다.[205]

205 Jacob Milgrom, *Leviticus 17-22*, The Anchor Bible (New Haven: Yale University Press, 2000), 1740-1742.

이러한 맥락에서 성결법전의 저자는 비어 있는 '거룩'이라는 그릇에 구체적인 내용물을 채워 넣었고, 자기 시대 이방 민족의 풍습을 거룩하지 못한 것으로, 잘못된 것으로 제시했다. 거기에는 우상숭배를 필두로 이방 민족의 다양한 풍습이 포함된다. 그런데 문제는 성결법전 저자가 세세하게 제시하는 구체적인 행위들이 그 시대적 한계를 반영할 수밖에 없다는 점이다. 레위기에서 시시콜콜 요구하는 거룩한 행동방식들은 현대적 관점에서 보면 납득하기 어려운 내용이 많으며, 아마도 오래된 금기나 관습에서 유래했을 가능성이 높다. 따라서 오늘날 그것을 무비판적으로 따라야 한다고 주장하는 것은 시대착오적이다. 다만, 레위기에서는 당시의 시대적 한계 안에서 특정한 방식으로 삶을 유지하는 것이, 다시 말해 가부장적·남성중심적 사회의 한계 안에서 특정한 방식으로 개인과 공동체의 생명을 지속시키려는 노력이 '거룩'과 관련되었고, 또한 그것을 지킴으로써 거룩한 백성으로서 이민족으로부터 구별되며, 약속의 땅으로 들어갈 수 있다고 여겼다는 점을 염두에 둘 필요가 있다. 구체적인 계명 자체가 아니라, 계명을 지키는 행위를 통해 이스라엘에 속한 누구나 하느님과 거룩한 관계에 들어갈 수 있다는 생각이 중요하다.

따라서 레위기, 특히 성결법전에서 '거룩'은 제사장만이 아니라 하느님의 거룩한 백성으로서 이스라엘 전체에게 해당한다. '거룩'이 제사만이 아니라 삶의 전 영역과 관련되고, 제사장만이 아니라 이스라엘 전체에게 해당한다는 사실은 '거룩'이 윤리적 차원과 뗄 수 없이 결부되어 있다는 것을 의미한다. 실제로 레위기는 하느님을 예배하는 제의와 관련된 규정들(1~10장; 23~24장 등)과 이웃 사랑(레 19:18; "너의 이웃을 네 몸처럼 사랑하여라.")과 관련된 윤리적 규정들로 요약할 수 있다. 거룩한 하느님의 백성 이스라엘은 하느님이 명하는 대로 행하고, 또 하느님이 금하는 행동을 삼감으로써 이민족으로부터 거룩하게 구별되고 동시에 개인과 공동체의 삶을 성화하게 되는 것이다. 즉 이스라엘을 이민족으로부터 구별하는 데 초점이 있는 '거룩'은 그들 가운데 거하는 하느님과의 관계를 통해 스스로를 더러운 세상으로부터 구별하게 하는 동시에 세상 안에서 하느님의 백성으로서 사명을 감당함으로써 윤리적 존재가 되게 한다.

　문제는 이처럼 '거룩'을 지향하고 '거룩'에 몰두하는 제사장, 내지는 이스라엘의 일원으로 여성이 적극적으로 고려되지 않았다는 것이다. 하느님과의 관계에서 거룩하라는 요청을 받은 주체는 이스라엘(남성)이고, 여성은 이스라엘(남성)과 하느님과의 관계에서 작용하는 하나의 요인으로 취급되었다. 다시 말해 여성은 특히 결혼과 성관계에서의 역할을 통해 주인공인 이스라엘(남성)이 하느님과의 관계에서 거룩을 유지하는 데 어떠한 영향을 끼치는지와 관련해서 기술되었다. 여성은 그들의 성적 역할이 남성 개인과 공동체 전체의 거룩을 유지하는 데 어떠한 기능을 하는가와 관련해서 기술된 것이다. 가령 여성은 제사장이 될 수 없기 때문에 제의와 관련된 규정들의 적극적인 행위자가 될 수 없었고, 제의적 정결 유지에 위협이 되지 않도록 규제해야 하는 대상으로만 기술되었다. 따라서 이스라엘(남성)이 주인공이라면 여성은 레위기에서 시종일관 하위집단으로 가정되었고, 이것은 성서 전체에서 일관된 경향이라고 할 수 있다.

당시 사회가 철저한 가부장제 사회였다는 것을 감안하면, 이것은 당연한 현상이다. 중요한 것은 단순히 '거룩' 개념에서 여성이 배제되었을 뿐만 아니라, 레위기에서 '거룩'의 유지를 위해 요구되는 구체적인 행동들이 실질적으로는 가부장적 질서 유지를 위한 기능을 할 수밖에 없었다는 점이다. 사회학적으로 보면 레위기의 제사 관련 규정들과 윤리적 규정들이 이데올로기적으로 당시 가부장적 유대 사회에서의 여성상과 여성의 지위를 반영할 수밖에 없다는 것이다. 그리고 레위기의 '거룩' 개념이 전제하는 이러한 가부장적 성격은 동성 간 성행위를 금지하는 레위기 본문을 이해하는 데 결정적으로 중요하다.

성결법전에서 금하고 있는
성적 행위는 무엇인가?

성결법전에서 금하고 있는 행위들

앞서 언급했듯이, 동성 간 성행위를 금하는 레위기 18:22 와 20:13은 성결법전(레 17~26장)에 속한다. 오늘날로 말하자 면 성윤리를 다루고 있는 레위기 18장은 "너희는 너희가 살던 이집트 땅의 풍속도 따르지 말고, 이제 내가 이끌고 갈 땅, 가 나안의 풍속도 따르지 말아라, 너희는 그들의 규례를 따라 살 지 말아라"(18:3)라는 말로 시작한다. 이 말은 성결법전 안에 서 여러 차례 반복된다. 이스라엘에 앞서 그 땅에 살던 사람들 의 풍습은 역겹고, 그로 인해 그들은 그 땅을 더럽혔다. 그러 니 이스라엘은 그들의 행동을 따라서는 안 된다.(18:24-30) 이 것은 이스라엘을 거룩한 상태로 유지하여 이민족으로부터 구 별하려는 성결법전의 목적을 잘 보여준다.

레위기 18장에서는 동성 간 성행위만이 아니라 근친상 간, 간통, 수간 등 온갖 난잡한 성행위를 열거하면서 원래 가 나안 땅에 살던 사람들이 그런 행동을 했고, 그 때문에 하느 님이 그들을 그 땅에서 토해내게 했다고 한다.(18:24-25) 학자 들 중에는 성결법전에서 금하고 있는 가나안 종교의 풍요의 례에서 근친상간을 비롯한 난잡한 성행위가 이루어졌다고 보는 경우도 있지만,[206] 실제로 그런 행위가 이루어졌다는 성서 외 증거는 없다. 이러한 비난은 이집트와 가나안 사람들의 성적 부도덕을 과장함으로써 그들과 이스라엘을 구분하려는 의도에서 나온 일종의 낙인찍기일 가능성이 높다.[207] 거룩하신 하느님의 거룩한 백성인 이스라엘은 그러한 가나안의 풍속을 멀리하고 그들만의 독특한 전통을 지켜서 거룩한 상태, 곧 구별된 상태를 유지해야 한다는 것이다. 그리고 이러한 낙인찍기와 구별짓기에 동성 간 성행위가 동원된 것이다.

한편으로 이러한 성결법전의 명령은 가난한 사람들과 사회적 약자, 거류 외국인들을 보호하라는 다양한 윤리적 규정을 포함한다.(19:9-10, 33-34; 23:22) 심지어 함께 사는 외국인 나그네를 본토인처럼 여기고 그들을 너희의 몸과 같이 사랑하라고 한다.(19:34) 이 밖에도 듣지 못하는 사람을 저주해서도 안 되고 눈먼 사람 앞에 걸려 넘어질 것을 놓아서도 안 된다. 재판은 공정하게 해야 하고 이웃의 생명을 위태롭게 하면서까지 이익을 보려 해서도 안 된다.(19:14-18) 백발이 성성한 노인이 들어오면 일어서고 노인을 공경하라고도 한다.(19:32) 이러한 규정들은 이스라엘만이 아니라 보편적으로

---

206   다니엘 헬미니악, 『성서가 말하는 동성애: 신이 허락하고 인간이 금지한 사랑』, 김강일 옮김, 해울, 2003, 58면.

207   Jacob Milgrom, *Leviticus 17-22*, The Anchor Bible, 1520.

적용할 수 있는 윤리적 규정들이다.

다른 한편으로 성결법전의 금지명령 중에는 이스라엘의 독특한 풍습을 반영하는 것들이 있다. 가령 고기를 피째 먹어서도 안 되고 관자놀이의 머리를 둥글게 깎거나 구레나룻을 밀어서도 안 된다. 몸에 상처를 내거나 문신을 새겨서도 안 된다.(19:26-28) 서로 다른 가축을 교미시켜서도 안 되고 두 종류의 씨앗을 함께 뿌려서도 안 되며, 서로 다른 재료를 섞어 짠 옷감으로 만든 옷을 입어서도 안 된다.(19:19) 이 밖에 성결법전에 포함되지는 않더라도 돼지는 되새김질을 못하므로 먹어서는 안 된다고 한다. 또한 지느러미와 비늘이 없는 장어나 새우 같은 것도 먹어서는 안 된다.

어느 민족에게나 세계를 이해하고 세계 안에서 살아가는 그들만의 독특한 방식이 있고, 이러한 규정들은 그러한 독특한 전통을 반영한다. 그리고 오래전부터 내려온 이러한 전통은 성결법전에서 거룩을 유지하는 그들만의 독특한 방식으로 재해석되었다. 성결법전에서는 이러한 전통에서 벗어나는 행위들은 "망측"하며 중한 처벌을 받아야 한다고 거듭 말하지만, 실제로 고대 이스라엘 집단에 속하지 않는 사람들로서는 받아들이기도, 지키기도 어려운 것들이 많다. 이 사실은 성결법전을 비롯한 레위기의 명령 중에서 이스라엘의 독특한 관습을 반영하는 특수한 것과 보편적으로 타당한 윤리적 규정을 구분해야 한다는 것을 의미한다. 또한 당시 문화의 영향을 받은 제한된 규정과 오늘날까지 타당한 불변의 원칙을 구분해서 적용해야 한다는 것을 의미한다. 윤리적 의미에서 옳지 않은 것과 단순한 금기를 구분할 수 있어야 한다는 것이다. 시대의 제약을 받는 관습이나 금기에 지나지 않는 것을 윤리적 층위로 끌어올리는 우를 범해서는 안 된다. 특히 성결법전에서 사형에까지 처해야 하는 심각한 범죄로 열거하고 있는 것들을 다룰 때는 더욱 주의를 기울여야 한다.

레위기 18:22와 20:13에서 금하고 있는 행위

'거룩'을 유지하기 위한 성결법전의 윤리적·관습적 명령 중에는 사형에까지 처해지는 매우 심각한 것들이 있다. 가령 자녀를 희생제물로 바치는 행동(18:21; 20:2-5)이나 신접하여 박수가 되는 것(20:27), 아버지나 어머니를 저주하는 행동(20:9), 간음(18:20; 20:10), 근친상간(18:6-18; 20:11-14), 짐승과의 교합(18:23; 20:15-16), 생리 중인 아내와의 성행위(18:19; 20:18)는 사형에 처해지거나 이스라엘 가운데서 끊어지는 심각한 범죄다. 그리고 여기에 남성 동성 간 성행위(18:22; 20:13)가 포함된다.

너는 여자와 교합하듯 남자와 교합하면 안 된다. 그것은 망측

한 짓이다.(레 18:22)

남자가 같은 남자와 동침하여, 여자에게 하듯 그 남자에게 하면, 그 두 사람은 망측한 짓을 한 것이므로 반드시 사형에 처해야 한다. 그들은 자기 죄값으로 죽는 것이다.(레 20:13)

구체적으로 여기서 문제가 되는 행위는 어떤 것인가? 오늘날의 동성애 내지는 동성 간 성행위 전반을 가리키는가? 이를 분명히 하기 위해서는 원래 본문이 어떻게 말하고 있는지 살펴야 한다.

만일 이 본문이 단순히 동성 간 성행위를 금지하는 것이라면, 그냥 남자가 남자끼리 성관계를 하면 안 된다고 하면 될 텐데 사실 본문은 그렇게 간단하지 않다. 위의 우리말 표준새번역에서 "여자와 교합하듯 남자와 교합하면 안 된다", "여자에게 하듯 그 남자에게 하면"이라고 번역되어 있는 것을 히브리어 원문에서 직역하면 다음과 같다.

너는 남자와 '여자와 자는 것' *mishkebhe isshah* [208]을 하면 안 된

---

208 한편 구약성서 여러 곳에 나오는 *mishkabh zakhar*, 즉 '남자와 자는 것'(민 31:17-18; 31:35; 삿 21:11-12)이라는 표현은 처녀와 처녀가 아닌 경우를 구분할 때 사용하는 관용어이다. "남자와 자는 것"을 모르는 여자가 처녀이며, "남자와 자는 것"을 아는 여자는 처녀가 아니라는 것이다. 따라서 "미슈카브 자칼"은 "남자와 성행위"

다. 그것은 망측 *toebhah*한 짓이다.(레 18:22)

남자 *ish*가 남자*zakhar*와 '여자와 자는 것'*mishkebhe isshah*을 하는 자는 둘 다 '토에바'*toebhah*를 범한 것이다. 그들은 반드시 사형에 처해진다. 그들의 피는 그들 위에 있다.(레 20:13)[209]

여기서는 금지대상인 행위를 이스라엘 남자가 다른 남자와 '여자와 자는 행위'를 하는 것이라고 묘사하고 있다. 다시 말해 성행위를 하는 상대편 남자에게 '여자 역할'을 하게 해서는 안 된다고 금하고 있다. 말할 것도 없이 여기서 '여자 역할'은 여자처럼 삽입당하고 관통당하는 것을 뜻한다. 젠더 사회였던 고대 세계에서는 남성과 여성의 역할이 엄격하게 구분되었고, 그러한 구분은 반드시 지켜져야 했다. 따라서 여기서 남자가 다른 남자와 '여자와 자는 행위'를 하는 것, 다시 말해 다른 남자에게 '여자 역할'을 하게 해서 관통당하게 하는 것은 남자 역할과 여자 역할의 구분을 흐리게 하는 것이었다. 여자는 삽입당해야 하고, 남자는 삽입해야 하기 때문이다. 이것은 여자를 뜻하는 히브리어 단어 *naqeba*가 "구멍이 있는

를 하는 여성의 경험을 가리키며, "미슈케베 이샤", 곧 "여자와 자는 것"은 여자와 성행위를 하는 남자의 경험을 가리킨다. 야마구찌 사토꼬, 앞의 책, 74면.

209 야마구찌 사토꼬, 앞의 책, 69면.

자"를 뜻하는 것과도 일맥상통한다.[210] 문제는 삽입하는 남성이 아니라, 삽입당하는 남성 때문에 발생한다. 그가 삽입당하는 것은 남성의 역할에서 벗어나 여성의 역할을 하는 것이고, 죄이며, 따라서 그로 하여금 죄를 짓게 하는 것, 즉 여성의 역할을 하게 만드는 것 역시 죄라는 것이다.

이것은 문화적으로 인간을 "신체적인 성인 남자 대 여자로 구별하는 것이 아니라 남자=상위=지배 대 여자=하위=피지배라는 가부장적 이원론의 젠더관에 기초하여 구분한다"[211]는 것을 의미한다. 따라서 남성과 여성의 구분을 명확히 하는 것은 실질적으로는 가부장제 사회 안에서 남성의 우월성을 지키는 기능을 한다. 남자가 성행위에서 여자 역할을 하는 것은 종속적인, 열등한 역할을 하는 것을 의미하기 때문이다. 남자는 행위하는 능동적 주체로서 성행위에서 페니스를 관통하는, 삽입하는 우월한 존재이고, 여자는 행위의 대상으로서 관통당하는, 삽입당하는 수동적이고 열등한 존재이다. 그러므로 성행위에서 삽입당하는 남자는 열등한 여성의 역할을 받아들이는 것이며, 이로 인해 남성성을 잃고, 남녀의 경계를 무너뜨리며, 불결한 행동을 한 것이다. 레위기에 의하

---

210 다니엘 헬미니악, 앞의 책, 65면.

211 야마구찌 사토꼬, 앞의 책, 78면.

면 남성의 우월성을 훼손하는 이러한 행동은 죽음의 벌을 받는다. 성역할이 혼합됨으로써 이 남자는 문화적 경계선을 넘었기 때문이다.[212]

따라서 삶의 전 영역에서 남성과 여성의 구분을 명확히 하려는 이러한 경향은 실질적으로는 가부장제 사회 안에서 남성의 우월성을 유지하려는 의도를 지닌다. 이렇게 볼 때 남성 간 성행위를 금지하는 이 명령은 한편으로는 '거룩'을 유지함으로써 이스라엘의 정체성을 유지한다는 성결법전의 목적에 기여하지만, 다른 한편으로는 가부장적 사회 안에서 남성의 우월한 위치를 유지하려는 목적에 기여한다고 볼 수 있다. 성행위에서 열등한 여성의 역할을 하는 남자는 사회 전체에서 남성의 우월한 위치를 훼손한다. 그러니 그자만이 아니라 그와 함께 성행위를 한 자 역시 죽여야 한다는 것이다. 따라서 레위기의 이 본문은 여성에 대한 열등시와 관련이 있다. 동성 간 성행위에 대한 죄악시는 여성에 대한 차별, 가부장제와 긴밀한 관련성을 지닌다. 동성애 혐오는 가부장적 남성우월주의와 한통속이다.

---

212 V. P. Furnish, "The Bible and Homosexuality: Reading the Texts in Context," in J. S. Siker, ed., *Homosexuality in the Church: Both Sides of the Debate*, 20; Phyllis Bird, "The Bible in Christian Ethical Deliberation Concerning Homosexuality: Old Testament Contributions", in *Homosexuality, Science, and "Plain Sense" of Scripture*, ed. David L. Balch (Grand Rapids: Eerdmans, 2000), 157. 잭 로저스, 앞의 책, 147면에서 재인용.

한편 이 규정은 다른 측면에서 해석할 수도 있다. 이스라엘만이 아니라 고대 문화 일반에서 남녀 간 성역할의 구분이 엄격했기 때문에 때로는 강제로 남성에게 여성 역할을 강요하는 것이 모욕을 주거나 수치스럽게 하는 방법으로 적극적으로 사용되기도 했다.(창 19:1-29 참조) 메소포타미아에서는 일반적으로 전쟁의 승자가 포로가 된 적의 복종을 강요하기 위해 동성 간 강간을 하기도 했고, 자신보다 신분이 낮은 남자에게 여자 역할을 시키기도 했다. 신분이 높은 남자는 신분이 낮은 남자에게 여자 역할을 시켜도 되지만, 신분이 같을 때는 여자 역할을 시켜서는 안 되었다. 이것은 당시 이스라엘 주변 나라들에서 일반적으로 행해졌던 관행이었고,[213] 사회적 신분에서 하위에 있는 남자는 다른 남성(가부장)으로부터 여자처럼 취급받는다는 젠더 관념을 반영한다. 이와 비교해볼 때 "레위기에서는 상대 남자의 신분과 무관하게 무조건 남자에게 여자 역할을 하게 해서는 안 된다고 규정하고 있

---

213 고대 중기 아시리아 법에서는 '남성'이 동등한 신분에 있는 '남성'을 상대로 하는 성행위만 금지했으며, 신분이 낮은 '남성'과의 성행위는 금지하지 않았다. 자유인 신분에 있는 가부장 '남성'은 동등한 신분의 '남성'을 상대로 성행위를 함으로써 상대 남성에게 여자 역할을 시켜서는 안 된다는 것이다. 이 규정을 범했을 때 능동적인 '행위자'로 성행위를 주도한 '남성'은 그 벌로 강간을 당한 뒤 거세되어 '내시'가 되어야 했다. 즉 여자같이 되는 것이 벌이었다. Saul M. Olyan, "'And With a Male You Shall Not Lie the Lying Down of a Woman': On the Meaning and Significance of Levitus 18:22 and 20:13", *Journal of the History of Sexuality*, Vol. 5, No. 2 (Oct. 1994), 179-206.

다."[214] 이 점에서 고대 메소포타미아 법령은 신체적 젠더 관념과 신분적 젠더 관념 둘 다를 전제하는 데 비해 레위기 율법은 신체적 젠더 관념만을 강화하고 있다고 볼 수 있다.[215] 이것은 고대 근동 사회에서 스스로 약자라고 느꼈던 이스라엘이 사회 계층적인 측면에서 약자와 스스로를 동일시하는 경향을 보이는 것과 관련이 있을 것이다. 그러나 여성의 역할을 하는 남자는 하위 역할을 함으로써 남성성을 잃게 되고 치욕을 당한다는 이원론적 젠더 관념을 공유한다는 점에서는 이스라엘 역시 여타 메소포타미아 국가들과 일치한다.

삽입 없이 행해지는 남성 간 성행위와 여성 간 성행위

우선 성결법전의 이 명령은 남자, 즉 이스라엘 남자를 향한 금지명령이다. 이스라엘 여자는 이 금지명령의 대상으로 상정하고 있지 않다. 그 이유는, 앞서 언급했듯이, 레위기에서 여성은 남성에 비해 하위집단으로서 이스라엘 남성이 하느님 앞에서 거룩한 상태에 머무르기 위한 하나의 요인으로만 취급되었기 때문일 것이다. 그러나 다른 한편으로 이것은 이스라엘에서 여성 간 성행위는 성행위로 인식되지 않았다는 것

---

214 야마구찌 사토꼬, 앞의 책, 71면.

215 야마구찌 사토꼬, 앞의 책, 79면.

을 말해준다. 그들에게는 오로지 남성 성기의 삽입이 이루어지는 행위만이 진정한 성행위였고. 여자는 그렇게 할 수 없기 때문에 여자들끼리 성행위를 할 때는 남자의 삽입기능과 여자의 수용기능이 뒤바뀔 염려가 없었다. 간단히 말해 여자들끼리 하는 성행위는 진정한 성행위가 아니었고, 따라서 여성 간 성행위는 문제삼을 대상조차 되지 않았던 것이다.

그렇다면 삽입이 이루어지지 않는 남성 간 성행위는 어떤가? 삽입이 이루어지는 성행위만이 진정한 성행위라는 생각은 여기서도 힘을 발휘한다. 즉 남성 간 이루어지는 진정한 성행위, 즉 삽입이 이루어지는 성행위만이 금지대상이라는 것이다. 남성 간에 벌어지는 다른 성행위들과 여성 간 성행위는 금지대상이 아니었다. 삽입이 이루어지지 않는 남성 간 성행위나 여성 간 성행위는 여성과 남성의 이상화된 성역할의 차이를 모호하게 하지 않기 때문에 부정하다고 여기지 않았다는 것이다. 그것은 결코 망측한 일이 아니었다.[216] 사실 고대사회에서는 오늘날과 달리 일반적으로 동성 간 성행위에 대해 별 관심이 없었다. 구약성서에서도 동성 간 성행위를 금하고 있는 것은 이 두 곳뿐이다. 이스라엘 사회에서도 이 규정 외에는 동성 간 성행위를 혐오한 증거가 없다. 그들이 보

---

216   다니엘 헬미니악, 앞의 책, 68면.

기에 하느님 앞에 거룩한 공동체를 형성하고 유지하는 데 중요했던 것은 남성의 성행위 방식이었고, 따라서 성결법전 저자와 편집자 역시 그 외의 남성 간 성행위에 대해서는 언급할 필요를 못 느꼈을 것이다.

오히려 고대 문화 일반이 그렇듯이 동성 간의 다양한 성행위에 대해 이스라엘 역시 알고 있었고, 어느 정도 용인했다고 볼 수 있다.[217] 가령 기원후 2~5세기 랍비 문헌에서는 젊은이들과 성행위('소년들과 장난하기')를 하는 이방인 남성 개종자들에 관해 언급하면서 레위기가 금하는 것은 오직 항문성교라고 한다. 당시 랍비들은 다른 성행위들을 자위의 한 형태라고 보았다. 자위행위는 말려야 하기는 하지만, 엄격한 금지의 대상도, 죽을죄도 아니었다. 또한 랍비들은 여성 간 성행위인 문지르기rubbing에 대해서도 그와 같은 성행위는 여성의 처녀성을 훼손하지 않으므로 금지할 일은 아니라고 했다. 심지어 여자가 자기 아들과 함께 잠을 자다가 문지르기가 일어날 가능성까지도 용인하고 있다. 이 랍비들에게도 오로지 관심사는 사내아이의 성기가 여자의 질에 들어갔는지 여부였다. 중세 기사들이 흔히 그랬듯이 이들 역시 남성들 간의 우

---

217 한편 신명기 22:5의 이성의 옷을 입지 말라는 명령은 그러한 행동이 비윤리적이기 때문이 아니라 남성과 여성의 경계를 흐리는 역겨운 행동으로 여겨졌기 때문에 금지한 것이다. 이것 역시 오늘날의 동성애나 이성 복장 선호, 트랜스섹슈얼리즘 같은 문제와는 무관하다.

정에 깊은 사귐의 여지를 남겨두었고, 거기에는 삽입을 제외한 다양한 성적 접촉이 포함되었다.[218]

이 사실은 한편으로 고대 이스라엘과 초기 유대교가 동성 간 성애에 대해 오늘 우리보다 훨씬 자유로웠다는 사실을 말해준다. 더 중요한 것은 그들은 오늘날처럼 성행위를 결코 동성 간 성행위 대 이성 간 성행위로 구분하지 않았다는 것이다. 동성애와 이성애라는 현대적 이분법은 레위기의 이 명령이 전제하고 있는 사고방식과 맞지 않는다. 그들에게 중요했던 것은 동성과 이성 중 어느 쪽과 성행위를 했느냐가 아니라, 무엇을 했느냐, 즉 삽입을 했는지 여부였다. 그들에게 성행위란 삽입 성행위였고, 삽입 성행위는 남녀 사이에서만 해야 한다는 것이다. 남자가 다른 남자에게 삽입하는 것은 다른 종류를 뒤섞는 것이고, 남성과 여성의 젠더 경계를 모호하게 하는 일, 즉 망측한 일이기 때문이었다. 그들은 오늘날 말하는 동성애에 관심이 없었고, 따라서 레위기의 이 금지명령을 현대적인 동성애 금지의 근거로 삼는 것은 시대착오적일 뿐만 아니라 본문의 역사적 의미에서도 벗어나는 것이다.

---

218 다니엘 헬미니악, 앞의 책, 69면.

레위기와 오늘날의 동성애 금지

레위기 본문에서는 남자가 "남자와 '여자와 자는 것' *mishkebhe isshah*을 하면 안 된다. 그것은 망측 *toebhah*한 짓" (18:22)이라고 한다. 여기서 '*toebhah*'라는 말은 우리말 표준새번역과 공동번역에서는 "망측한"으로, 개역개정에서는 "가증한"으로 번역되었다. 원래 이 말은 단순히 증오스러운 것이 아니라 부정함, 더러움, 정확히는 금기를 어기는 행위를 가리킨다. 즉 거룩한 하느님의 백성 이스라엘을 다른 민족들로부터 구분하는 경계로부터 벗어나는 행위, 경계를 유지하게 하는 성결 규정을 어기는 행위들에 대해 사용했던 말이다. 구약성서에서 '토에바'는 삶의 다양한 국면에서 특정한 경계를 넘는 일에 대해서 광범위하게 사용되었다. 앞서 언급했듯이 이방신에게 자식을 제물로 바치거나 죽은 자와 접신을 하거나 남자가 여자 옷을 입는 행동은 특정한 경계를 넘는 것이고, 따라서 하느님 보기에 합당하지 않으며, 공동체를 더럽힌다고 여겨졌다.[219] 남성 간 삽입 성행위는 젠더 차이의 경계선을 넘는 행동이고, 따라서 그런 행동은 토에바, 즉 망측한 행

---

219 Victor Furnish, "What does the Bible Say About Homosexuality?", *Caught in the Crossfire: Helping Christians Debate Homosexuality*, eds., Sally B. Geis & Donald E. Messe (Nashville: Abingdon Press), 57-66.

8. 성소수자와 거룩

동이라는 것이다. 하느님과의 관계에서 보면 그런 행동은 '거룩'을 범하는 행동이고, 다른 민족과의 구분을 흐리는 행동이며, 다른 한편으로 그것은 공동체의 유지를 어렵게 하는 행동이다.

이처럼 특정 행동을 '망측'하다고 규정하고 금기의 대상으로 하는 것은 시공간을 달리하는 다른 문화권에서는 받아들이기 어렵고 때로 어리석어 보이기까지 한다. 그러나 어느 문화권이건 그러한 경계 설정을 통해 공동체의 응집력을 강화하고 내적 결속을 다지는 경향이 있다. 학자들에 따르면 이스라엘의 토에바에 상응하는 것이 이스라엘 주변의 메소포타미아 문화 전반에 널리 존재했다. 그들 역시 자기들의 종교와 문화를 주변 세계의 종교나 문화와 구별함으로써 한 민족으로서 정체성을 형성해야 했고, 경계선을 철저히 지킬 필요가 있었으며, 이를 위반했을 경우에는 엄하게 처벌했다. 그리고 메소포타미아 문화 일반이 그렇듯이 레위기의 성결 규정들에서 토에바로 금지되어 있는 것들 역시 예전부터 전해온 금기 사항이었다.[220]

이처럼 고대 세계에서 금기는 사회와 그 구성원을 지키는 기능을 했다. 특히 성적 금기는 매우 중요했다. 공동체의

---

220 야마구찌 사토꼬, 앞의 책, 73면.

존속을 위해 싸움이 끊이지 않았던 시대에 인구 증가를 방해하거나 가족관계와 공동체의 안전을 범하는 일은 사회의 기본구조를 약화시키는 일이었기 때문이다. 이상적인 성생활은 공동체의 정체성 형성, 통합, 번영과 직결되는 일이었고, 성생활과 성별 역할에 관한 제약은 사회 전반에 걸쳐 금기사항으로 여겨져 그것을 위반하는 일은 공동체 전체를 치명적인 위험에 처하게 하는 불결한 행동으로 받아들여졌다. 이렇게 터부시된 성적 행위들을 중심으로 공동체 존속과 관련해서 생활 전반에서 경계선을 애매하게 만들거나 선을 넘어서는 것을 모두 토에바로 여겼다.[221] 우리는 이러한 고대 이스라엘의 사고의 과정을 있는 그대로 이해하고 존중해야 한다. 그들은 그 시대의 지혜와 어리석음의 한계 안에서 공동체와 공동체 안의 개인을 지키고자 했다. 레위기의 남성 간 삽입 성행위 금지는 그러한 맥락에서 그 의도와 한계를 함께 읽어야 한다.

문제는 이러한 레위기의 남성 간 삽입 성행위 금지를 오늘날 동성애 반대의 근거로 사용할 수 있느냐는 것이다. 위의 관찰을 통해 확인할 수 있는 것은 현대적 의미에서 볼 때 남성 간 삽입 성행위에 대한 레위기의 금기는 윤리적 층위에서 이루어진 것이 아니라는 점이다. 그들은 동성 간 성행위의

---

221 Martti Nissinen, *Homoerotism in the Biblical World*, 41-42.

윤리적 측면에는 관심이 없었다. 단지 남성 간 삽입 성행위가 당시 그들이 생각했던 이상화된 질서와 그 경계를 벗어나는 이상하고 거슬리는 행동, 망측한 행동이라고 여겼을 뿐이다. 오직 삽입 성행위만이 진정한 성행위이고, 남성 간 삽입 성행위는 남자가 여자 역할을 하게 만들기 때문에 이상화된 만물의 질서, 즉 창조질서를 어지럽힌다. 따라서 이민족과 분리되어 그들만의 구별된 방식을 유지해야 하는 하느님의 선택된 백성에게 그런 행위는 용납될 수 없다. 이것이 레위기의 이 금지규정에 깔린 기본적인 생각이다. 이렇게 보면 동성애와 관련한 오늘날의 윤리적 질문에 레위기의 이 규정을 들이대는 것은 시대착오적일 뿐만 아니라 완전히 번지수가 틀린 것이다. 레위기는 동성애가 아니라 남성 간 삽입 성행위를 문제 삼고 있다.

어느 사회나 공동체의 평화와 질서를 유지하는 그 나름의 방식이 있고, 고결함과 천박함, 품위와 야비함을 구분하는 방식이 있다. 고대사회의 금기들은 그러한 맥락 안에서 그 가치와 의미가 정당하게 평가되어야 한다. 그러나 중요한 것은 그러한 방식들이 사회와 문화에 따라 다르며, 필연적으로 바뀌고 변화한다는 사실이다. 이 점에서 볼 때 레위기의 남성 간 삽입 성행위 금지는 현대 사회에서 받아들이기 어렵다. 그리고 결정적으로 중요한 사실이 한 가지 더 있다. 그것은 예수에 의해 레위기의 거룩과 정결에 대한 관념이 근본적으로 바뀌었다는 사실이다. 예수는 "입으로 들어가는 것이 사람을 더럽게 하는 것이 아니라, 입에서 나오는 그것이 사람을 더럽게 한다"(마 15:10-11)고 했다. 오늘날 기독교인은 예수의 이 말씀에 의해 성결법전이 새롭게 해석되어야 한다는 점을 중요하게 고려해야 한다. 예수는 성결법전에서 더럽다고 한 사람들과 함께 먹고 마셨다. 하느님을 사랑하고 이웃을 사랑하는 것이 하느님의 법의 핵심이고 거룩하게 되는 길이라고 가르쳤다. 그러므로 법이 사람을 살리는 것이 아니라 죽이는 방향으로 작동할 때 법을 버리고 사람을 살리는 쪽으로, 생명을 살리는 쪽으로 선택하는 것이 예수의 혁명적 실천에 따르는 행동이다.

이 밖에도 동성애를 비난하기 위해 이 본문을 적극적으로 인용하는 기독교인들은 성결법전의 다른 내용들은 무시해 왔다. 왜 다른 부분들은 무시하면서, 가령 피가 섞인 고기를 먹고 두 종류의 섬유로 이루어진 옷을 입는 행동은 아무렇지도 않게 하면서 이 부분만 지켜야 한다고 생각하는지 스스로 성찰해볼 필요가 있다. 레위기에 기록되었다고 해도 오늘날 우리가 적용하지 않는 규정들은 넘쳐나며, 레위기의 이 구절들을 우리 자신에게 적용하지 않아도 될 이유 역시 넘쳐난다.

한편 이 본문은 실제로는 남성 간 삽입 성행위, 즉 항문성교를 금하는 본문인데, 그것을 동성애 금지로 해석해온 전통에 대해서도 문제제기를 할 필요가 있다. 어째서 항문성교를 동성애와 동일시하는가? 항문성교는 동성애자나 이성애자나 둘 다 할 수 있고, 실제로 레위기 본문은 이성애자의 항문성교를 상정했을 가능성이 더 높은데 어째서 동성애와 항문성교를 동일시하고, 동성애자에 대해서는 성도착의 이미지를 뒤집어씌우려고 하는지도 비판적으로 성찰할 필요가 있다. 이것은 실제로는 이성애자가 수간을 하거나 소아성애자인 경우가 훨씬 더 많을 텐데도 반동성애주의자들이 꼭 동성애와 수간, 소아성애를 연결시키는 데 대해서도 똑같이 말할 수 있다. 동성애와 수간, 소아성애는 같은 층위에서 말할 수 없다. 왜냐하면 동물이나 어린이와는 사랑과 합의에 근거한 성행위가 불가능하기 때문이다. 동성애와 그런 행위들을 같은 층위에서 말하는 데는 악의와 폭력이 느껴진다. 인간은 전체로서 성적인 존재이지만, 한 인간을 성적인 존재로만 규정하는 것은 폭력이다. 고대종교에서는 위생 문제와 종교적 성결이 결합되었지만, 근대 이후 이 둘은 분리되었고, 사실 오늘날 항문성교는 종교적·윤리적 문제라기보다는 위생적·의학적 문제이다.

⑨

바울과 하느님 나라,
동성애

고린도전서 6:9

고린도 공동체와 바울

　신약성서는 기독교 신앙의 근본이 되는 문서이지만, 역사적으로 보면 신약성서 문헌들 중에는 아직 기독교가 성립되기 이전에 쓴 문서들이 많다. 대표적인 것이 신약성서 중 가장 초기 문서에 해당하는 바울이 직접 쓴 편지들이다. 현재 바울의 이름으로 되어 있는 13개의 편지 중 논란의 여지 없이 실제로 바울이 쓴 편지라고 학자들이 인정하는 것은 7개이다.(데살로니가전서, 빌립보서, 고린도전후서, 빌레몬서, 갈라디아서, 로마서) 이 서신들은 대체로 50년대에 쓴 것들로 70년 이후 유대교로부터 분리 독립해서 초기 기독교가 성립하기 이전, 그러니까 오늘날 초대 그리스도인이라 불리는 집단이 '유대교

내 예수파'로 존재하던 시대에 생겨난 문서들이다. 당시는 이 운동이 계속 살아남을지 불투명했고, 바울이 벌이던 운동 역시 마찬가지였다.

바울의 운동은 무슨 이론가들이 모인 학파 같은 것이 아니라, 나날의 생업에 종사하는 보통 사람들이 참여했던 일종의 사회운동이었고, 새롭게 등장하는 사회적 실체가 으레 그렇듯이 집단적 삶의 모든 요소를 일일이 결정하고 형성해나가야 했다. 가령 이 새로운 집단은 자신들만의 신앙고백과 예배형식, 기념일들, 공동체 내의 관계들을 하나하나 결정해야 했다. 당시 이 운동은 유대교, 특히 헬레니즘 유대교에 터 잡고 있었고, 따라서 신앙고백과 예배의 기본틀을 형성하는 데 헬레니즘 유대교라는 요인은 결정적이었다. 그러나 공동체 삶의 사회적인 측면에서 무엇보다 중요했던 것은 이 운동에 속한 공동체들이 뿌리내리고 있던 로마제국 사회의 제도와 문화, 관습에 대해 어떠한 태도를 취해야 하느냐는 문제였다. 이것은 이제 막 생겨난 이 운동의 생존과도 직결되는 문제였다.

바울의 편지들은 이 새로 탄생한 사회적 집단이 대내외적으로 자기정체성을 형성하는 과정에서 겪었던 고투를 보여준다. 때로 그것은 그들 집단과 바울 자신의 고양된 신앙적·신학적 인식을 보여주기도 하지만, 인간 삶에서 벌어지는 온갖 구질구질한 사건·사고를 포함하며, 그로 인해 바울이 감정적으로 소모되고 자존심 상해하는 모습을 들키기도 한다. 이 방면에서 타의 추종을 불허하는 서신이 고린도전후서이다. 고린도전후서는 바울 자신의 복음 전파에 의해 생겨난 지 얼마 안 된 고린도 공동체의 삶 속에서 발생한 문제들을 다루고 있다. 고린도는 로마제국에 속한 아가야(그리스) 지역의 수도였고, 로마에 의해 파괴되었다가 기원전 1세기에 재건된, 온갖 인종과 계급이 뒤섞여 살던 시끌벅적한 도시였다. 로마는 다른 신도시들의 경우 대부분 퇴역 군인들을 이주시켰지만, 고린도는 정책적으로 해방노예들을 이주시켰다. 그리고 이들이 고린도의 문화적 에토스를 형성했다고 볼 수 있다.

호슬리는 바울의 이전 선교지였던 갈라디아, 마케도니아 같은 곳과 대비되는 고린도의 사회문화적 특징으로 "원자화된 개인주의"를 언급했다. 고린도의 사회문화적 에토스에 대한 그의 언급을 좀 길지만 인용하겠다.

고린도 사람들은 신분에 집착했고, 경쟁적이었다. 헬레니즘적 로마 사회 전반이 그랬듯이, 고린도에서도 부와 권력을 거머쥔 한 줌도 안 되는 엘리트와, 노예건 자유인이건 대다수 극빈자들 사이에 엄청난 간격이 존재했다. 그럼에도 불구하고, 아니 어쩌면 바로 그 때문에 그리스 사회는—그리고 로마사회는 더더욱—신분과 지위에 매달렸다. 어떤 신분이든 동일한 신분 내에서도 차이가 존재해서 어떤 사람들은 다른 사람들로 부터 분리되었다. 이것은 심지어 노예계급 안에서도 마찬가지였다. 게다가 모든 신분에서 여성은 남편과 주인의 권력에 종속되었다. 고린도에서는 엘리트 계층이 속주의 명예로운 자리를 차지하고 황제의 환심을 사고자 암투를 벌였다면, 보다 낮은 계층은 자신의 신분적 지위를 뼈아프게 의식했다. 예전 노예의 후손이었던 그들은 자신들의 비천하고 수치스러운 출신 성분을 유달리 예민하게 의식했을 것이다. 1세기 말에 이르러 고린도는 모든 도시 가운데 가장 경쟁적인 도시라는 평판을 얻었다. 특히 경제적인 부분에서 경쟁자를 물리치기 위해서라면 무슨 짓이든 서슴지 않는 장사꾼들의 도시라는 평판을 얻었다. … 외형상 고린도는 호화롭고 휘황찬란했지만, 그 안의 사람들은 교양이 없고 사회적 배려가 없었던 것으로 보인다. 부분적으로 그것은 부자들이 도시의 가난한 사람들을 너무나 끔찍하게 착취했기 때문이었다. 뿌리뽑힌 자들로 가득 차 있던 이 신도시는 문화적인 외피로 치장하고자 몸부림쳤지만, 정신적으로는 공허했고, 신분과 안전에 굶주려 했다. 고린도 전서에서 바울이 사용한 독특한 언어들과 그가 다루었던 주제들은 바로 이러한 상황과 정확히 들어맞는다.[222]

---

222 리차드 호슬리, 『고린도전서: 어빙던 신약성서 주석』, 박경미 옮김, 대한기독교서회, 2019, 35~36면.

9. 바울과 하느님 나라, 동성애

이처럼 경쟁적이고 사회경제적 양극화가 극심하며, 정신적으로 공허했던 도시 고린도에서 바울은 그리스도의 복음을 전했고, 공동체를 건설했다. 고린도전서는 이 도시에 그리스도 소식을 전한 바울과 그로 인해 성립한 그리스도 공동체 사이의 소통의 기록이다. 고린도전서에서 바울은 그 어느 서신에서보다도 자기 감정을 자주 들키며, 그래서 그의 인간적 면모가 잘 드러나기도 하지만, 바울의 논쟁적인 신학적 발언을 통해서는 아직 초기 기독교의 틀이 확고하게 정해지기 전 기독교가 갈 수 있었던 여러 갈래 길과 그중에서 바울이 갔던 길이 어떤 길이었는지 확인할 수 있다.

오늘날 기독교인들은 바울의 편지들에서 보편타당한 영구불변의 기독교 교리를 찾아내려고 하지만, 사실 이 편지는 고린도의 그리스도 공동체와 바울 사이에 여러 차례 오고간 편지들의 수집물이다. 이 소통 과정에서 바울은 이제 막 탄생한 고린도 공동체의 삶 속에서 발생한 문제들에 집중하고, 그들의 행동과 생각을 교정하기 위해 편지 수신자들을 설득하고 있다. 그리고 우리가 구체적인 상대가 있는 토론과 설득의 과정에서 이러저러한 다양한 어법과 수사를 동원하듯이 바울도 마찬가지였다. 그는 내키지 않지만 때로는 상대방의 말을 인정하는 듯한 태도를 취하기도 하고, 때로는 흥분해서 위협을 하기도 한다. 바울은 고린도전서를 비롯해서 자신이 쓴 편지가 훗날 기독교 경전의 일부가 되어 수많은 사람에게 읽히리라고는 상상조차 못 했을 것이다. 아마 그는 히브리 성서(구약성서) 말고 신약성서라는 새로운 경전의 형성 자체를 받아들이기 힘들었을 것이다. 하물며 자신이 쓴 편지가 그에게는 유일한 성서였던 구약성서, 즉 "율법과 예언"과 나란히 신약성서 안에 들어오는 것을 용납하지 않았을 것이다.[223]

싸움 구경은 원래 재미있는 법. 바울은 유례없이 시끌벅적하고 소란스러웠던 이 공동체와의 관계에서 거리를 두고 엄격하게 그들을 훈계하고 책망하는 위치에 있지 않았다. 서신에서 바울은 제3자 포즈를 취하고 고린도 공동체의 분열을 준엄하게 나무라지만, 정작 핵심적인 분열의 전선은 바울을 추종하는 사람들과 아볼로를 추종하는 사람들 사이에 있었다.(고전 3:1-24) 요컨대 바울 자신이 분열과 갈등에 깊이 연루되어 있었고, 추측컨대 사람들은 바울이 떠난 뒤 고린도에 나타나 화려한 언변으로 그리스도인의 자유에 대해 설파했던

---

223 물론 바울 당시는 아직 구약성서가 정경화되지 않았다. 구약성서가 정경화된 것은 90년경 얌니아에서 열린 랍비 회의에서였다. 여기서 율법서, 예언서, 성문서로 이루어진 지금과 같은 구약성서 정경이 결정되었다. 그러나 성문서까지 포함해서 구약성서가 고정된 것은 바울 이후지만, 바울 시대에 이미 율법서와 예언서는 거의 결정되어 있었다. 그래서 신약성서에서 구약성서를 지칭할 때는 종종 "율법과 예언"이라고 했다. 바울 역시 *he graphe*(원뜻은 '문서'이지만, 신약성서에서 이 말은 구약성서를 지칭하는 것으로 이해된다)라고 했을 때 "율법과 예언"을 가리켰을 것이다.

아볼로에게 더 끌렸던 것 같다.

고린도 공동체의 유지들은 수사학을 배워 지혜로운 말씀을 전했던 알렉산드리아 출신의 아볼로를 마음에 들어 했고, 그를 후원했던 것 같다. 바울은 그들에게 맨 처음 복음을 전한 권위 있는 인물이었지만, 고린도를 떠난 후에도 측근을 통해 사사건건 간섭하는 피곤한 인물이기도 했다. 이에 비해 아볼로는 복음을 이집트 헬레니즘 유대교 철학의 세련된 언어로 번역해서 전달했고, 그가 전하는 복음은 고린도 공동체의 힘 있는 사람들을 불편하게 하지 않았다. 불온한 십자가의 그리스도를 내세우며 끊임없이 자신들을 성가시게 하는 바울에 비해 소피아 그리스도를 설파하는 아볼로는 마음에 들었을 뿐 아니라 자신들을 존중한다고 느꼈을 것이다. 선선히 자신들의 후원을 받아들였던 아볼로와 달리 바울이 후원을 거절하고 계속해서 냄새나는 천막노동자로 지내겠다고 고집을 부리는 것도 비위에 거슬렸을 것이다.

게다가 바울은 자신은 하느님의 사도로 선택받았으며, 열둘과 동등하다고 주장했고, 예루살렘 교회와 대등한 관계를 요구했다. 당연히 예루살렘 교회와의 관계도 껄끄러웠다. 아볼로에 견주었을 때 어느 모로 보나 바울이 기울어 보였다. 고린도후서에 비추어 볼 때 고린도전서에 나타나는 갈등 상황은 해소되기는커녕 악화일로를 겪었고, 바울은 처참한 결과를 가져온 고린도 방문에도 희망을 잃지 않고 눈물의 편지(고후 11~13장)를 쓰며 화해의 손을 내민다.

자부심 강한 복음전파자 바울은 상처받았고 자존심이 상했다. 바울의 입장에서 보면, 자신은 고린도 교회라는 밭을 처음 갈고 씨를 뿌렸다면, 아볼로는 물을 주었을 뿐이다. 바울이 고린도 공동체라는 건물의 기초를 놓았다면, 아볼로는 그 위에 집을 지었다. 바울은 아볼로가 지은 집에 대해 "심판" 운운하기까지 한다. 아볼로가 사람의 지혜를 전한다면 바울은 십자가의 어리석음을 전하며, 하느님의 어리석음이 인간의 지혜보다 지혜롭다고 설파한다. 이러한 정황이 우리가 고린도전서를 통해 엿볼 수 있는 바울과 고린도 공동체 사이의 문제 상황이며, 고린도전서에 나타나는 논쟁들은 이러한 상황을 전제로 하고 있다.

이처럼 고린도전서는 고린도 공동체의 구체적인 분열 상황에서 발생한 문제들을 다루고 있기 때문에 소위 "전형적으로 바울적인" 언어들, 가령 율법, 의, 믿음 같은 말들이 거의 나오지 않는다. 대신 지혜 대 어리석음, 성숙함 대 유아, 부유함 대 가난함, 강함 대 약함, 영적인 것 대 자연적인 것의 대립이 서신 전반에 걸쳐 나타난다. 아마도 이 때문에, 즉 특이하고 비바울적인 언어를 상당히 많이 포함하고 있기 때문에, 고린도전서는 로마서나 갈라디아서만큼 바울신학을 대표하는

문서로 인식되지 않았는지도 모른다.[224] 그러나 바로 이 고린
도전서에서 바울의 심오한 십자가의 신학이 마치 진흙 한가
운데서 연꽃이 피듯이 터져나온다. 그러므로 고린도전서에
나타나는 바울의 통렬한 수사(修辭)나 신학적 선언들은 위에서
말한 고린도 공동체와 바울과의 관계에 비추어 볼 때만 그 실
체적 의미가 드러난다.

　　여기서 다룰 고린도전서 6:9[225], 즉 불의한 자들인
*arsenokoitai*와 *malachoi*는 하느님 나라를 유업으로 얻지 못
한다는 말 역시 이러한 맥락과 관련해서 이해해야 한다. 특히
이 말은 고린도 공동체 내에서 실제로 벌어진 일들을 나무라
고 경고하는 문맥에서 나오지만, 다른 한편으로 고린도 공동
체가 로마제국 주류 사회의 행태들에 대해 어떠한 태도를 취
해야 하는가라는 문제를 끊임없이 의식하면서 쓴 내용이다.
다시 말해 묵시사상적 하느님 나라의 도래를 기다리며 준비
하는 그리스도의 공동체가 그에 대비되는 제국의 문화와 행
태에 대해 어떤 태도를 취해야 하느냐는 바울의 문제의식을
전제하고 있다. 동성애 반대를 위해 이 구절을 내세우는 사람

224　리차드 호슬리, 『고린도전서: 어빙던 신약성서 주석』, 24면.

225　"불의한 자가 하느님의 나라를 상속받지 못하리라는 것을, 여러분은 알지 못합니
　　까? 착각하지 마십시오. 음란한 자나, 우상숭배하는 자나, 간음하는 자나, '남창노릇
　　을 하는 자'(*malachoi*)나, '동성연애를 하는 남자'(*arsenokoitai*)나"(고전 6:9, 표
　　준새번역).

들은 이런 복잡한 정황들을 거두절미하고 자신들 입맛대로 이 구절을 동성애를 반대하는 구절로 내세운다. 설사 바울이 여기서 동성애적 성행위에 대해 부정적 태도를 드러냈다 해도 실제로 그것이 당시 사회에서 어떠한 의미를 지녔는지를 역사적으로 파악할 필요가 있다. 바울이 여기서 무슨 의도로 이 말을 했는지 가감 없이 이해하는 것은 바울이 여기서 어느 편이냐를 묻기 전에 일차적으로 필요한 과제이기 때문이다. 그 다음에야 동성애적 성행위에 대한 바울의 태도를 지지하든 비판하든 할 수 있다.

문맥과 문제 상황

바울의 종말론적 공동체 윤리의 두 층위

바울은 고린도전서 1~4장에서도 공동체의 구체적인 분열과 자신에 대한 공격을 의식하면서 글을 썼지만, 거기서는 훨씬 감정을 자제하고 일반적인 언어로 말했다. 그러나 5~6장에서는 그가 생각하기에 공동체를 위험에 빠뜨릴 수 있는 일부 고린도인들의 행위를 구체적으로 언급하면서 대놓고 창피를 주거나 면박하고 있다. 7장에 가서는 고린도 공동체 사람들이 그에게 질문했던 문제들에 답하지만, 5~6장에서는 자기 쪽 사람들로부터 전해 들은 고린도인들의 비행을 문제삼고 있다. 그러한 행동들은 바울을 격앙시켰고, 5~6장에서 그는 풍자와 위협, 수사학적 질문을 남발하고 있다. 고린도인들 중에는 자기 아버지의 아내와 사는 남자가 있었고(5:1-13), 공동체 구성원들 사이의 분쟁을 법정으로 끌고 가는 사람들도 있었다.(6:1-11) 그리고 이 문맥에서 바울은 두 번에 걸쳐 악행의 목록을 제시하며(5:10-11; 6:9-10), 두 번째 목록에서 오늘날 흔히 동성애를 가리킨다고 해석하는 *arsenokoitai*와 *malakoi*가 나온다.(6:9) 이러한 구체적인 문제를 다루고 나서 바울은 영적 초월을 중시하는 고린도인들의 신학이 윤리적으로 어떤 위험성을 지니는지에 대해 음행을 중심으로 논의한다.(6:12-20)

*arsenokoitai*와 *malakoi*, 이 두 단어가 무엇을 뜻하는지 살펴보기에 앞서 5~6장에서 바울의 윤리적 논의가 지니는 두 층위, 즉 사회적 층위와 신학적 층위에 대해 간단히 언급하고 넘어가야겠다. 바울은 윤리적 문제를 다룰 때 한편으로는 로마제국 사회와의 관계를 의식하고, 다른 한편으로는 곧 이루어질 종말론적 구원의 완성과 관련해서 특정 행동이 어떠한 의미를 지니는지 성찰한다. 전자의 경우 바울은 종종 고린도 공동체의 일부 구성원들이 제국의 신민으로서 당연하고 익숙하게 했던 행동들을 문제삼는다. 가령 주의 만찬 때 부유한 신자들이 먼저 와서 자기들끼리 먹는 행동이나 우상 신전에

서 먹는 행위는 당시 고린도 엘리트들의 사회생활에서 흔히 있는 일이었다. 바울은 그러한 행동이 그리스도인으로서 적절한 행동인지 묻는다. 말하자면 사회적 층위에서는 이제 공동체의 구성원이 된 사람들이 추구해야 할 그리스도인으로서의 행동양식과 과거 제국의 신민으로서 제국의 구조를 유지하고 지속시키는 데 기여했던 행동양식이 갈등을 일으킨다.

다른 한편으로 문제의 행동을 한 사람들과 그들을 용인한 고린도인들은 그들 나름의 독특한 신념체계, 신앙에 근거해서 그렇게 했을 수 있다. 아직 기독교 신앙의 내용은 확고하게 정해진 바가 없고, 어느 쪽으로든 발전할 수 있는 상황이었다. 바울이 보기에 위험한 행동을 한 사람들은 바울과는 다른 신학적·신앙적 토대 위에 서 있었을 것이다. 이 둘 사이의 신학적 차이에 대해서는 학자들의 오랜 연구의 역사가 있지만, 여기서 그것을 자세히 언급할 수 없고, 또 그럴 필요도 없다. 다만, 둘 사이의 이념적·사회경제적 전선을 함께 다룬 호슬리의 연구는 경청할 만하다. 호슬리는 바울의 묵시사상적·종말론적 신학과 아볼로를 중심으로 한 자유주의적 지혜 그리스도론을 신봉하는 사람들 사이의 신학적 갈등이 근저에 깔려 있다고 본다. 바울은 자신의 종말론적 신학에 입각해서 그들의 생각과 행동을 교정하고자 했지만, 이어지는 고린도인들과의 교신인 고린도후서에 근거해서 볼 때 그의 노력은

성공을 거두기는커녕 역효과였던 것 같다.[226]

그러므로 윤리적 주제를 다룰 때 바울은 단순히 바깥세상의 눈을 의식해서 공동체 구성원들은 추태를 보이지 말아야 한다고 권면하는 수준을 넘어선다. 바울은 하느님의 백성으로서 공동체는 종말론적인 하느님의 심판 아래 있는 "세상"에 맞서 있다고 생각했다.(6:2-3) 바울이 생각하기에 공동체는 심판받을 세상, 곧 지배적인 로마제국 사회에 맞선 성도들의 사회로서 일종의 대항사회의 성격을 지니는 것이었다. 따라서 성도들의 공동체는 윤리적 문제에 있어서 지배적인 제국 사회에 맞서 스스로 권위 있게 행동해야 한다. 윤리적 문제를 다룰 때 바울은 늘 사회적 층위에서 보다 큰 로마제국 사회와의 관계를 염두에 두었으며, 동시에 하느님의 종말론적 구원사업이 로마제국과 그리스도인들과의 관계를 어떻게 근본적으로 바꾸는지에 대해서도 신학적으로 성찰했다고 볼 수 있다.[227]

성윤리에 대한 바울의 입장 역시 이러한 큰 틀 안에서 보아야 한다. 우리는 부부관계에서의 성 문제, 매매춘 문제

226 고린도 공동체에서 바울이 비판하고 있는 사람들의 신학적 입장에 대해 과거 다양한 견해가 제시되었지만, 호슬리는 주석 곳곳에서 테라퓨트 교단으로 대표되는 이집트 헬레니즘 유대교 지혜담론의 언어로 그리스도를 전했던 아볼로와 그의 영향을 받은 고린도 공동체 사람들의 존재에 대해 언급한다. 리차드 호슬리, 앞의 책.

227 이런 의미에서 바울 서신, 특히 고린도전서에서 바울의 신학적 사유는 오늘날 신학의 분과로 말하자면, '신학윤리'와 가장 유사하다고 생각된다.

등과 함께 동성 간 성행위에 대한 바울의 발언도 이러한 그의 종말론적 공동체 윤리와 일치하는지, 동성 간 성행위 문제에 대해서도 그가 공정하고 일관되게 자기 입장을 유지했는지, 아니면 유대인 남자로서 그의 개인적 편견이 개입되거나 제국의 논리에 삼켜지지 않았는지 비판적으로 질문할 수 있다. 바울을 비난하거나 옹호하는 것은 그 다음 일이다. 우선 바울이 이 문제와 관련해서 무슨 말을 하고 있는지 정확히, 가감 없이 이해해야 한다.

세상 법정에 가지 말라 — 고린도전서 6:1-11

문제의 6:9는 6:1-11의 문맥 안에 있다. 6:1에서 바울은 이렇게 말하고 있다. "여러분 가운데서 어떤 이가 다른 사람을 걸어 소송할 일이 있을 경우에, **감히** 성도들 앞에서 해결하려 하지 않고 **불의한 자들** 앞에서 소송하려 합니까?" 바울은 "형제"가 다른 "형제"를 걸어 세속 법정에 고소한 일에 대해 측근을 통해 보고 받은 것으로 보이며, 이에 대해 격분하고 있다. 오늘의 관점에서 보면 바울의 이러한 태도는 이해하기 어려울 수도 있고, 또 한편으로 보면 이해가 되기도 한다. 오늘날 온갖 사회적·정치적 문제의 최종심급은 결국 사법적 판결로 귀결하는 것을 우리는 목도하고 있고, 바울이 뭐라 말했건 오늘날 우리는 기독교인이라는 이유 때문에 소송을 마다하지는 않는다. 이처럼 재판이 일상화된 오늘의 상황에서 보면 바울의 이 말은 이해하기 어렵다. 그러나 다른 한편으로 우리는 사법제도의 공정성에 대해 의심을 거두지 못한다. 사법농단이나 검찰의 자의적 기소권 사용, 내지 불사용은 사법제도가 힘없는 사람들에게만 서슬 시퍼럴 뿐 힘 있는 자 앞에서는 맥없이 작아진다는 인상을 지울 수 없게 한다. 오늘날도 이 모양인데 바울 당시에는 오죽했을까?

"실제로 로마 본토는 물론이고 속주 도시들의 법정은 부유하고 권력 있는 사람들의 이익을 위해 움직였다.(예를 들어 예전 노예 주인은 자신의 노예였다 해방된 사람의 유산 상속인에게 자신의 몫을 내놓으라고 소송을 걸었다.) 따라서 인맥이 있는 사람만이 공적 법정에 고소했을 가능성이 높다."[228] 바울 역시 같은 생각이었는지 6:1에서 그는 세속 법정을 주관하는 사람들을 "불의한 자들"이라고 규정하고 있다. 6:4에서는 "여러분은 교회에서 멸시하는 바깥사람들을 재판관으로 세우겠습니까?"라고 한다. 6:9에서 바울은 이 불의한 사람들은 하느님의 나라를 상속받지 못할 것이라고 한다. 그리고 이 불의한 사람들이 하는 악행들의 목록이 이어지며, 그 안에 오늘날 자주 동성애로 해석되는 *arsenokoitai*와 *malakoi*가 포함된다. 이 말들이 무엇을 가리키는

---

228 리차드 호슬리, 앞의 책, 107면.

지 밝히기 전에 바울이 세상 법정을 다스리는 자들을 "불의한 자들", "교회가 멸시하는 바깥사람들"이라고 할 때 어떠한 사회적·신학적 관념이 작동하고 있는지 살펴볼 필요가 있다.

바울은 세상 법정을 다스리는 "불의한 자들", "교회가 멸시하는 바깥사람들"과 "성도들"을 이분법적으로 구분하고 있다. "성도들"은 하느님에 의해 세상으로부터 따로 뽑혀 "불의한 자들", "교회가 멸시하는 바깥사람들"에 맞서 있는 사람들이다. 성도들은 세상을 심판할 것이고, 심지어 천사들까지 심판할 것이다. 그럼에도 "일상의 문제에서 생기는 소송"을 "교회가 멸시하는 바깥사람들"에게 의존하는 데 대해 바울은 대놓고 비난하고 있다. "성도들이 세상을 심판할 것임을 알지 못합니까? 세상이 여러분에게 심판을 받겠거늘, 여러분에게 가장 작은 사건 하나를 심판할 자격이 없겠습니까?"(6:2) "여러분 가운데는 신도들 사이에서 생기는 문제를 해결해줄 만큼 지혜 있는 사람이 하나도 없습니까?"(6:5) 이러한 바울의 비난으로 미루어보자면, 바울은 세상과 맞선, 세상으로부터 독립된 "성도들"의 공동체의 행동양식은 무엇보다도 자율적이고 자치적이어야 한다고 생각하고 있는 것으로 보인다.

공동체의 행동양식에 대한 바울의 이러한 생각은 그의 신학과 공동체 윤리의 밑바탕에 깔린 그리스도의 십자가에 대한 묵시사상적 이해와 관련이 있다. 고린도전서만이 아니라 다른 서신들에도 나타나지만, 이 단락에서도 바울이 쓴 단어들은 묵시사상적 종말론을 함축한다. 가령 "심판"이라는 단어는 법적 재판과 함께 종말론적 심판의 이미지를 떠올리며, "천사"라는 단어 역시 묵시사상적 종말을 연상하게 한다. 바울의 묵시사상적 세계관에 따르면, 성도들은 새 시대의 시민으로 하느님이 따로 뽑아 세웠고, 종말론적 공동체의 구성원들로서 세상을 심판할 것이다.(6:2)

이때 심판의 대상인 세상은 단순히 믿지 않는 자들이거나 종교적으로 그들과 생각이 다른 사람들을 가리키는 것이 아니다. 고린도전서 2:6에서 바울은 "이 세상 통치자들"을 "멸망할 자들"이라고 지칭하며, 2:8에서는 "이 세상 통치자들 가운데는, 이 지혜를 안 사람이 하나도 없습니다. 그들이 알았더라면, 영광의 주를 십자가에 못박지 않았을 것입니다"라고 말한다. 바울은 십자가의 그리스도와 "이 세상 통치자들"을 대립적으로 이해하고 있다.[229] 그러므로 이때 바울이 말하는 "세상"은 저 세상, 즉 내세와 대립된다는 의미에서 현세가 아니다. 그것은 하나의 사회적 실체로서 성도들의 공동체에 대립해 있는 로마제국의 지배질서, 억압적인 지배권력을 가리킨다. 바울의 묵시사상적 세계관에서 기본적 대립은 내세와

---

229   닐 엘리엇, 「십자가의 반제국적 메시지」, 『바울 새로 보기』, 김재성 편역, 한국신학연구소, 2000, 15~42면 참조.

현세, 종교와 정치 사이에 있는 것이 아니라, 성도들의 공동체와 제국 사이에 있다.

이것은 유다 왕국의 멸망 이후 차례로 근동 대제국들의 지배를 받아온 유대인들의 경험 속에서 탄생한 묵시문학 담론에서 유래한 세계관으로, 묵시문학가들은 자신들을 지배하는 제국으로부터의 독립을 열망하고, 제국의 문화가 아니라 전통적인 유대적 생활방식을 고수했다. 이에 따르면 마지막 때 하느님은 자신이 선택한 대리자를 통해 모든 민족을 심판하시고 억압하는 제국을 멸하신다. 그때 하느님은 억압하는 지배자들을 심판하고 고난받는 당신의 백성을 신원伸冤(원한을 풀어버림)하신다. 바울은 이러한 묵시사상적 세계관의 맥락에서 그리스도의 십자가를 이해했다. 즉 그리스도의 십자가 사건은 이러한 하느님의 최종적인 심판의 과정에서 일어난 사건이라는 것이다. 이러한 맥락에서 그는 자신이 세운 공동체들의 독립성이 그리스도의 십자가와 부활을 통해 하느님이 시작한 종말론적 드라마의 유기적인 일부분이라고 이해했던 것이다.

이러한 바울의 묵시사상적 세계관의 맥락에서 보면 형제들 사이의 분쟁을 세속 법정으로 끌고 가지 말라는 바울의 훈계는 단순히 종교와 정치 사이의 분리를 추구하는 것도 아니고, 외부의 시선을 의식해서 공동체 구성원들이 말썽을 일으키지 말고 얌전히 잘 지내라는 뜻도 아니다. 바울은 선택받은 하느님의 백성으로서 공동체는 하느님의 종말론적 심판을 받게 될, 멸망할 "세상" 권력에 맞서 있는 존재이며, 따라서 지배적인 제국 사회에 맞서 자신들의 문제를 자율적으로 처리해야 한다는 것이다. 그런데 이렇게 따로 뽑힌 성도들의 공동체 안에 형제들끼리 세상 법정에 소송을 하는 사람들이 있었고, 바울은 이에 대해 6:8에서 성도들의 공동체가 "불의한" 바깥사람들과 똑같이 불의를 행하고 있다고 비난한다. 이러한 바울의 비난은 지배질서와 거기 속한 사람들은 불의에 참여하고 있다는 묵시사상적 사고를 반영한다.

이렇게 볼 때 성도들의 공동체는 내부 문제들을 자치적으로 처리해야 한다는 바울의 주장은 실질적으로는 세속 법정을 거부하는 것을 의미한다. "법정은 하느님의 정죄를 받고 심판받게 될 세상에 속해 있다. 로마제국에서 법과 법정은 사회통제의 한 형태였고, 부유하고 권력을 가진 사람들의 이익을 위한 것이었다.[230] 로마는 물론이고 속주의 법정들은 신분이 높은 사람들을 우대했고, 신분이 낮은 사람들에게는 대체로 불리하게 작동했다."[231] 바울이 고린도 공동체에게 분쟁을 내부적으로 해결하라고 한 것은 바울에게만 독특한 것

---

230 Peter Garnsey, *Social Status and Legal Privilege in the Roman Empire* (Oxford: Clarendon, 1970).

231 리차드 호슬리, 앞의 책, 109면.

이 아니라 선례가 있었다. 호슬리는 디아스포라 유대인 공동체들이 보여준 그들 나름의 내부 갈등 해결방식을 언급한다. 대사제나 왕들(로마인들을 위한 가신 통치자들)의 법정 말고 피지배 백성들의 공동체가 스스로 법정을 구성했던 명백한 예들이 있다는 것이다. 그러나 바울에게 보다 중요한 선례는 아마도 쿰란 공동체와 팔레스타인의 예수 운동이었을 것이다.(1QS 5:25-6:1; CD 9:2-8; 마 18:15-17//눅 17:2-4; 비교. 눅 12:57-59//마 5:25-26)[232] 바울에 따르면 공동체는 아직 세상 안에 있지만 세상 안에서 대안적이고 자치적인 사회를 이루어야 한다.

그러나 바울은 단순한 사람이 아니고, 우리 모두가 처해 있는 상황과 마찬가지로 그가 처해 있던 상황 역시 단선적이지 않았다. 그가 말하는 공동체와 세상 사이의 종말론적 이분법은 세상을 떠난 내세적이고 피안적인 태도가 아니라, 성도들의 공동체가 아직 세상 안에 존재하며 하느님이 종말론적 완성을 이루시기 전까지 성도들의 세포조직을 끊임없이 확산시켜가야 한다는 것을 철두철미 인식한 데서 나오는 태도였다. 바울은 이렇게 말한다. "나는 내 편지에, 음행하는 자들과 상종하지 말라고 여러분에게 썼습니다. 그 말은, 이 세상의 음행하는 자들이나, 탐욕을 부리는 자들이나, 약탈하는 자들

---

232 리차드 호슬리, 앞의 책, 105면.

이나, 우상을 숭배하는 자들과는 아주 상종하지 말라는 뜻이 절대로 아닙니다. 그러려면, 여러분은 이 세상 밖으로 나가야 할 것입니다."(고전 5:9-10) 이것은 바울이 생각하는 세상과 공동체 사이의 종말론적 이분법이 현세와 내세 사이의 이분법이 아님을 명확히 보여준다.

종말론적 공동체는 '아직' 세상 안에 있다. 바울은 이 사실을 명확히 인식하고 있다. 그래서 바울은 때로는 모순적이고 자신의 기본 신념에서 벗어나는 듯한 발언을 하기도 한다.(롬 13장) 그러나 이것은 그가 처한 상황이 내장하고 있는 모순성에서 나온다. 한편으로 가능한 한 많은 사람을 운동에 끌어들이는 것이 선교의 기본 동기였기 때문에, 그가 세우는 공동체들은 외부인을 향해 열려 있어야 했고, 또 그들과 상호 교류를 해야 했다. 그러나 다른 한편으로 공동체들은 집단의 연대성과 규율을 지켜야 했을 뿐만 아니라, "세상"으로부터 독립해서 자신들의 문제를 자율적으로 해결해야 했다. 따라서 자신이 하고 있는 운동과 지배적인 제국 사회 사이의 관계에 대한 바울의 태도는 매우 역동적이며 때로는 전략적이다. 그러므로 바울을 향해 진보냐 보수냐, 여성억압적이냐 여성옹호적이냐라는 식으로 평면적인 질문을 던지는 것은 팽팽한 긴장과 대결 속에서 자신의 모든 것을 걸고 예수운동을 이어나갔던 바울의 고투를 제대로 보지 못하는 것이며, 역사적

인물에 접근하는 적절한 방식이 아니다.

바울은 지배적인 제국 사회의 문화에 맞서 자율적이고 자치적인 대안문화를 성도들의 공동체가 형성해나가기를 바랐다. 그렇다면 물어야 할 것은 이런 질문이다. 바울은 억압적이고 가부장적인 지배문화와 실제로 얼마나 철저하게 대결했는가? 바울이 자신의 비전을 구체적인 실천으로 옮겨가는 데 어느 정도까지 시대의 한계 안에 있었으며, 유대 문화의 한계 안에 있었는가? 그는 어느 부분에서 자기 원칙을 끝까지 관철시켰으며, 어느 부분에서 그렇지 못했는가? 결론부터 말하자면, 바울은 다른 문제들, 가령 갈라디아서 3:28[233]에 나오는 초대 교회의 세례고백문에서 말하는 세 가지 중에서 유대인과 이방인의 문제, 종과 자유인의 문제에 대해서는 상대적으로 급진적인 평등주의적 관점을 유지했지만, 여성문제와 관련해서는 그렇지 못했다. 아마도 가부장적 가족주의와 유대교적 전통(레 18:22; 20:13)의 영향으로 인해 동성애적 성행위에 대한 그의 입장은 매우 완고했던 것으로 보인다. 그가 그런 입장을 취했다고 해서 반드시 오늘날 우리가 그의 입장을 따를 필요는 없다.

---

233 "유대 사람이나 그리스 사람이나, 종이나 자유인이나, 남자나 여자나 차별이 없습니다. 그것은 여러분이 그리스도 예수 안에서 다 하나이기 때문입니다."(갈 3:28)

바울은 성도가 세속 법정에 다른 형제를 끌고 가는 행동을 비난한 다음, 6:9에서 "불의한 자는 하느님의 나라를 상속받지 못한다"(6:9)고 못박는다. 이 구절은 예수의 중심 주제였던 "하느님 나라"가 바울 서신에서 등장하는 소수의 예(롬 14:17; 고전 4:20; 6:9-10; 갈 5:21) 중 하나이며, 여기서 바울은 하느님 나라를 종말론적 목표로 제시하면서 고린도의 성도들이 세상 사람들과 마찬가지로 하느님 나라의 상속자가 되지 못할 수 있다고 위협하고 있다. 그리고 이러한 자신의 주장을 강화하기 위해 바울은 앞서 5:10-11에서 언급했던 악행의 목록을 다시 한번 반복한다. 그리고 이 목록에 *malakoi*와 *arsenokoitai*가 포함되며, 이것이 오늘날 신약성서에서 "남창 노릇을 하는 자", "동성연애를 하는 남자"로 번역되었다. 하느님 나라를 상속받지 못할 불의한 자들의 대열에 이른바 동성애자가 포함되게 된 것이다.

*arsenokoitai*와 *malakoi*가 정확히 무슨 뜻인지는 지금까지 합의된 견해가 없다. 이 말들이 "자위행위자"*arsenokoitai*와 "남창"*malakoi*을 가리킨다고 보는 학자도 있다.[234] 바울의 본문

---

234 L. William Countryman, *Dirt, Greed, and Sex: Sexual Ethics in the New Testament and Their Implications for Today* (Philadelphia: Fortress, 1988), 118-120.

은 다음과 같다.(고전 6:9-10)

불의한 자가 하느님의 나라를 상속받지 못하리라는 것을,
여러분은 알지 못합니까? 착각하지 마십시오. 음란한 자
나, 우상을 숭배하는 자나, 간음하는 자나, 남창노릇을 하는
자 *malakoi* 나 동성연애를 하는 남자 *arsenokoitai* 나,[235]
도둑질하는 자나, 탐욕을 부리는 자나, 술 취하는 자나, 남을
중상하는 자나, 남의 것을 약탈하는 자들은, 하느님의 나라를
상속받지 못할 것입니다.

바울은 앞서 고린도전서 5장에서 아버지의 아내와 함께
사는 남자와 그를 용인한 고린도 공동체를 책망하면서도 악
덕의 목록을 제시했다. 그 본문은 다음과 같다.(고전 5:10-11)

그 말은, 이 세상의 음행하는 자들이나, 탐욕을 부리는 자들이
나, 약탈하는 자들이나, 우상을 숭배하는 자들과는 아주 상종
하지 말라는 뜻이 절대로 아닙니다. 그러려면, 여러분은 이 세
상 밖으로 나가야 할 것입니다.
그러나 이제 내가 여러분에게 상종하지 말라고 쓴 것은, 만일

---

235   *malakoi*는 *malakos*의 복수형이고 *arsenokoitai*는 *arsenokoites*의 복수형이다.

형제라고 일컫는 사람이 음행하는 자이거나, 탐욕을 부리는 자이거나, 우상을 숭배하는 자이거나, 사람을 중상하는 자이거나, 술 취하는 자이거나, 약탈하는 자이거나 하면, 그런 사람과는 함께 먹지도 말라고 한 것입니다.

이 두 목록에서 열거한 악행들이 성적인 악행과 경제와 관련된 악행에 집중되어 있는 것은 아마도 5장과 6장에서 바울이 문제삼고 있는 행동이 아버지의 아내와 사는 남자와 (아마도 경제적 분쟁과 관련이 있는) 성도 간 소송이었다는 사실과 관련이 있을 것이다. 그리고 바울은 부도덕을 문제삼을 때 항상 우상숭배를 언급하는데, 여기서도 마찬가지다. 위의 두 목록을 비교해보면 6:9에서는 네 가지 악행, 즉 "간음하는 자", "남창노릇을 하는 자"malakoi, "동성연애를 하는 남자"arsenokoitai, "도둑질하는 자"가 덧붙여진 것을 알 수 있다. 전체적으로 보면 6:9-10에서 바울은 5:10-11의 악행 목록을 거의 그대로 따르면서 성적 악행의 목록을 확대하고 있다. 학자들은 이것이 이후 6:12-20과 7장에서 성윤리 문제를 논의하게 될 것을 예비하는 것이라고 설명한다. 문제는 6:9에서 언급하고 있는 malakoi("남창들")와 arsenokoitai(문자적으로는 "남성 성교"나 "동성연애를 하는 사람들"이라고 번역됨)가 무엇을 가리키느냐이다. 후자는 제2바울서신인 디모데전서 1:10에서도 나온다. 그런데 이 그리스어들이 무엇을 뜻하는지는 여전히 불확실하다.

　(1) 우선 *malakos*의 복수형인 *malakoi*는 형용사로 쓰였을 때 "부드러운", "연약한"이라는 의미를 지니며,[236] 사람에 대해 사용되었을 때는 일반적으로 나약한 자, 또는 여성적인 남자를 의미한다. 그러나 이 말이 반드시 동성 성행위를 하는 사람을 가리키지는 않으며, 남성성과 여성성을 엄격하게 규정하는 젠더 사회에서 이 전형에서 벗어나는 남자, 즉 남자답지 못한 남자, 여자 같은 남자를 가리킨다. 고린도전서 6:9는 신약성서에서 이 단어를 사람에 대해 사용한 유일한 경우이다. 흔히 그렇듯이 고대사회에서 여성성은 열등함, 윤리적인 의미에서 부정적인 상징으로 사용되었다. 그래서 여자 같은 남자인 *malakoi*는 흔히 절제나 자제심, 용기가 부족한 남자들, 의지가 박약하고 감정적인 남자를 뜻했다.[237]

236　신약성서에서 예수의 말씀으로 두 번 나온다. "부드러운 옷"(마 11:8; 눅 7:25) 70인역에서는 세 번 나온다. "부드러운 혀"(잠 25:15), "맛있는 음식"(잠 26:22), "부드럽게"(욥 41:3).

237　가령 1~2세기경 철학서들에서 *malakoi*는 힘든 일을 인내하지 못하는 남자, 철학적으로 엄한 학문 훈련을 인내하지 못하고 편한 생활을 선호하는 남자들을 가리켰다. 디오 카시우스, 플루타르코스, 요세푸스에 의하면 이 단어들은 비겁한 남자들을 뜻하며, 요세푸스는 사치를 좋아하고 싸움에 약하며 결정적인 때에 미련 없이 자결하지 못하는 근성 없는 남자들을 말라키아(여자 같다)라고 비난했다. 요세푸스, 『전기』 7, 338; 『고대사』 5, 246; 10, 194; 야마구찌 사토꼬, 앞의 책, 151면. Dale Martin, "*Arsenokoites* and *Malakos*: Meaning and Consequences", *Biblical Ethics and Homosexuality: Listening to Scripture*. ed. Robert L. Brawley

고대 문헌 전반에서 *malakos*는 타락하고 사치스러운 생활을 좋아하는 남자들, 술을 많이 마시고 성관계를 좋아하고 맛있는 요리를 먹기 위해 요리사를 고용하는 남자를 가리킨다. *malakoi*라는 말이 성적인 뜻으로 사용될 때는 성관계에 지나치게 흥미를 느끼는 남자를 가리키며 아내와의 성관계든 혼외 성관계든, 상대가 이성이든 동성이든 "성관계에 흥미가 많아 보이는 남자"를 일컬었다. 여자를 사랑하는 남자는 여자에게 매력적으로 보이기 위해 화장술이 좋고 또 그런 치장을 좋아하기 때문에 여성화된다는 것이다. 한편 *malakos*는 성행위에서 수동적 역할을 하는(삽입당하는) 남자만이 아니라 능동적 역할을 하는(삽입하는) 남자 둘 다에 대해 사용되었다. 즉 *malakos*는 동성 간 성행위, 이성 간 성행위 둘 다에 사용되었으며, 특히 성행위에 강한 욕망을 갖는 사람을 포함해서 자제심이 약하다고 여겨졌던 남자들 모두에게 널리 적용되었다.[238] 현대에는 여자와의 성행위에 강한 욕망을 갖는 것이 남자다움의 상징처럼 여겨지기도 하지만 고대에는 그런 행동이 오히려 남자다운 자율성을 잃은 연약한 모습으로 여겨졌

(Louisville: Westminster John Knox, 1996), 124-126.

238   Dale Martin, "*Arsenokoites and Malakos*: Meaning and Consequences", 124-126.

기 때문에 "남자답지 못한 남자"*malakos*라고 부른 것이다.[239]

*malakos*라는 말을 이런 식으로 사용한 데서 다시 한번 확인할 수 있는 것은 젠더 사회의 여성 열등시, 내지는 여성혐오 경향이다. 흔히 고대사회에서는 적극적이고 긍정적인 것은 남성성과 연결시키고, 소극적이고 부정적인 것은 여성성과 연결시켰다. *malakos*라는 말의 용법에는 이러한 고대사회의 젠더 고정관념이 나타난다. 원래 부드러움을 나타내는 *malakos*라는 말이 실제로는 소위 '여성적인' 나약함, 비겁함, 성적인 측면에서의 방탕함을 나타내는 말로 사용된 것이고, 고린도전서 6:9에서도 그러한 의미로 사용되었을 가능성이 높다. 이것은 오늘날과는 상당히 거리가 있는 젠더 고정관념이다.

지금까지 살펴본 바로는 *malakos*라는 말에 여성혐오적인 경향이 나타나기는 해도, 이 말이 동성애자나 동성 간 성행위자를 가리킨다고 볼 수는 없다. 이 말은 동성애와 아무 관련이 없으며, 따라서 이 말에 근거해서 동성애를 비난할 수도 없다.

(2) 고린도전서 6:9의 *arsenokoitai*는 이 단어가 사용된 매우 초기의 예에 해당하며, 현존하는 문헌들 가운데 바울 이전에 쓰인 경우가 없는데도 바울은 마치 사람들이 다 이해하리라고 전제하는 듯이 아무 설명 없이 이 말을 사용하고

---

239   야마구찌 사토꼬, 앞의 책, 152면.

있다. 바울 이후 저자들은 "동성연애"라는 의미로 매우 드물게 이 말을 사용했다. *arsenokoitai*는 *arsenokoites*의 복수형이며 *arsen*과 *koite*의 합성어이다. *arsen*은 남성 male (수컷), *koite*는 *keimai,* 즉 "옆으로 눕다"라는 말에서 왔으며 성행위에 대한 완곡어법이다.[240] 코이테의 접미어(*-es, -ai*)는 행위자(주체)를 가리키며, 접두어 *arsen*은 행위의 대상(객체)을 가리킨다. 따라서 한 가지 가능성은 *arsenokoites*가 남성 간 성행위에서 능동적 파트너를 가리킨다는 것이다. 즉 남성을 대상으로 성행위하는 자(남자)를 뜻한다. 바울 이후 이 두 단어의 합성어는 시빌의 신탁 20:70-77, 요한언행록 36에 나온다.

로빈 스크룩스 Robin Scroggs 는 구약성서의 그리스어 번역인 70인역 레위기 18:22와 20:13에 *arsenokoites*의 두 구성 요소인 *arsen*과 *koite*가 각각 나오기 때문에 구약성서를 인용할 때 늘 70인역을 사용했던 바울이 친숙한 이 두 단어를 합성했을 것이라고 본다.[241] 한편 마틴 Dale Martin 은 *arsenokoites*가 "아마도 성적인 방법, 즉 강간이나 경제적 강요에 의한 성관계, 매춘, 매춘중계, 또는 그런 종류의 성적인 방법에 의한 경

---

240 민 5:20; 레 15:18, 33; 롬 9:10; 13:13. 야마구찌 사토꼬, 앞의 책, 142면.

241 *meta* <u>*arsenos*</u> *ou* <u>*koimethese koiten*</u> *gynaikeian*(레 18:22) <u>*koimethe*</u> *meta* <u>*arsenos koiten*</u> *gynaikos*(레 20:13) R. Scroggs, *The New Testament and Homosexuality: Contextual Background for Contemporary Debate* (Philadelphia: Fortress, 1983), 67.

제적 착취"[242]를 말하는 것이라고 했다. 6:9-10의 악행 목록이 성적인 악행과 함께 경제적 측면의 악행에 집중하고 있다는 점도 이러한 주장에 힘을 더했다.

야마구찌 사토꼬는 마틴의 주장에 근거해서 *arsenokoitai*가 악행 목록에서 일반적으로 경제적 착취나 불의와 관련된 악행을 열거할 때 함께 나온다는 사실을 들어 *arsenokoites*는 섹스를 이용한 경제적 착취와 관련된 행위라고 주장하고 있다. 말하자면 동성 간 성행위를 나타내지만, 악행 목록에 나오는 이유는 사회경제적으로 우위에 있는 남자가 열세에 있는 남자, 대체로 연하의 소년이나 노예를 대상으로 하는 성행위이기 때문이라고 본다. 바울은 당시 널리 행해지고 있던 소년애를 자제심을 결여한 남자들이 노예와 가난한 소년을 성적으로 이용하는 경제적 착취이며 폭력적 행위라고 비난하고 있다는 것이다. 이어서 그녀는 고대 그리스 로마 사회에서 횡행했던 소년애를 성적 형태의 사회경제적 착취의 전형으로 보고 그 예들을 자세히 언급했다.[243] 즉 이 행위는 동성 간 성

---

242 Dale Martin, "*Arsenokoites* and *Malakos*: Meaning and Consequences", 121.

243 "플라톤의 『향연』에서 보듯이, 고대 그리스에서는 스승인 남성(*erastes*)과 제자인 소년(*pais*) 사이의 사랑을 이상적인 사랑으로 보았고, 이 관계에서 성적인 행위가 이루어지는 경우도 자주 있었다. … 원칙적으로 교육의 일환으로서 이러한 소년애의 대상이 되었던 소년은 귀족계급에 속했고, 따라서 장성한 후에는 자신의 자유의지에 따라 관계를 지속하거나 중단할 수 있었다. 그러나 실제로는 소년애 상대는

행위라는 특성과 사회경제적 착취 행위라는 특성 둘 다 내포하지만, 일반적으로 악행이라고 여겨졌던 이유는 동성 간 성행위라는 점 때문이 아니라 사회경제적 착취 행위라는 점 때문이고, 이 때문에 악행 목록에 오르게 되었으며, 바울 역시 마찬가지일 가능성이 높다는 것이다.

야마구찌 사토꼬처럼 마틴을 따르는 많은 학자들이 *arsenokoitai*가 지니는 동성 간 성행위라는 측면보다 계급적 착취라는 측면에 주목하고, 고린도전서 6:9에서 바울이 *arsenokoitai*를 불의한 행동으로 규정한 것 역시 바로 그러한 사회경제적 착취 행위이기 때문이라고 주장했다.[244] 그러나 이 행위는 *malakoi*와 달리 동성 간 성행위라는 측면 역시 지니기 때문에 바울의 입장을 그렇게 단정적으로 말할 수 없다. 동성 간 성행위라는 측면에 대해 바울이 어떠한 입장에 있었는지는 이 문제와 관련해서 가장 명확하게 언급하고 있는 로마서 1:26-27이 중요하다. 그러나 로마서를 살펴보기 전에 바울의 윤리적 태도에 영향을 끼쳤던 스토아 철학과 바울과 동시

거의가 노예 소년이었고, 따라서 자유로운 합의에 근거한 관계였다고 보기 힘들다. 심지어는 소년애 대상을 교육하는 학교가 있었고, 학생 대부분이 노예 소년이었다고 한다. 이때 매력적이고 아름다운 소년에 대해서는 '귀엽다' '맛있다'는 표현을 사용했다." 야마구찌 사토꼬, 앞의 책, 147면.

244 호슬리 역시 이와 비슷하게 종속적인 위치에 있는 사람에게 권력관계상 상위에 있는 사람이 성적 착취를 강요하는 데 대해 바울이 반대하고 있다고 본다. 리차드 호슬리, 앞의 책, 110면.

대 헬레니즘 유대교 저술가들의 견해를 살펴볼 필요가 있다.

이와 관련해서 여기서 중요하게 언급해야 할 것은 키케로나 세네카, 그리고 유대 저술가들인 요세푸스나 알렉산드리아의 필로 같은 사람들이 하나같이 이러한 행동을 비난했다는 사실이다. 따라서 지배계급 남성들의 하층계급 남성들에 대한 성적 착취로서 동성애적 행위가 흔히 있었고, 이에 대한 비판적 견해 역시 광범위하게 존재했다고 볼 수 있다. 키케로와 세네카는 대표적인 스토아 철학자들이었고, 유대 저술가 요세푸스와 필로는 스토아 철학의 영향을 깊이 받은 인물들이었다. 스토아 철학은 견유철학과 함께 당시 도덕과 윤리를 지배했을 뿐만 아니라 로마법의 바탕을 이루었다. 로마법은 시민 간의 동성애적 관계를 범죄로 규정했고, 동성애를 그리스의 질병이라고 하면서 욕망을 통제하지 못하는 것이라고 경멸했다.

한편 바울은 헬레니즘 유대교적 배경을 가진 사람이었고, 이 점에서 바울과 동시대 저명한 헬레니즘 유대교 저술가였던 필로의 언급은 중요하다. 알렉산드리아의 필로는 소년애만이 아니라 성인 남성 간의 합의된 동성애적 행위, 여성 간 동성애적 행위도 비난했다. 그런 행동은 소돔 남자들의 특징이라고 했다. 특히 그는 성서를 근거로 해서 그런 논리를 폈다. 그에 따르면 남성성은 수동적인 여성성과 대조되는 수

컷성을 의미했다. 그는 하느님이 여자를 창조하기는 했지만 남자와 동등하게 창조하지 않았으며, 따라서 다른 남성이 항문으로 삽입하는 것을 허용함으로써 여성의 역할을 자처하는 남자는 자신을 수치스럽게 하는 것이라고 여겼다. 필로는 이처럼 수동적인 역할을 택하거나 노예처럼 강제로 당하는 남자는 여자처럼 되어서 수컷성을 잃어버리고 결국 성적으로 불능이 된다고 했다.[245] 그는 이것을 "여성 질병" 곧 남성의 여성화라고 불렀다. 그리고 여성화한 남성뿐 아니라 남성화한 여성도 정상이 아니라고 보았다. 그는 성서에서 다른 성의 옷을 입는 것을 금하는 구절을 인용하면서, 그러한 성역할의 변화는 남성과 여성의 창조질서를 왜곡하는 것이라고 했다. 나아가서 그는 재생산의 목적을 위해서만 정액을 사용해야 하고, 동성 간 관계만이 아니라 자위와 모든 형태의 피임도 비난했으며, 생리나 임신 기간, 또는 완경 후의 성관계와 불임 여성과의 성관계도 사실상 금지했다.[246]

재생산을 위한 성행위만을 인정하는 그의 이러한 태도

---

245 *Philo*, vol. 7, *On the Decalogues, On the Special Laws* 1-3, Loeb Classical Library, tr. F. H. Colson (Cambridge: Mass., Havard University Press, 1937), *Spec*. 3. 37; 1.325; 2.50; *Philo*. vol. 6, *On Abraham, On Joseph, On Moses*, *Abr*. 136. 윌리엄 로더, 메건 드프란자, 웨슬리 힐, 스티븐 홈즈, 『동성애에 대한 두 가지 견해』, 양혜원 옮김, IVP, 2018, 44면.

246 *Spec*. 3, 32-33, 39; *Abr*. 135-136. 윌리엄 로더 외, 앞의 책, 44면.

는 스토아 철학의 자연법사상을 전제한다. 필로는 이러한 자연법을 구약성서의 창조질서와 연결했다. 그에 따르면 소돔 사람들은 자연의 질서를 전복했다. "여성에 대한 미친 정욕에서 이웃의 결혼을 망가뜨렸을 뿐만 아니라 능동적 파트너가 수동적 파트너와 공유하는 성 본성에 대한 존중 없이 남자가 남자 위에 올라탔다."[247] 하느님은 양성을 창조한 것이 아니라 남자 아담으로부터 여자를 만드셨고 그들이 남자와 여자로 연합하는 것을 인정하셨다. 필로는 하느님이 사람을 이성애자로, 그러니까 남자 아니면 여자로 만드셨지 동성애자로 만들지는 않으셨다고 생각했다. 요세푸스 역시 동성 간 성행위에 대한 혐오를 드러내며, 남녀관계를 창조질서라고 여겼다. 그는 남성 간 성관계가 군인들의 상호 결속을 돕는다는 견해에 대해 심각하게 비판했다.[248]

스토아 철학자들이나 스토아 철학의 영향을 깊이 받은 두 헬레니즘 유대교 저술가가 동성 간 성행위를 비난하는 이유는 명백했다. 이 경우 사회경제적 측면보다는 젠더상 규정된 남녀 관념에서 벗어난다는 것이 더 큰 이유였다. 진정한 남자는 결코 다른 사람이 자신에게 삽입하도록 허용해서는

247 *Abr.* 135. 윌리엄 로더 외, 앞의 책, 45면.

248 플라비우스 요세푸스, 『요세푸스 IV: 요세푸스 자서전과 아피온 반박문』, 김지찬 옮김, 생명의말씀사, 1984, 아피온 반박문 2, 273-275.

안 되며, 그것을 허용하는 것은 자신의 지위를 여성의 지위로 낮추는 것이라고 여겼다. 기준은 남성성이었고, 여성 성기는 남성 성기가 안으로 들어가 있는 것이라고 보았다. 따라서 여성 내지 여성성은 결함이 있다고 생각되었다. 앞서 *malakos*와 마찬가지로 나약하게 되는 것, 여성적으로 되는 것은 수치스러운 일이었다.[249]

앞서 레위기 규정을 다룰 때 언급했듯이, 유대 전통에서는 같은 계급 남성 사이의 성관계만이 아니라 노예와 주인 사이의 성관계도 금했다. 그들이 보기에 지위 계급을 막론하고 그러한 동성 간 성행위는 이방 사회가 타락했다는 징후였다. 그래서 이러한 성적 타락을 언급할 때 거의 항상 우상숭배가 함께 언급된다. 본문상 명확하게 드러나지는 않지만, 아마도 이러한 견해를 바울 역시 공유하지 않았을까 추측된다. 다시 말해, 당시 소년애를 비롯한 남성 간 성행위가 지니는 사회경제적 착취의 측면만이 아니라 동성 간 성행위라는 측면 역시 유대인 바울에게는 역겹게 느껴졌으리라고 조심스럽게 추측해볼 수 있다. 이렇게 본다면 동성 간 성행위의 사회경제적 측면만을 강조하는 견해들에 동의하기 어렵다. 바울에게는

---

249   Johannes N. Vorster, "The Making of Male Same-sex in the Greco-Roman World and Its Implications for the Interpretation of Biblical Discourse", *Scriptura* 93 (2006), 447.

두 가지 측면이 모두 부정적으로 여겨졌을 것이다.

그럼에도 고린도전서 6:9와 로마서 1:26-27에 나타나는 동성 간 성행위에 대한 바울의 비판은 스토아 철학자들이나 필로에게서 나타나는 것과 같은 장광설이 없으며, 혐오감역시 훨씬 약하다. 오늘의 기준이 아니라 당대의 기준으로 보면 그렇다는 것이다. 그리고 설사 남성 간 성행위, 동성 간 성행위에 대해 바울이 혐오 발언을 했다 하더라도 그 당시 바울이 접했던 행위는 오늘날의 동성애와는 다르다. 왜냐하면 동성 간 성행위는 언제 어디서나 흔히 있었지만, 거의 평생 지속되는 배타적이고 동등한 동성 간 성관계, 즉 성적 지향으로서의 동성애 개념은 현대 사회를 제외하고는 역사적으로 그선례가 거의 없기 때문이다. 간단히 말해 바울이 여기서 사용하고 있는 말은 현대의 동성애 관계에 해당하는 고대의 행위를 가리키는 말이 아니고, 따라서 고린도전서 6:9에 언급된 *arsenokoitai*는 오늘날 동성애를 반대하기 위한 증거 본문이될 수 없다.

바울 운동의 역동성과 한계

앞서 기술했던 바울의 종말론적 과업, 즉 하느님 나라의 마지막 완성과 관련한 그의 소명에 비추어 볼 때 동성 간 성행위에 대한 바울의 태도를 어떻게 평가해야 할까? 이 문제는 성과 결혼에 대한 바울의 논의 전반과 관련해서 생각해보아야 한다. 바울은 이 구절에 이어 7장에서 결혼과 성에 대해 논의하고 있다. 7장에서 바울은 결혼을 거부하거나 남편과의 성관계를 거부하는(7:1b) 일부 고린도 공동체 여성들에게 양보를 요구하고 있다. 바울은 약혼한 남자와의 결혼을 거부하는 처녀들에게 결혼을 하라고 하며, 결혼한 여자들에게는 남편과의 성관계를 거부하지 말라고 권한다. 이 여자들이 취했던 성적 금욕주의는 복음에 대한 그들 나름의 영적 체험과 신학적 견해에 근거해 있었다. 아마도 그녀들은 자신들은 성령의 능력을 받아 육체적이고 성적인 세속적 삶의 현실을 초월하여 "거룩하게" 구별되었고, 성령 안에서 새로운 삶을 위해 헌신하게 되었다고 생각했을 것이다.(7:34) 사회적인 측면에서 이러한 인식은 전통적인 가부장적 성관계와 결혼관계에 맞서 여성은 자신의 몸에 대해 권위를 갖는다는 주장으로 이어졌을 수 있다.(7:4) 그래서 그들은 젊은 여자는 이미 약혼을 했더라도 "처녀"로 남아 있어야 한다고 주장했을 것이다. 결혼하는 것은 좋지 않다는 것이다.(7:28, 36)

와이어A. Wire에 의하면 이러한 고린도 여성들의 영적 금욕주의는 전반적으로 여성들에게 해방적으로 받아들여졌다.[250] 당시 여성의 경우 기대수명이 대체로 34세였고, 여아 유기로 인해 여성의 수는 전반적으로 부족했다. 이러한 상황에서 여성들은 어린 나이에 대개는 훨씬 나이가 많은 남자와 결혼해야 했고, 과부가 되거나 이혼하면 빨리 재혼해야 했다. 자유민 여성 수가 부족했기 때문에 자유민 남성들은 종종 자신의 노예나 해방노예 여성과 결혼했다. 자유민 여성들 역시 모든 시민적·법적 영역에서 남편(또는 아버지)에게 의존했으며, 가부장적 가정을 제외하면 사회 내에서 설 자리가 없었다. 가부장적 결혼과 가정은 제국의 시민적 질서의 기초로서 문화적·정치적으로 강요되었다. 사회 관습은 여성을 가정에 묶어놓았고, 남성은 공적 생활에 관여했다. 그러므로 고린도 여성들에게 금욕주의는 자기부정과 고립으로 이끄는 것이 아니라, 남편에게 의존하고 그들의 권위에 예속되었던 무기력한 상황에서 벗어나는 것을 의미했으며, 사회적 삶에 참여하게 되는 것을 의미했다.[251] 갈라디아서 3:28에 인용된 세례고백문을 남자들과 함께 고백했던 고린도 여성들은 자신들이 그리스도 안에서 누리게 될 새로운 삶 속에는 더 이상 "남자와

250 Antoinette Wire, *The Corinthian Women Prophets: A Reconstruction Through Paul's Rhetoric* (Minneapolis: Augsburg Fortress, 1990), 63-64, 74-75.

251 Antoinette Wire, *The Corinthian Women Prophets: A Reconstruction Through Paul's Rhetoric*, 93, 97.

여자가" 없다고 생각했을 것이다.[252]

　그러나 그것은 당시의 사회적 관습과 기대에 어긋나는 행동이었고, 바울은 이에 대해 조심스럽게 여성들의 양보를 요구한다. 바울은 현재 진행 중인 종말론적 사건들에 의해 전통적인 결혼관계가 상대화되었다고 여겼지만(7:29-31), 결코 실제로 그로부터 벗어났다고 여기지는 않았던 것 같다. 그는 남성들이 성적 욕망으로 인해 부도덕에 빠질 위험이 있으므로, 그들에게 정당한 성관계를 제공하라고 여성들에게 권고했다. 사실상 남성들에게는 아무것도 요구하지 않으면서 여성들에게는 그들이 새롭게 얻은 자유와 능력을 희생시킬 것을 요구한 것이다.[253]

　바울은 어떠한 근거에서 이러한 태도를 취하게 된 것일까? 여기서 그의 윤리적 입장의 근거가 된 것은 갈라디아서 3:28이 아니라, 전통적인 유대교의 사회문화와 그 자신과 고린도인들이 처해 있다고 생각했던 구체적인 역사적 상황이었다. 바울 편에서 말하자면 이렇다. 한편으로 그는 종말론적 관점에서 지배적인 사회·정치·경제 체제("사라져가고 있는" "이

252　Elisabeth Schüssler Fiorenza, *In Memory of Her: a Feminist Theological Reconstruction of Christian Origins* (New York: Crossroad, 1983), 211.

253　Antoinette Wire, *The Corinthian Women Prophets: A Reconstruction Through Paul's Rhetoric*, 80-86.

세상의 형태")로부터 자유로웠지만, 다른 한편으로 지배적인 사회 안에 있는 사람들 가운데서, 그들과 교류하면서 활동했다. 동터오기 시작한 종말론적 심판에 근거해서 지배적인 문화와 가치체계를 상대화할 수 있으면서 동시에 그 세계 안에서 활동할 수밖에 없었다는 것이다. 이러한 역동적 상황의 파도를 따라 출렁이면서 그는 어느 한 극단에만 있지 않았다. 그는 종말론적 희망을 품고 있었지만 관념적 이상주의자가 아니었고, 그의 종말론적 희망은 철저히 현실에, 집단적이고 공동체적인 삶에 뿌리내리고 있었다. 그러므로 바울이 지배적인 정치 사회 질서가 곧 사라지리라고 기대한 것은 맞지만, 그렇다 해도 세계 내의 어떤 것은 앞으로도 지속되리라고 생각했고, 무엇이 지속될 것인가에 대한 그의 생각에는 바울이 유대인 남자였다는 사실이 중요한 영향을 끼쳤다고 볼 수 있다.

전반적으로 "세상"에 대한 바울의 태도는 보수적이 아니라 변혁적이었다. 그는 기존 질서에 혁명적으로 도전하지는 않았지만, 로마제국 사회, 즉 옛 질서 전체의 임박한 종말을 기대했다. "이 세상의 통치자들"은 "영광의 주를 십자가에 못 박음으로써"(2:8) 자신들의 운명을 최종적으로 확정했다. 바울은 그리스도의 십자가와 부활을 통해 하느님이 종말론적 사건들을 시작하셨다고 믿었고, "이 세상"의 주된 사회경제적 구분, 즉 노예와 자유인, 유대인과 이방인, 그리고 가부장적 결혼의 장벽이 무너졌다고 선포했다. 이것은 그들이 이 새로운 공동체에 합류할 때 했던 세례고백문을 통해 표현되었다.(갈 3:28) 그러나 그러한 이상을 실제로 살아내는 것, 즉 "이 세상"의 공식적·비공식적 권력관계 속에서 구체적으로 그 이상을 살아내는 것은 다양한 문제들을 수반했다. 위의 세 가지 원칙 중 유대인과 이방인의 문제, 즉 이방인에게는 할례가 필요 없다는 원칙을 바울은 가장 철저히 관철했다. 노예와 자유민의 문제와 관련해서는 구체적인 상황에 따라 여러 가지 가능성이 존재했지만, 노예는 자유인이 될 수 있는 기회를 이용해야 한다는 것이 바울의 명확한 입장이었다.[254]

오직 결혼과 성 문제와 관련해서만 바울은 보수적이었다. 이 문제와 관련해서 바울은 남자들이 자신의 욕망을 통제할 수 있을지 불안했기 때문에, 남자들이 결혼을 통해 얻은 권리, 즉 성관계를 요구할 때 계속해서 들어주라고 여성들에게 호소했다. 이렇게 함으로써 바울은 전통적인 가부장적 결혼관계를 영속시켰다. 바울은 아내 역시 남편의 몸에 대해 권위를 갖는다고 말하면서도 실질적으로는 그러한 가부장적 결혼관계를 옹호하고, 영적 금욕주의를 통해 고린도 여성들이

---

254 노예제에 대한 그의 입장은 7:23에서 명확하게 제시되었다. "여러분은 (하느님께서) 값을 치르고 사신 몸입니다. 여러분은 사람의 노예가 되지 마십시오." 빌레몬서에서도 유사한 견해를 확인할 수 있다.

얻을 수 있었던 한 줌의 자유를 빼앗는다.[255]

고린도전서 6:9의 악행 목록에 *malakoi*와 *arsenokoitai*를 포함시킨 데서는, 설사 이 말들의 의미가 지금까지 확정적이지 않다 해도, 당시 가부장적 전통사회의 여성성에 대한 부정적 이해를 바울이 공유하고 있었으며(*malakoi*), 유대인 남자로서 당시 이방 사회의 동성 간 성행위에 대한 부정적 태도 역시 공유하고 있었다는(*arsenokoitai*) 것을 확인할 수 있다. 이 점에서 바울 역시 그 시대의 아들이었으며, 시대적 한계를 지녔다고 말할 수 있고, 따라서 오늘날 바울의 입장을 그대로 따를 필요가 없다. 어떤 의미에서 우리는 바울보다 더 철저하게 바울의 복음을 실천할 수 있는 유리한 위치에 있다. 그러나 바울이 비난하고 있는 문제의 행동(*arsenokoitai*)이 오늘날의 동성애에 해당하는 고대의 행동이 아니었다는 점 역시 분명하다. 오늘날 우리가 동성애라 부르는 지속적이고 독점적인 동성 간 성적 관계라는 개념은 고대에는 존재하지 않았고, 개념이 존재하지 않았으니 동성애자 개념에 상응하는 실제 인간관계가 존재했다고 볼 수 없다.

---

255 리차드 호슬리, 앞의 책, 143면.

⑩

우상숭배, 자연법,
동성애

로마서 1:26-27

로마 공동체와 바울

일반적으로 로마서는 55~57년 사이에 바울이 고린도에서 쓴 것으로 추측한다. 로마 공동체는 바울이 설립한 공동체가 아니다. 1:13-14로 미루어보건대, 로마서의 수신인은 이방인이었던 것으로 보이며, 로마서를 쓸 당시 바울은 아직 로마 공동체를 방문한 적이 없었고, 공동체의 특정 구성원이나 지도자와 개인적으로 얽힌 문제도 없었던 것으로 보인다. 그래서 그런지 자신과 긴밀한 관계에 있었던 공동체들의 구체적인 문제들에 대해 언급하는 다른 서신들과 달리 로마서에서 바울은 로마 공동체의 구체적인 문제들에 대해 별로 언급하지 않는다. 또한 앞 장에서 다룬 고린도전서와 고린도후서,

갈라디아서 같은 편지들과 달리 로마서에서 바울의 어조는 절제되어 있으며, 감정이 잘 드러나지 않는다. 이처럼 로마서에는 바울의 선교 여정과 얽힌 실질적인 논쟁적 주제가 덜 나타나는 대신 이른바 바울 신학을 구성하는 핵심적인 언어들이 무더기로 나온다. "의", "하느님의 의", "은혜", "죄"의 보편성 등 바울의 인의론을 구성하는 기본 개념들이 로마서에 집중적으로 나타난다. 그래서 로마서는 바울이 직접 썼다고 인정받는 7개의 서신 중에서도 신학적으로 가장 중요하게 평가받아왔다.

이러한 이유 때문에 로마서를 선교자로서 바울의 구체적인 경험으로부터 분리해서 보편적이고 정언적인 신학 논설로 읽으려는 경향이 상당히 오랫동안 지속되었다. 로마서를 마치 바울 신학의 개요처럼 읽고, 나아가서 로마서에서 재구성해낸 바울의 복음을 기독교 신학의 교의적 요약처럼 취급했던 것이다. 이러한 경향은 특히 개신교에서 두드러졌다. 루터의 종교개혁에서 로마서가 결정적인 역할을 했고, 아우구스티누스로부터 루터, 캘빈을 거쳐 조직신학자이면서 로마서 주석을 쓴 현대 신학자 바르트에 이르기까지 서구 주류 개신교 신학의 계보에서 로마서는 독보적인 위치를 차지하고 있다. '오직 믿음', '오직 은혜' 등 루터 종교개혁의 핵심 구호들이 로마서에 기원을 두고 있고, 죄와 은혜, 율법과 복음의 관계 등 개신교 신학의 핵심적 주제들과 주요 교리들이 로마서를 근거로 정당화되었다. 문제는 이때 바울 자신의 구체적인 역사적·선교적 맥락이 무시되고, 그로 인해 로마서 본문의 다양한 주제들과 연루된 바울의 고민과 절박함, 상황적 긴박성이 해석에서 배제되었다는 점이다.

대표적인 예가 로마서 13:1-7이다. 이 본문은 교회와 국가, 종교와 정치는 분리되어야 하며, 실질적으로 교회는 지배권력에 복종해야 한다는 주장의 근거로 사용되어왔다. 그러나 실제로 당시 로마 공동체의 상황과 관련해서 보면 그렇게 주장하기 힘들다. 로마서 13:1-7에 나타나는 바울의 수사(修辭)에서는 긴박함과 두려움 같은 것이 느껴진다. 특정 상황으로부터 유래했을 모종의 긴박성이 바울로 하여금 그가 쓴 다른 편지들과도 모순되고, 그 자신의 신학과도 모순되는 내용을 쓰게 만들었을 가능성이 높다. 학자들은 일반적으로 로마서 집필의 배경으로 49년 클라우디우스 황제 때 로마에서 유대인들이 추방당했던 사건을 중요하게 언급한다. 로마의 유대인 공동체 안에서 그리스도 신앙을 가진 유대인들과 그렇지 않은 일반 유대인들 사이에 갈등이 일어났고 이로 인해 당국의 폭력적인 개입이 있었던 것 같다.(행 18:2)[256] 이 사건으

---

256 이러한 견해는 로마 역사가 수에토니우스의 언급에 근거를 두고 있다. 그는 로마 황제 클라우디우스가 "크레스투스"(*Chrestus*)로 인해 야기된 소동 때문에

로 인해 추방당한 유대인들 가운데는 그리스도인들도 포함되어 있었고, 이들이 이제 네로 황제에 의해 추방령이 해제되면서 다른 유대인들과 함께 로마로 귀환하게 된다. 귀환한 이들을 맞은 것은 그사이 다수가 이방인으로 교체된 그리스도인 공동체였고, 이방 그리스도인들은 바울의 가르침대로 구원에서 유대인의 특권을 인정하지 않았을 뿐만 아니라, 돌아온 로마의 유대 그리스도인들을 무시했던 것 같다. 그래서 바울은 다른 편지들에서와는 달리 로마서에서는 유독 자신의 동족인 유대인을 옹호하는 발언을 한다. 로마서 9~11장은 구원사에서 유대인의 특별한 위치에 대해 말한다.

다른 한편으로 로마제국에서 세금은 늘 문제였다. 크고 작은 소요, 농민들의 저항운동은 대부분 세금 거부와 관련이 있었다. 아마도 바울로 하여금 구체적으로 긴박감을 느끼게 만든 움직임이 있었을 것이고, 13:6-7의 바울의 언급으로 보아 필시 그것은 세금 거부와 관련되었을 가능성이 있다. 그러

유대인들을 로마에서 추방했다고 기술했다. 여기서 크레스투스는 "크리스토스"(Christos), 즉 그리스도를 가리키며, 따라서 학자들은 수에토니우스의 이 기록에 근거해서 로마의 유대인 공동체 안에서 예수를 그리스도로 받아들이는 유대인과 그렇지 않은 유대인들 사이에 갈등이 벌어졌고, 거기에는 폭력까지 연루되었을 것이라고 추측한다. 그래서 클라우디우스 황제는 49년 유대인들을 로마에서 추방했고, 이로 인해 이후 로마의 그리스도 공동체 안에서는 이방인이 압도적 다수를 점하게 되었다. 54년 네로가 등극하면서 추방령이 해제되고 유대 그리스도인들도 다른 유대인들과 함께 로마로 귀환했다. Suetonius, *Claudius*, 25, 4; 행 18:2.

한 움직임은 이제 막 로마로 돌아와서 다시 자리잡기 위해 안간힘을 쓰고 있던 유대 그리스도인들을 사지로 몰아넣을 가능성이 있었을 것이다. 바울의 마음을 온통 사로잡았던 염려는 그런 것이 아니었을까 추측해 볼 수 있다. 아마도 그래서 바울은 로마서 13:1-7에서 그렇게 '두려움'으로 가득 찬, 긴박감이 묻어나는 글을 썼을 것이다.

바울은 로마당국의 폭력과 무거운 세금의 압력 아래 짓눌린 사람들에게 "하느님께서 주시지 않은 권위는 하나도 없고 세상의 모든 권위는 다 하느님께서 세워주신 것"(13:1)이므로 "권위를 거역하면 하느님께서 세워주신 것을 거스르는 자가 되"며 심판을 받는다고 말한다.(13:2) 또 "통치자는 결국 여러분의 이익을 위해서 일하는 하느님의 심부름꾼"(13:4)이라고 한다. 이게 정말 진심으로 하는 말일까 의심스러운 발언들 끝에 바울은 결론적으로 이렇게 말한다. "여러분이 여러 가지 세금을 내는 것도 이 때문입니다. 통치자들은 그와 같은 직무들을 수행하도록 하느님의 임명을 받은 일꾼들입니다. 그러므로 여러분은 그들에게 해야 할 의무를 다하십시오. 국세를 바쳐야 할 사람에게는 국세를 바치고 관세를 바쳐야 할 사람에게는 관세를 바치고 두려워해야 할 사람은 두려워하고 존경해야 할 사람은 존경하십시오."(13:6-7) 한마디로 말해 세금을 내라는 것이다. 문맥상으로 보면 앞에 나오는 말들은 이 말을 하기 위한 수사修辭이지 정언적인 신학적 선언이 아니다. 모든 권위는 하느님이 세우신 것이고, 통치자는 우리 모두의 이익을 위한 하느님의 심부름꾼 운운하는 말들은 모두 이 말 한마디, "그러므로 세금을 내라"는 말을 하기 위한 수사학적 전제일 뿐이다. 즉 로마서 13:1-7에서 통치자의 권력에 관한 바울의 그 모든 문제적 수사는 "그러므로 세금을 내라"는 한 마디로 수렴된다.

바울은 이 본문에서 교회와 국가에 관한 보편적인 신학 담론을 펼치고 있는 게 아니라, 마치 자식을 염려하는 아버지처럼 말하고 있다. 그래서 실은 우리도 자식에게 그러듯이, 마음에 없는 위협을 가하기도 하고, 자기 원칙을 유보하기도 한다. 물론 여기에는 그리스도 공동체의 보전이라는 또 다른 큰 원칙 역시 작용했을 것이다. 세금 거부를 극구 만류하고자 했던 바울의 태도가 정치적으로 현명하고 올바른 선택이었는지는 다른 문제이며, 따져봐야 한다. 그러나 로마서 13:1-7은 바울이 직접 쓴 편지라고 인정되는 것들 가운데서 매우 특이하고 기이한 본문임에도 불구하고 사람들은 유독 이 본문을 문맥으로부터 분리해서 액면 그대로 통치 권력에 대한 바울의 신학적 선언으로 둔갑시켰고, 그것을 내세워서 불의한 통치 권력에 대한 그리스도인의 복종을 요구해왔다. 이것은 모두 바울 당시의 상황적 맥락에서 벗어나 보편타당한 교리로

10. 우상숭배, 자연법, 동성애

본문을 해석해온 결과이다.

로마서 13:1-7의 문제를 여기서 길게 언급한 것은 그것이 로마서를 바울의 정언적인 신학적 선언으로 이해할 때 생겨나는 오류를 아주 잘 보여주며, 다른 한편으로는 로마서와 관련된 구체적인 역사적 상황이 어떤 것인지 보여주기 때문이다. 로마서와 관련된 역사적 상황에 대해서는 크게 두 가지를 언급할 수 있다. 하나는 방금 언급한 로마 공동체 자체의 상황이고, 다른 하나는 바울 자신의 선교 여정과 관련된 상황이다. 앞서 언급했듯이 로마서는 49년 로마에서 추방당했다가 54년 귀환한 유대 그리스도인들과 이방 그리스도인들 사이의 갈등을 배경으로 하고 있다. 바울은 이러한 민족 간 갈등에 개입해야 한다고 느꼈고, 이 편지에서 화해의 메시지를 전하고 있다. 그래서 그는 하느님의 구원에서 유대인의 특권을 인정하지 않으면서도 구원사에서 유대인들의 특별한 위치에 대해 언급했을 것이다. 바울은 개인적으로 로마 공동체와 특별한 인연이 없었기 때문에 오히려 담담하게 그렇게 이야기할 수 있었을 것이다.

로마서의 상황과 관련해서 또 한 가지 언급할 것은 바울의 선교 여정과 관련된 상황이다. 로마서 15:25-26에서 바울은 "지금 나는 성도들을 돕는 일로 예루살렘에 갑니다. 마케도니아와 아가야 사람들이 기쁜 마음으로, 예루살렘에 사는 성도들 가운데 가난한 사람들에게 보낼 구제금을 마련하였기 때문입니다"라고 쓰고 있다. 바울은 예루살렘 교회에 헌금을 전하는 일을 앞두고 있으며, 무사히 그 일을 마치면 로마를 방문했다가 스페인으로 가겠다고 한다.("나는 이 일을 마치고, 그들에게 이 열매를 확실하게 전해준 뒤에, 여러분에게 들렀다가 스페인으로 가겠습니다." 15:28) 그러니 자신을 위해 기도해달라고 한다. 그는 이렇게 말한다. "여러분에게 부탁합니다. 나도 기도합니다만, 여러분도 나를 위하여 하느님께 열심히 기도해 주십시오. 내가 유대에 있는 믿지 않는 자들에게서 화를 입지 않도록, 그리고 또 예루살렘으로 가져가는 구제금이 그곳 성도들에게 기쁜 선물이 되도록 기도해 주십시오."(15:30-31)

바울은 그동안 예루살렘 교회를 위한 헌금을 모으기 위해 혼신의 노력을 기울여 왔고, 이제 그 모금 사업이 마무리되어 이방 교회의 이 선물을 가지고 예루살렘을 향해 떠나려고 한다. 로마서는 이 여행을 떠나기 직전에 쓴 것이다. 외견상 이 헌금은 48년 유대 사마리아 지역을 휩쓴 기근 이후 극심한 고통을 겪고 있던 예루살렘 신자들을 위한 구제금이었지만, 실은 이방 선교를 둘러싼 예루살렘 교회와 바울 교회들 사이의 갈등을 봉합하고 둘 사이의 화해를 위한 것이었다. 만일 예루살렘 교회의 기둥 같은 이들이 이 헌금을 받아들이지 않는다면, 그것은 그동안 이방 선교를 위해 해온 바울의 노력을 예루살렘 교회가 승인하지 않는다는 뜻이었다. 반면 예루살렘 교회가 이 헌금을 받아들인다면, 그것은 바울의 이방 선교 방식에 대한 승인이자, 동시에 유대인과 이방인의 하나됨에 대한 승인이기도 했다. 그래서 바울은 이 중요한 여행을 앞두고 이 여행이 소기의 성과를 거두도록 기도해달라고 부탁하고 있다. 그리고 믿음의 낙관으로 가득 찬 인간이었던 바울은 예루살렘 방문 이후 자신의 계획에 대해 말한다. 그는 당시 지중해 세계의 서쪽 끝이라고 여겨졌던 일루리곤, 즉 스페인으로 선교여행을 할 것이고, 그 길에 로마를 들를 것이라고 한다. 바울은 이 새로운 선교여행을 위해 기도해달라고 부탁한다. 아마도 이 기도 요청에는 영적인 도움만이 아니라 물질적 후원까지도 포함되었을 것이다.

로마서는 위에서 언급한 두 가지 상황과 긴밀하게 관련되어 있다. 로마 공동체에서 발생한 갈등의 한 축이었던 이방 그리스도인들을 향해 바울은 구원사에서 유대인의 위치에 대해 역설하고(9~11장), 유대인과 이방인의 하나됨이라는 주제를 중요하게 다루고 있다.(1:16; 3:21-26) 또한 곧 예루살렘을 향해 떠난다는 사실과 뒤이은 스페인 선교여행 계획 역시 로마서에서 바울의 생각을 지배하고 있다.(15:22-29) 바울은 로마 공동체가 자신의 이 계획을 지지하고 후원하기를 바라면서 로마서에서 이 이방 그리스도인들을 위해 자신의 복음의 핵심과 전체적인 윤곽을 제시하고 있다. 말하자면 로마 공동체의 도움을 구하기 위해 자신의 프로젝트, 즉 자신의 복음의 개요를 설명하고 있다는 것이다. 이렇게 본다면 로마서의 내용은 위에서 언급한 로마 공동체 및 바울 자신의 상황과 밀접하게 관련되어 있으며, 그 점에서 로마서 역시 그가 쓴 다른 서신들과 마찬가지로 일종의 목회서신이라고 볼 수 있다.

로마서 1장 26-27절 [257]

우상숭배와 죄의 보편성 — 로마서 1:18-25의 문맥

바울은 로마서에서 이방 그리스도인들을 향해 유대 그리스도인과의 화해를 설득하면서, 그리고 이방 그리스도인들에게 자신의 복음을 설명하면서 유대인과 이방인 모두에게 보편적으로 임하는 하느님의 은혜에 대해 말한다.(1:16; 3:21-26) 바울은 편지 서두에서 인사말과 함께 자신이 전하는 복음을 간략하게 요약한다.(1:1-7) 복음은 죽은 자들로부터 부활하심으로써 하느님의 아들임이 입증된 예수 그리스도에 관한

---

257 "그들의 여자들도 순리대로 쓸 것을 바꾸어 역리로 쓰며 그와 같이 남자들도 순리대로 여자 쓰기를 버리고 서로 향하여 음욕이 불 일듯 하여 남자가 남자와 더불어 부끄러운 일을 행하였다."(1:26-27)

것이며, 바울은 그의 종으로 부름받아 복음을 전하라는 위임을 받았고, 이제 로마의 그리스도인들 역시 부름을 받아 그리스도의 사람이 되었다는 것이다. 이어지는 1:8-15는 헬레니즘 시대 편지 형식상 "감사"doxology에 해당하는데, 앞서 언급했듯이 이 부분에서는 바울이 로마를 방문한 적이 없으며, 이 서신의 수신인이 이방인이라는 점이 드러난다.(1:14에서 바울은 "유대인에게나 이방인에게나"라고 쓰는 대신 "그리스 사람에게나, 미개한 사람에게나"라고 쓰고 있다.)

다음에 1:16에서 복음은 유대인에게나 이방인에게나 보편적으로 임하는 하느님의 구원의 능력이라는 로마서의 핵심 내용이 처음으로 언급된다. "이 복음은 유대 사람들을 비롯하여 그리스 사람에게 이르기까지, 모든 믿는 사람을 구원하는 하느님의 능력입니다."(1:16) 1:17에서 바울은 이 복음에 하느님의 의가 나타났다고 한다. 이때 "하느님의 의"를 어떻게 해석하느냐를 두고 전통적으로 학자들 사이에 논쟁이 있었다. "하느님의 의"에서 "의"를 주격 보어("하느님은 의로우시다")로 해석하느냐, 아니면 목적어("하느님이 의를 나타내셨다")로 해석하느냐는 것이다. 그러나 로마서 전체에서 하느님의 의에 대해 언급할 때 바울은 양 측면에서 말한다. 다시 말해 "하느님은 의로우시다"라는 신적인 측면과 "하느님께서 값없이 인간에게 의의 선물을 주신다"는 인간적 측면을 둘 다 이야기한다.

보다 중요한 것은 이 "의"가 어떤 의미를 지니느냐는 것이다. 2:10-11에서 바울은 "선한 일을 하는 모든 사람에게는, 먼저 유대 사람을 비롯하여 그리스 사람에게 이르기까지, 영광과 존귀와 평강이 있을 것입니다. 하느님께서는 사람을 차별함이 없이 대하시기 때문입니다"라고 말한다. 여기서 바울은 인종적 차이를 넘어선 보편적인 선과 하느님의 차별 없음, 즉 평등을 관련시키고 있다. 하느님은 인간을 겉모습으로, 다시 말해 부나 지위, 지식 같은 것으로 판단하지 않으신다. 이러한 바울의 언급에는 의로운 하느님에 대한 구약성서와 유대교의 이해가 나타난다. 전통적으로 구약성서에서 하느님의 의로우심은 과부와 고아, 나그네를 환대하고 정의롭게 행동하라는 명령의 근거가 되었다.(신 10:17-19; 대하 19:7; 시 82:1-4) 바울은 하느님의 의에 대한 유대교의 전통적 신념을 철저화하여 유대인/이방인 관계만이 아니라 모든 사람에게 예외 없이 적용했다. 하느님은 경제적·사회적 특권과 상관없이 모든 인간을 심판하고 구원하신다.

이러한 하느님의 보편적 구원과 심판에 관한 소식은 로마제국 사회의 하위 구성원들에게 특별한 의미를 지녔을 것이다. 로마제국이라는 가부장적 계급사회 내에서 특정한 위치를 차지하거나 권력을 획득하는 것과 하느님의 은혜의 선물을 받는 것은 아무 상관이 없다. 그래서 그리스도인의 공동체 안에는 노예와 여성뿐 아니라 온갖 계급과 직종, 국적의 사람들이 아무런 제한도 특권도 없이 받아들여졌을 것이다. 어떠한 사회계급에 속하거나 성이나 인종에 속하는 것과 그리스도인이 되는 것과는 아무 관계가 없다. 어떠한 공식적이고 법적인 범주들에 의해서도 그리스도인의 삶은 대체되지 않는다. 그러므로 바울은 로마제국의 국가적·제도적 틀을 넘어선 곳에 자신의 공동체가 정초하기를 원했고, 그것이야말로 공동체의 종말론적 토대로서 그리스도의 십자가가 바울에게 의미하는 바였을 것이다. 그리스도의 십자가에 나타난 하느님의 의란 바울에 의하면 하느님의 차별하시지 않음, 오늘의 언어로 말하자면, 보편적 평등의 의미를 지닌다고 할 수 있다. 그리고 이 점에서 여성과 성소수자 역시 예외일 수 없다. 적어도 바울의 복음의 내적 논리를 따르자면 그렇다. 바울이 자신의 복음을 실제로 얼마나 철저히 관철하고 실천했느냐는 문제와는 상관없이 이방인만이 아니라 노예와 여성과 성소수자 역시 복음에 나타난 하느님의 의의 선물을 받게 되었다.

그러나 복음은 믿음으로 그것을 받아들이는 사람 누구에게나 하느님의 구원이지만, 받아들이지 않는 사람에게는 하느님의 심판이다. 1:18-3:20에서 바울은 이방인과 유대인에게 각각 죄와 심판이 어떻게 임하는지 말하고 있다. 이방인은 하느님을 거부함으로써 죄를 짓는다면, 유대인은 그들이 자랑하는 율법으로 인해 죄를 짓는다. 유대인에게는 율법이라는 선물이 특별히 주어졌지만, 율법 역시 그들이 죄 아래있다는 사실을 드러낼 뿐이다. 율법은 죄에 대한 그들의 무력함을 드러낸다. 그러므로 하느님에게 반항한다는 점에서 유대인이나 이방인이나 모든 사람이 예외 없이 죄인이다. 하느님의 은혜가 보편적이라면 죄와 심판 역시 보편적이다.

1:18-3:20에서 바울은 이러한 죄의 보편성, 즉 이방인이나 유대인이나 모두 죄에서 벗어날 수 없다고 주장하며, 5:12-21에서는 마치 죄와 죽음이 인격적 실체를 가진 악마적 세력인 것처럼 신화적인 언어로 서술한다. 그만큼 바울은 죄의 현실성과 심각성을 강조하고 있다. 문맥상으로 보면 바울은 다음 단락에서 그리스도의 십자가를 통한 회복의 필요성을 강조하기 위해 이 단락에서 죄의 보편성을 주장하고 있다. 죄로 인해 하느님과 인간 사이의 관계가 파괴되었으므로 이방인과 유대인 모두에게 그리스도의 십자가를 통한 구원이 필요하다는 것이다. 구원의 필요성을 보다 강력하게 주장하기 위해 바울은 1:18-3:20에서 죄의 어둠을 더 짙게, 더 깊게 묘사할 필요가 있었다. 1:26-31에서 그는 하느님을 거역하는 죄의 목록을 열거하고 있으며, 그 가운데 성소수자와 관련해서 문제가 되는 1:26-27이 나온다. 이 목록에서는 1:26-27

10. 우상숭배, 자연법, 동성애

의 동성 간 성행위부터 온갖 불의와 악행, 탐욕, 악의, 그 외에 다양한 죄가 언급된다. 인간의 삶은 온갖 죄와 악에 물들어 있다.

그런데 바울은 이 모든 죄를 한 가지 죄로 수렴시키고 있다. 1:20-25에서 바울은 하느님의 창조에 거스르는 죄로 우상숭배를 언급하고 있다. "사람들은 스스로 지혜가 있다고 주장하지만, 실상은 어리석어서 썩지 않는 하느님의 영광을 썩을 사람이나 새나 네 발 달린 짐승이나 기어 다니는 짐승의 형상으로 바꾸어 놓았다."(1:22-23) 그래서 하느님께서는 "사람들이 마음의 욕정대로 하도록 더러움에 그대로 내버려 두시니, 서로의 몸을 욕되게 하였다."(1:24) 즉 피조 세계 안에 창조주 하느님을 인식할 만한 것이 있지만(1:20) 사람들은 하느님의 창조를 거슬러서 우상숭배를 했고, 그로 인해 온갖 죄에 물들게 되었다는 것이다. 이렇게 보면 1:26-31의 죄의 목록에 열거된 동성 간 성행위를 비롯한 다양한 죄는 우상숭배로 인한 결과이다. 즉 1:18-25에서 바울은 하느님을 부정하고 거짓 신을 섬기는 우상숭배의 죄와 그 결과 생겨난 죄들을 연결하고 있다.[258]

---

258 사실 이 부분에서 죄에 대한 바울의 논의는 당시 유대인들이 일반적으로 이방인들을 비난했던 방식과 유사하다. 유대인들은 흔히 배우자 외 다른 사람과 성관계를 갖고 원치 않는 자녀를 유기하는 이방인들의 관행을 비판했는데, 이때 이방인들의 우상숭배와 부도덕을 연결시켰다. 바울은 로마서 1:18-32에서 이처럼 유대인들이

따라서 1:25의 우상숭배에 대한 언급에서 1:26-27의 성적인 죄에 대한 언급으로 넘어갈 때 바울의 사고의 흐름은 이렇다. 창조주 하느님을 하느님으로 섬기지 못하고 우상숭배를 통해 왜곡한 결과 왜곡된 성적 끌림에 빠지는 죄를 범하게 되었다는 것이다. 그는 동성 간 성행위가 하느님이 남자와 여자로 인간을 만드신 방식, 즉 하느님의 창조의 방식에 위배된다고 보고 있다. 동성 간 성행위는 진리를 거짓으로 바꾸고 하느님을 하느님으로 예배하지 않은 결과라는 것이다.(1:25) 따라서 여기서 바울은 신약성서 전체를 통틀어 가장 단호하고 분명하게 반동성애적 발언을 하고 있다. 물론 당시는 동성 간 성행위와 현대적 의미에서 성적 지향으로서의 동성애를 구분하지 못했지만, 그러한 구분을 넘어서 여기서 바울은 동성 간 성행위만이 아니라 동성에게 강렬한 성애를 느끼는 것 자체를 문제삼고 있는 것으로 보인다. 그는 "동성 간 성행위와 동성애적 열정이 하느님이 남자와 여자로 사람을 만드신 방식, 동성이 아닌 이성에게 끌리도록 하신 방식에 위배된다고 주장"[259]하고 있는 것으로 보인다.

이방인을 일반화하는 방식을 따라 하고 있는 것으로 보인다.

259 윌리엄 로더 외, 앞의 책, 58면.

우상숭배와 동성애 ― 로마서 1:26-27

바울은 사람들이 하느님 대신 피조물을 숭배하고 섬기는 우상숭배의 죄를 지었기 때문에(1:25) 하느님은 사람들을 부끄러운 정욕 속에 내버려 두셨다고 한다.(1:26) 말하자면 우상숭배의 죄로 인해 생겨나는 결과로 첫 번째로 언급된 것이 정욕에 빠지는 것이고, 그 예로 먼저 여자들 사이의 동성애적 관계, 다음에 남자들 간의 동성애적 관계가 언급된다. "그들의 여자들도 순리대로 쓸 것을 바꾸어 역리로 쓰며 그와 같이 남자들도 순리대로 여자 쓰기를 버리고 서로 향하여 음욕이 불 일듯 하여 남자가 남자와 더불어 부끄러운 일을 행하였다."(1:26-27)

여기서 바울이 동성애적 관계를 부정적으로 언급하고 있는 것은 부인할 수 없는 사실이다. 다만, 위에서 언급한 로마서 전체의 맥락에서 이 구절의 논리가 어떻게 구성되어 있는지 다시 한번 세심하게 짚어볼 필요가 있다. 1:18-25의 주제는 근본적으로 하느님과 인간의 관계에 대한 것이지 동성애가 아니다. 앞 단락에서 그리스도의 복음을 통해 하느님의 의가 모든 사람에게 보편적으로 나타났다는 힘찬 선언을 한 다음(1:16-17), 이 단락은 인간의 죄에 대한 하느님의 진노가 나타났다는 말로 시작된다.(1:18) 하느님이 창조를 통해 피조세계 안에 자신을 알 만한 증거를 분명히 나타내셨음에도 불구하고 인간은 하느님을 섬기기를 거부했다.(1:19-21) 오히려 인간은 창조주 대신 피조물을 섬기고 창조주 하느님의 실재와 권세를 부정했다.(1:25) 이러한 인간의 반항 때문에 하느님은 인간이 자신의 욕망을 쫓아 살도록 내버려 두셨다.("하느님께서 내버려 두셨다", 1:24, 26, 28) 1:26-31의 죄의 목록에 나오는 구체적인 행위들은 인간이 저지른 우상숭배의 죄의 **결과**이다. 정확히 말하자면 여기서 바울은 동성 간 성행위를 비롯한 다양한 행위들을 죄로 규정하기보다는 하느님을 부정한 인간의 근원적인 죄, 우상숭배의 죄에서 유래한 일종의 증상으로 보고 있다. 그리고 이렇게 열거하고 있는 죄 된 증상 가운데서 동성애적 열망과 행위는 제일 먼저 언급되며 또한 가장 두드러진다.

그것은 이 단락에서 하느님을 무엇보다도 창조주 하느님으로 묘사하고, 문맥상 전체적으로 창조의 문제에 초점을 맞추고 있는 것과 관련이 있을 것이다. 말하자면 바울이 동성 간 성행위를 예로 든 것은 그가 보기에 동성 간 성행위는 남성과 여성의 창조, 그리고 지속되는 창조질서 속에서 남녀가 수행해야 할 역할에 반하기 때문이다. 특히 창세기의 남녀 창조 설화에서 볼 수 있는 것처럼 남성과 여성의 성적 관계는 하느님의 창조에서 근본적인 것이므로 바울은 그러한 남녀의 창조질서와 모순되는 성적 관계를 받아들일 수 없다고 생각한다.

아마도 여기서는 창세기 2장의 창조설화에 나타나는 창

조질서에 대한 관념과 레위기의 남성 동성 간 성행위를 금지하는 본문(18:22; 20:13), 헬레니즘 사회의 성윤리 등이 복합적으로 작용했을 것이다. 1:26은 신구약성서 안에서 여성들 사이의 동성 간 성행위에 대해 언급하는 유일한 본문이다. 이 구절에서 바울은 먼저 여자들 간의 성애를 순리에 따르지 않은, 자연의 이치에 따르지 않은 왜곡된 열정이자 왜곡된 행동으로 규정한다.("여자들도 순리대로 쓸 것을 바꾸어 역리로 쓰며") 욕망 자체는 하느님의 창조에 속하며, 문제가 없지만, 그 방향이 문제가 된다.[260] 동성을 향한 열정이 죄인 것은 그 방향이 잘못되었기 때문이고, 실제 실천으로 옮기는 것은 더더욱 죄가 된다. 동성에게 끌린다면 무언가 문제가 있는 것이고, 바울은 하느님과의 관계가 잘못되었기 때문에, 즉 우상숭배 때문에 그런 문제가 일어난다고 보았다.

여기서 유감스럽게도 바울은 동성애적 행위만이 아니라 욕망 자체를 용납할 수 없는 것으로 보고 있다. 이것은 1:27에서 더욱 분명하다. "그와 같이 남자들도 순리대로 여자 쓰기를 버리고 서로 향하여 음욕이 불 일듯 하여 남자가 남자와 더불어 부끄러운 일을 행하였다."(1:27) 바울이 보기에 동성을

---

260 바울은 성적 열정 자체를 나쁘게 보지는 않았다. 그는 성적 열정은 억제하기 힘들다고 보고, 못 이기는 사람은 결혼을 하라고 권하며(고전 7:9), 그렇게 하는 것을 죄라고 생각하지 말라고 한다.(고전 7:28)

향한 성적 열정과 행위는 왜곡된 마음의 상태에서 나오는 것이고, 원래 하느님이 남자와 여자로 인간을 창조한 의도에 따르지 않는 것이다. 1:27 맨 앞에 나오는 "그와 같이"라는 말은 이 남자들 역시 하느님의 창조의 본성에 어긋나게 동성에게 이끌리고 또한 그것을 행동으로 옮긴다는 점에서 앞서 언급한 여자들과 같다는 의미일 것이다. 당연히 이 논리에는 창세기 1장과 2장의 남녀창조에 대한 관념이 전제되어 있다. 동성애적 경향과 행위는 하느님의 창조를 왜곡하기 때문에 죄이고, 그것은 하느님에 반항하는 죄, 곧 우상숭배의 결과다. 이것이 이 부분에서 바울이 말하는 핵심이다.

바울이 여기서 죄라고 언급하는 것이 무엇인지에 대해서는 학자들 사이에 논란이 있다. 이 구절이 동성애 반대를 정당화하는 본문이 아니라고 주장하는 학자들 중에는 달리 해석하는 경우도 있다. 여기서 바울이 거부하는 것은 동성애적 행위이지 동성애적 성향은 아니라는 것이다. 그러나 이 본문에서 그러한 해석을 끌어내기는 어려울 것으로 보인다. 왜냐하면 1:27에 나오는 "서로 향하여 음욕이 불 일듯 하여" 같은 표현을 동성애적 욕망, 내지는 성향과 무관하다고 보기 어렵기 때문이다. 또한 바울은 레위기에서처럼 성행위에서 전통적으로 여성의 수동적인 역할을 남자가 하는 것을 수치스러운 행동으로 여겼을 수 있고, 여기서 바울이 동성애적 행위를 죄라고 여기는 것도 그 때문이라고 주장하는 학자도 있다.[261] 그러나 여기서 순리, 즉 자연을 따르지 않는다고 바울이 언급한 것은 남성(능동), 여성(수동)의 역할 구분을 흐렸기 때문이 아니라 "능동적 역할을 하건 수동적 역할을 하건 동성 간 성행위는 수치스러운 것이라고 보기 때문일 가능성이 높다. 다시 말해 동성을 향한 성적 욕망과 그것을 행동으로 드러내는 것은 하느님이 남자와 여자를 지으신 방식에 위배된다는 것이다."[262]

유대인 남자로서 바울은 하느님이 사람을 남자와 여자로 지으셨으며, 남녀 사이의 성애만이 하느님의 창조질서에 부합한다고 여기는 것으로 보인다. 문제는 여기서 바울이 죄로 규정하는 행위가 오늘날 말하는 성적 지향으로서의 동성애를 의미하느냐는 것이다. 1:27에 근거해서 보면 바울은 이성애가 창조질서라고 여기며, 그에 따라 이성애자의 동성애적 행위만이 아니라 이성애자가 동성에 대해 품는 성적 열정까지도 창조질서의 왜곡이라고 생각하는 것으로 보인다. 그렇다면 이때 이성애자가 동성에 대해 품는 성적 열정과 행위

261 James V. Brownson, *Bible, Gender, Sexuality: Reframing the Church's Debate on Same-Sex Relationships* (Grand Rapids: Eerdmans, 2013), 204-215.

262 윌리엄 로더 외, 앞의 책, 63면.

를 오늘날 현대인이 생각하는 성적 지향으로서의 동성애와 동일시할 수 있는가? 바울에게는 성적 지향으로서의 동성애에 대한 관념은 없었던 것으로 보인다. 가령 바울은 플라톤의 『향연』에서 아리스토파네스가 언급한 것처럼 자연적으로 동성애자가 존재한다고 생각하지 않았던 것으로 보인다. 바울은 어디서도 그러한 관점을 보여주지 않는다. 자연적인 성적 지향으로서의 동성애는 존재하지 않으며, 암묵적으로는 누구나 이성애자로 창조되었다고 생각했기 때문에, 바울은 눈앞에 보이는 동성애적 행위와 동성을 향한 성적 열망을 창조에서 벗어난 죄로 여겼을 것이다. 동성애적 행위와 열정은 사람들이 하느님을 거부했기 때문에 생겨났다는 것이다. 여기서 자연적인 성적 지향으로서의 동성애에 대한 관념은 전제되지 않았으며, 따라서 관념이 없었기 때문에 바울이 죄로 규정하는 행위는 현대적인 의미에서 성적 지향으로서의 동성애라고 할 수 없다.

그럼에도 앞서 고린도전서 6:9에 비해 로마서 1:26-27에 나타난 바울의 관점은 강경하다. 바울은 여기서 남성 간 성행위가 소년애라서, 또는 사회경제적으로 하위에 있는 사람을 성적으로 착취하는 것이라서 죄라고 보고 있는 것이 아니다. 그는 남성 간 동성애적 욕망과 그에 수반되는 행위를 분명하게 지칭하고 있다. 따라서 불평등한 관계가 아니라 평등한 성인 남성 간의 합의된 성행위라 할지라도 죄라고 비난하고 있다. 이것은 여성 동성 간 성행위의 경우도 마찬가지다. 이 점에서 로마서 1:26-27은 신구약성서를 통틀어 가장 강력한 반동성애적 본문이라고 할 수 있다.[263] 물론 여기서 바울이 현대적 의미에서 성적 지향으로서의 동성애를 생각한 것은 아니라 해도 말이다.

바울이 이렇게 생각했다는 것은 참으로 유감스럽다. 특히 성소수자 문제와 관련해서 성서의 중요성을 생각할 때 더욱 그렇다. 그러나 바울이 동성 간 성적 열망이나 성적 행위를 하느님의 창조 의도에 반하는 것으로 이해하고 있다는 사실을 정직하게 인정할 수밖에 없다. 그리고 다른 한편으로 동성애를 죄라고 비난하는 것이 이 단락의 주제가 아니라는 점 역시 말할 필요가 있다. 1:18-32에서 바울은 인간 죄의 본성과 그 기원에 대해 성찰하고 있다. 그에 따르면 죄는 하느님 대신 인간 자신이나 피조물을 섬기는 것, 오늘날로 말하자면 돈이나 권력 같은 것을 섬기는 것이다. 그 결과 각양각색 온갖 죄들이 나타나게 된다. 그리고 이 온갖 죄들을 묘사하는 데서 그 시대의 아들로서 바울 자신의 편견이 개입되었다.

263　물론 레위기 18:22; 20:13, 특히 후자에서는 사형에 처하라고 한다는 점에서 그 본문이 더 강력한 반동성애적 본문이라고 할 수도 있지만, 기독교 전통 안에서 신약성서가 지니는 의미를 고려할 때 로마서 1:26-27이 가장 문제적이라고 할 수 있다.

자연법과 동성애 : 왜 바울은 동성애를 창조의 왜곡이라고 여겼나?

그렇다면 왜 바울은 동성애를 창조의 왜곡이라고 여겼 나? 그가 이렇게 생각한 데에는 당시의 어떠한 관념이 영향을 끼쳤으며, 그는 동시대의 어떠한 관념들을 공유하고 있는가?

동성에 대한 성적 열망과 성적 행위는 하느님을 인정하 지 않는 데서 비롯한 죄라는 것이 1:26-27의 요지이다. 그 런데 바울은 이 주장을 하면서 창세기의 창조 이야기와 함께 "순리", "역리"라는 말을 사용하고 있다. "그들의 여자들도 순 리대로 쓸 것을 바꾸어 역리로 쓰며 그와 같이 남자들도 순 리대로 여자 쓰기를 버리고 서로 향하여 음욕이 불 일듯 하 여 남자가 남자와 더불어 부끄러운 일을 행하였다."(1:26-27) 여기서 "순리로 쓰다"_ten physiken xresin_, "역리로 쓰다"_ten para physin_라는[264] 말에는 스토아 철학의 자연법사상의 영향이 있 다. 바울은 동성 간 성적 열망과 성적 행위가 "자연적 사용"을 "자연에 반하는 사용"으로 "바꾼" 것이라고 주장하고 있다. 바 울은 한편으로 문맥상 창세기의 하느님의 창조와 관련해서 동성 간 성적 열망과 성적 행위를 창조에 반하는 죄라고 규정 했다면(1:19-20), 1:26-27에서는 스토아 철학의 자연법사상

---

264 우리말 개역개정에는 "순리"와 "역리"로 원래의 의미에 부합하게 번역했고, 표준새 번역에서는 "바른 관계와"와 "바르지 못한 관계"로 의역했으나 원래 본문의 의미와 일치하지 않는 것으로 보인다.

에 근거해서 동성 간 성행위는 자연의 법칙, 즉 본성에 위배된다고 주장하고 있다. 동성 간 성행위는 하느님의 본성에도, 자연의 본성에도 위배되는 행위라는 것이다. 바울이 동성 간 성행위를 죄로 규정하는 데는 구약성서, 유대교만이 아니라 헬레니즘 철학, 특히 스토아 철학의 자연법 개념이 영향을 끼쳤다고 볼 수 있다.

스토아 철학에 따르면 우주는 신적 로고스로 가득 차 있고, 이 신적 로고스가 세계를 지배하는 영원불변한 원리가 곧 자연법이다. 또한 자연법은 이성과 함께 모든 인간에게 주어지기 때문에 저절로 알 수 있다. 인간은 이성을 통해 옳고 그름을 분별하는 양심을 지니고 있으며, 이 양심을 통해 자연법을 인식할 수 있다. 말하자면 자연법은 신적 로고스의 법이며 세계를 지배하는 법이자 형이상학적 원리라고 할 수 있다. 그런데 스토아 철학자들은 실제로는 이 자연법을 현존하는 국가의 법, 관습과 일치시켰다. 온 우주가 자연법의 지배 아래 있는 한, 각 민족의 법과 관습 역시 자연법에 근원을 두고 있다. 설사 각 민족의 법과 관습이 다르다 해도 그 안에는 이성이라는 보편적 원리가 흐르고 있다는 것이다. 이렇게 보면 사실상 자연법 이념은 현실 세계의 지배적인 법과 관습을 단순한 규범의 차원을 넘어 보편적이고 신적인 법칙으로 승격시키는 기능을 한다. 그리고 지배적인 법과 관습을 신적 원리로 신격화하는 이 작업은 당시 지중해 세계의 패권국가였던 로마제국의 법과 관습을 실질적인 내용으로 삼았다.[265] 말하자면 스토아 철학의 자연법은 당시 지배적이었던 로마제국의 법과 관습을 옹호하는 이데올로기적 기능을 했다고 볼 수 있다.

로마서 2:14-15에서 바울은 "율법을 가지지 않은 이방 사람이, 사람의 본성을 *physei* 따라 율법이 명하는 바를 실천하면, 그들은 율법을 가지고 있지 않아도 자기가 자기에게 율법이 됩니다. 그런 사람은, 율법이 요구하는 일이 자기의 마음에 적혀 있음을 드러내 보입니다. 그들의 양심도 *syneidesews* 이 사실을 증언합니다. 그들의 생각들이 서로 고발하기도 변호하기도 합니다"라고 쓰고 있다. 여기서 바울은 이방인들이 자연법적으로 본성과 양심에 따라 행하는 일과 유대인이 율법에 따라 행하는 일이 본질적으로 동일함을 논증하고 있다. 또한 여기서 "본성", "양심"이라는 말은 바울이 스토아 철학의 자연법 개념을 잘 알고 있었다는 것을 말해준다. 아마도 바울은 당시 헬레니즘 유대교를 통해 이러한 자연법사상을 전해 받았을 것이다.

가령 바울과 동시대인이었던 저명한 유대 철학자 알렉

---

265   장양미, 「바울의 자유 개념에 대한 정치신학적 고찰: 갈라디아서와 고린도전서를 중심으로」, 박사학위, 이화여자대학교 대학원, 2020, 73면.

산드리아의 필로는 자연법사상에 입각해서 유대 법, 즉 율법을 찬양했다.[266] 그에 따르면 로고스는 하느님의 모상이자 창조의 도구이며 세계를 통솔하는 힘이다. 인간은 결코 신을 직접 알 수 없으며, 오로지 로고스만을 인식할 수 있다. 신의 피조물인 인간은 내적 성찰을 통해 로고스를 깨달을 수 있으며, 이러한 로고스의 법칙, 즉 자연에 새겨진 법칙에 따라 살아갈 수 있다.[267] 인간의 내면에 자연의 법이 새겨져 있다는 것이다. 필로는 창조를 자연법과 동일시하고, 창세기를 포함한 모세오경을 *nomos*, 곧 법이라고 불렀다.[268] 모세의 법은 자연법의 모사로서 그것을 문자화했다는 것이다. 우리는 로마서 1:26-27에서 바울이, 비록 필로처럼 창조의 원리와 자연법적 논리의 종합을 시도했다고 볼 수는 없어도, 별 거리낌 없이 이 둘을 나란히 등치시키고 있다고 말할 수 있다.

이러한 자연법사상이 성윤리와 관련해서 실제로 어떻게 구현되었을까? 제논에 따르면, 인간은 파토스*pathos*, 즉 격정

---

266 필로는 최상층은 초월적 일자의 세계이고, 중간층은 관념의 세계이며, 아래층은 감각의 세계로 보는 중기 플라톤주의 형이상학을 받아들였다. 그에 따르면 초월적 일자의 세계에 속한 신을 인간은 알 수 없고, 중간층에 로고스라는 용어를 사용했다. K. 셍크(2005), 『필론 입문』, 송혜경 옮김, 바오로딸, 2008, 131면.

267 위의 책, 136~149면.

268 S. 샌드멜(1979), 『유대의 종교철학자 알렉산드리아의 필로』, 박영희 옮김, 엠마오, 1989, 83면.

또는 정념에 휩싸이면 판단력이 흐려져 악에 빠지기 쉽다.[269] 따라서 진정한 자유에 이르려면 자기수양을 통해 정념의 완전한 제거, 초연, 즉 아파테이아 *apatheia*에 이르러야 한다. 이러한 스토아 철학에 따르면 쾌락을 위한 성관계는 정념에 빠지는 것이고 자연을 거스르는 것이다. 스토아 철학자들만이 아니라 유대 철학자 필로와 요세푸스[270]도 이렇게 생각했다. 그리고 이처럼 쾌락을 위한 성관계의 정점에 있는 것이 동성 간 성행위였다. 왜냐하면 동성 간 성행위는 재생산이 아니라 오로지 쾌락만을 위한 것이기 때문이었다.

또한 당시 사회의 젠더화된 규범 역시 자연법의 구현으로 이해되었다. 젠더화된 성윤리를 자연법으로 승격시킨 것

---

269 제논은 로고스가 설정한 제한을 넘어선 감정과 욕망들을 파토스라는 용어로 표현했는데, 이것은 라틴어 *passio*(로마인들은 *affectio*라는 단어도 사용했다.)를 거쳐 프랑스어로는 *passion*으로, 독일어로는 종종 *Leidenschaft*(영어로 *passion*에 해당)로 번역되었다. 제논에게 파토스는 그 의미가 분명했다. 그것은 적극적이고 자유롭게 결정을 내리는 것이 합리적 존재로서 인간의 본성임에도 불구하고 인간의 로고스가 지나치게 약화되어 올바로 서 있을 수 없는 상황에서 외부의 자극에 맞닥뜨렸을 때 빠져들게 되는 '수동적인'(passive) 고통의 상태를 의미했다. 그리고 비합리적 충동, 즉 격정 또는 정념(passions)이 위험해지는 것은 바로 이 지점에서다. 왜냐하면 인간의 자유를 위협하는 것은 외부적 사물 그 자체가 아니라 영혼 안에서 이러한 정념들이 발전하여 로고스의 힘을 벗어나 주도권을 갖는 것이기 때문이다. Max Pohlenz(1955), *Freedom in Greek Life and Thought: The history of an Ideal*, trans. by Carl Loftmark (Dordrecht: Reidel Publishing Company, 1966), 123.

270 플라비우스 요세푸스, 「아피온 반박문」, 『요세푸스 7: 자서전, 아피온 반박문 외』, 달산, 1991, 273-275..

이다. 가령 남자가 여자 같은 옷을 입거나 외모에 치중하는 것은 여성들에게 잘 보이기 위해 여성스럽게 하는 것으로 여겨졌고, 이것은 자연법에 어긋나는 것으로 이해되었다.[271] 또한 남성이 여성과의 연애감정에 사로잡히는 것 역시 이성에 의해 통제되지 않은 감정적인 것으로, 여성화되는 것으로 여겼다. 당시의 젠더화된 규범에 따르면 남성은 이성적이고 지배자의 위치에 있고, 여성은 감정적이며 종속적인 위치에 있었다. 성행위에서도 남성은 능동적 역할을 하고 여성은 수동적 역할을 하는 것이 자연스럽다고 여겨졌고, 이 경계를 넘을 경우 자연을 거스른*para physin* 역리라고 여겨졌다.[272] 이 규범을 따르는 것이 순리, 즉 자연법에 맞는 것이며, 여기서 벗어나는 것은 순리에 벗어난 역리, 즉 자연법을 거스르는 것이다. 바울의 경우 여기에 창조에 관한 구약성서와 유대교적 개념까지 합쳐져서 그러한 규범에서 벗어난 행위는 역리이자 하느님의 창조질서에 반하는 것으로 여겼다. 말하자면 바울에게 "자연", "자연스럽다"는 것은 일종의 신학적, 형이상학적 상태였다고 할 수 있다. 그는 하느님이 그렇게 창조하셨고,

---

271 Craig A. Williams, *Roman Homosexuality*, 2nd ed. (Oxford: Oxford University Press, 2010), 248-249.

272 Bernadette Brooten. *Love Between Women: Early Christian Responses to Female Homoeroticism* I (Chicago: The University of Chicago Press, 1996), 1-2.

그러니까 그것은 옳다고 말하고 있는 것이다.

결국 동성 간 성애에 대한 바울의 관념을 형성한 유대적, 헬레니즘적 사상 둘 다 철저하게 젠더화되어 있었고, 이에 따라 바울은 동성 간 성애를 창조질서에 반하는 것이자 자연에 역행하는 것으로 여겼다. 바울에게 "자연"은 1세기 로마의 관습 내지는 인습과 무관하지 않았으며, 동시에 그것은 창조질서이기도 했다. 이러한 시각은 동성 간 성애에 대한 그의 부정적인 생각과도 관련이 있다. 왜냐하면 동성 간 성애는 당시의 젠더 관념에 혼란을 가져오는 것이었기 때문이다. 동성 간 성애는 자연법을 거스르는 것, 곧 "자연적 사용"(순리)을 "반자연적 사용"(역리)으로 바꾸는 것이었다.(롬 1:26-27) 당시 헬레니즘 사회에서는 사회적으로 하위에 있는 나이 어린 소년이나 노예의 경우 남성 간 성행위에서 삽입당하는 여성의 수동적 역할을 하는 것을 허용했지만, 동등한 지위에 있는 남성 사이에서 삽입당하는 여성의 역할을 하는 남성은 자연법을 어기는 것으로 여겼다. 그러나 이러한 당시의 지배적인 관습에서 더 나아가서 바울은 남녀 지위고하를 막론하고 동성 간 성애 전반을 죄악시하고 있다. 이것은 바울이 창세기의 '창조질서' 개념과 레위기의 영향을 받아 신체적인 젠더 경계선을 더 강화했기 때문이다. 즉 남성 간이든 여성 간이든 지위가 높은 쪽이든 낮은 쪽이든 동성에 대해 불 일듯 열정을 갖는 것 자체가 자연을 거스른 것이며, 그것을 실행으로 옮기는 것은 말할 것도 없다.

바울보다 더 바울적으로!

바울은 로마서 1:26-27에서 창조질서와 자연법사상을 끌어들여 동성 간 성애를 반대하고 있다. 이때 그가 생각한 동성 간 성애가 오늘날 현대인들이 생각하는 동성애와 같다고 할 수는 없다. 다시 말해 성적 지향으로서의 동성애이자 동성 간에 지속적이고 충실한 성애적 사랑의 관계를 유지하는 오늘날의 동성애 관념과 같다고 할 수 없다. 당시에는 그런 관념이 없었기 때문이다. 그러나 오늘날과 같은 동성애 개념은 아니라 하더라도 바울은 여기서 단순히 동성 간 성행위만이 아니라 동성을 향해 마음에서부터 일어나는 성적 끌림까지 부정적으로 언급하고 있다. 앞서 언급했듯이, 바울이 그렇게 생각한 데에는 하느님의 창조질서에 대한 유대교적 관념과 스토아 철학의 자연법사상, 둘 다 큰 영향을 끼쳤다. 중요한 것은 그러한 신적 질서, 형이상학적 질서에 대한 관념은 당시의 지배적 법질서나 젠더 관념과 결코 떼려야 뗄 수 없이 결합되어 있었다는 점이다.

그러나 그 시대의 젠더 관념은 오늘날과 확실히 다르다. 가령 세속적 관심, 열성으로부터 초연할 것을 요구하는 스토아적 윤리에서는 성적 열정을 부정적으로 본다. 스토아적 성윤리에서는 이성을 향한 것이든 동성을 향한 것이든 감정에 휩싸여 이성적인 냉정함을 잃은 채 성적 격정에 빠지는 것은 '자연스럽지' 않다고 여겼기 때문이다. 자연법사상에 따르면, 이성애적 행위라 하더라도 격정에 휩싸인 성행위는 남자답지 못하고, 따라서 자연스럽지 못하다. 이러한 생각은 성행위에 대한 오늘날의 전인적 개념과는 거리가 멀다.

이처럼 오늘날 우리의 성관념과 바울과 그의 시대의 성관념은 다르다. 나아가서 오늘날 우리는 인간 성애의 성격과 구조에 대해 바울보다 더 정확하고 많은 지식을 가지고 있으며, 동성애에 대해서도 더 과학적이고 사실적인 지식을 가지고 있다. 이 문제에 대해 바울보다 더 정확하고 올바른 판단을 내릴 수 있는 행운을 우리는 타고났다. 오늘날 천동설이 아니라 지동설을 진리라고 여기듯이, 인간 성애의 성격과 구조에 대해 우리는 바울보다 더 진전된 지식을 가지고 있다. 그리고 바울과 달리 우리에게는 성소수자 친구들이 있다. 바울에게도 동성애자 친구가 있었다면 생각이 달라졌을까?

동성애자를 비롯한 성소수자는 하느님의 창조의 왜곡도, 타락의 결과도 아니다. 우리는 성소수자를 하느님의 창조질서 안에 속해 있는 존재로 이해할 수 있다. 이러한 인식론적 특권 덕분에 우리는 보편적 복음에 대한 바울의 선언을 바울 자신보다 더 철저하게 인식하고 관철시킬 수 있다. 로마서에서 바울은 하느님의 의가 유대인이나 이방인 모두에게 나타났다고 했고, 심판 역시 양자 모두에게 똑같이 임한다고 했다. 우리는 여기에 덧붙여서 동성애자나 이성애자 모두에게 하느님의 의와 심판이 임한다고 말할 수 있다. 또한 유대인이나 이방인이나, 남자나 여자나, 노예나 노예 주인이나, 그리고 동성애자나 이성애자나 다 하느님의 보편적인 은혜의 자장 안에 있다. 이렇게 해서 우리는 바울보다 더 철저하게 바울적이 될 수 있다. 바울 자신이 로마서 8장에서 감동적으로 설파했던 것, 즉 하느님의 최종적 승리를 염원하는 간절한 기다림 안에서 모든 인간은 나머지 피조물과 하나이며, 나아가서 모든 인간은 다른 인간을 있는 그대로 하느님의 선물로 대할 의무가 있다는 그의 장엄한 진리선언을 우리는 바울 자신보다 더 철저하게 실천할 수 있다. 그러므로 오늘날 로마서 1:26-27에 근거해서 성소수자를 거부하는 것이야말로 바울이 로마서에서 열렬히 주장한 하느님의 철저하고 보편적인 은혜에 대한 소식을 왜곡하는 것이며, 나아가서 로마서 전체를 왜곡하는 것이다.

초대교회의 급진적 포용주의자와 성소수자

예수는 당시 유대 사회의 법체계에 의해 더러운 죄인이라고 낙인찍혔던 사람들과 더불어 먹고 마셨고, 그들을 하느님 나라로 초대했다. 법에 의해 더러운 죄인으로 낙인찍힌 사람들을 하느님의 사랑에 의해 이웃으로 받아들였다. 예수의 하느님 나라 운동은 '죄인'을 이웃으로 바꾸는 기적을 일으켰다. 예수는 기존 사회의 법과 통념에 의해 죄인으로 낙인찍힌 사람들을 다시 한번 죄인으로 규정함으로써 도덕적 우월감에 편승하지 않았다. 오히려 그들을 죄인으로 규정하기를 거부함으로써 인간의 윤리의식이 지니는 상대성과 한계를 드러내고, 법과 윤리가 근거해야 할 근원적 토대로서 하느님의 급진적인 사랑을 제시했다. 오늘의 시점에서 말하자면, 아마도 그처럼 법과 통념에 의해 죄인으로 낙인찍힌 사람들 중 대표적인 사람들이 성소수자라고 할 수 있을 것이다. 그렇다면 오늘날 성소수자는 예수가 제시한 하느님의 급진적 사랑의 일차적인 대상이라고 할 수 있다.

예수가 촌락들을 중심으로 떠돌아다니며 하느님 나라의 복음을 전파했던 떠돌이 설교가요, 귀신축출자, 치병가였다면, 바울은 헬레니즘적 도시들을 중심으로 이제 막 태어난 공동체들을 그리스도의 소식에 기초해서 키우고 가꾸어야 할 책임을 지닌 사람이었다. 바울은 예수의 해방선언인 복음의 기본 정신을 계승하면서 달라진 상황 속에서 그 의미를 해석하고 실천하려 애썼다. 그래서 예수의 급진적인 해방의 소식은 바울의 선포 곳곳에서 살아 숨쉰다. 바울이 쓴 편지들 중에는 로마서 1:26-27처럼 동성 간 성행위에 대한 반감을 드러내는 본문이 있는가 하면, 근본적으로 그러한 시대적 편견을 무효화하고, 그럼으로써 여전히 시대의 한계 안에 있으면서도 그리스도인들이 편견과 혐오를 지양하고 새로운 포용을 향해 나가도록 하는 본문들이 있다. 이처럼 시대의 한계 안에 있으면서도 예수가 가르친 복음의 급진적 포용주의를 실천하기 위해 때로는 모순과 한계를 보이면서도 앞으로 나아가고자 고투했던 사람들 중에는 단연 바울이 선두에 있다.

갈라디아서 3:28은 그 점을 잘 보여준다. 바울은 이 구절에서 그리스도 안에서 유대인과 그리스인, 종과 자유인, 남자와 여자가 모두 하나임을 선포하고 있다. 이것은 인종과 계급, 성별을 넘어 그리스도 예수 안에서 모든 인간이 하나임을 역설하는 힘찬 해방의 선언이자 급진적 포용주의의 선언이라고 할 수 있다. 로마서 1:26-27에서 동성 간 성애에 대해 혐오를 드러냈던 바로 그 사람이 썼다고 하기에는 너무나 급진적인 포용의 선언이다. 그러나 이 구절에서 천명하는 대로 교회는 역사적으로 그 구성원의 범위를 계속해서 확대해왔다. 유대교 언저리에서 초기 기독교 공동체가 형성될 무렵 일차적인 포용의 대상은 이방인이었고, 바울은 그의 선교활동 전 기간에 걸쳐 이방인이 조건 없이 동등한 공동체 성원이 될 수 있도록 하기 위해 예루살렘 교회와 갈등을 일으키고 맞서는 일까지 마다하지 않았다. 이후 교회는 이방인만이 아니라 노예와 원주민, 여성에 이르기까지 지속적으로 교회의 동등한 구성원의 범위를 확대해왔다.

초기 기독교 운동에 대한 학자들의 연구에 의하면 당시 로마 사회에서 가정교회는[273] 온갖 계층의 다양한 사회적 신분을 가진 사람들이 한데 모일 수 있는 거의 유일한 사회단

---

273 오늘날의 가정과 달리 당시 가정은 혈연적인 가족뿐만 아니라 노예까지 포함했고, 따라서 계층적으로 다양했다. "가정"을 나타내는 family라는 말 역시 *famulus*, 즉 "가내노예"라는 말에서 유래했다.

체였다. 로마 헬레니즘 사회에서는 비슷한 사회적 신분을 가진 사람들끼리 모이는 것이 상례였고, 노예나 여성, 하층민들이 가입할 수 있는 공적 단체라고는 거의 없었다. 오직 교회 공동체만이 원칙적으로 모든 신분의 사람들에게 개방된 단체였다. 따라서 여기에는 많은 하층민, 특히 여성들이 참여했고 그들의 활동도 매우 적극적이었다.

갈라디아서 3:28은 초대 교회의 이러한 개방성과 급진적 포용주의를 극적으로 보여주는 구절이다. 학자들의 결론에 의하면 갈라디아서 3:26-28은 바울이 직접 쓴 것이 아니라 초대 교회의 세례고백문을 인용한 것이다. 당시 초대 교회에 입교했던 사람들은 세례 때 이와 같은 고백을 함으로써 새로운 삶의 결단을 나타냈다. 28절은 구체적 실천을 담보로 하는 고백문으로서 현실에서의 객관적인 변화, 지금까지의 사회적 역할들의 근본적인 변화를 이끌어낼 수 있는 폭발력을 지닌다. "그리스도 안에서 너희는 모두 하나다"라는 말은 예수운동의 인종적·사회적·성적 포용성과 그리스도 안에 있는 모든 사람의 하나됨을 선언한다. 여기서 사용된 그리스어 *heis*, 즉 "하나"는 포용과 통일성을 뜻한다. 갈라디아서 3:26-29를 주석하면서 마틴 J. L. Martyn은 이 본문이 "예전에 서로를 서로에게서 분리했던 구별이 사라지고 너희는 그리스도 안에서 이제부터 모두 하나"라는 포괄적인 포용을 선언하는 것이라고 했다.[274] 차별 없는 포용이 핵심이다. 인종적·성적·계급적 구분은 제거되지는 못하더라도 '누가 그리스도 안에 있는가'라는 문제와 관련해서 더 이상 힘을 발휘하지 못한다는 것이다.

이것은 단순히 관념적으로 그리스도 안에서 만인의 평등을 주장하는 것이 아니라 현실적으로 그리스도인의 삶의 변화, 즉 노예와 주인, 남성과 여성의 관계 변화를 요구하는 것이었다. 이렇게 고백한 초대 그리스도인들은 당연히 새로운 자세를 가지고 실제로 변화된 행동을 하게 되었을 것이다. 가부장적 계급사회 안에서 명백히 하위집단에 속했던 사람들이 기독교 공동체 안에서 형제요 자매라고 불리면서 함께 예배 드리고 함께 신앙고백하게 된 것이다. 이것이 사회 내에서 실질적인 차별철폐까지 요구하는 사회적 평등선언이라고 말할 수는 없겠지만, 교회는 이러한 급진적 포용주의를 통해 교회 안에서만이 아니라 사회 안에 전혀 다른 인간관계, 전적으로 새로운 사회의 비전이 누룩처럼 번져가게 했을 것이다. 일단 누구나 차별 없이 받아들이고, 한 공동체 안에서 이질적 사회집단이 함께 부대끼면서 제기되는 다양한 문제들을 해결함으로써 차츰 사회적 평등의 방향으로 나아가게 되었을 것

---

274   J. Louis Martyn, *Galatians*, The Anchor Bible 33A (New York: Doubleday, 1997), 379.

이다. 적어도 예수 그리스도의 삶과 죽음, 부활을 통해 가능해진 은혜와 용서, 자비에 모두 동등하게 다가갈 수 있었다는 점에서 우리는 예수 사후 초기 교회에서의 평등에 대해 말할 수 있다.

피오렌자를 비롯한 여성 신학자들이 말하듯이, 갈라디아서 3:28은 가부장적 계급사회 속에서 힘겹게 살아가던 많은 사람에게 새로운 삶의 가능성과 대안적인 사회의 비전을 제시해주었을 것이다.[275] 당시 노예들이나 여성들은 이런 자유와 해방의 선포를 공연한 빈말로 들은 것이 아니라 진실로, 현실적으로 자신들의 삶에 해방을 가져다주는 말로 이해했을 것이다. 그들은 결코 이 말을 피상적으로 이해하지 않았고, 노예제도가 보편화된 남녀차별 사회 속에서 이 말을 충격적으로, 있는 그대로 이해했을 것이다. 사실 예수의 삶과 초기 가정교회에서 실현된 평등한 제자직에 관한 기독교의 비전은 많은 노예와 여성들을 교회로 이끌었다. 그들은 이것을 막연한 공상이 아니라 구체적이고 실천적인 대안으로 받아들였기 때문에 교회공동체를 찾게 되었을 것이다. 이 점에서 초대 교회의 급진적 포용주의는 공동체 밖에서도 파장을 일으켰고, 이것이 기독교가 당시 지중해 연안에서 백가쟁명하고 있던

275 엘리자베스 S. 피오렌자, 『크리스찬 기원의 여성 신학적 재건』, 김애영 옮김, 태초, 1993, 255~416면 참조.

다양한 종교들 가운데서 민중의 마음을 얻고 성공을 거둘 수 있었던 주요 요인 중 하나였을 것이다.

이처럼 바울 공동체들의 기본 바탕을 이루었던 갈라디아서 3:28의 선언은 여성들, 노예들에게는 말할 수 없이 기쁜 해방의 선언이었지만, 부유한 노예소유자들이나 기득권 남성들에게는 오늘날 보수 개신교인들이 동성애자를 받아들이기 어렵듯이 용납하기 어려운 말이었을 것이다. 그들은 지금까지 열등한 존재로 여겨왔던 노예나 여성을 형제요, 자매로 인정해야 했다. 오늘날 성소수자를 있는 그대로 교회 안에 받아들이는 데 어려움을 겪고 있듯이, 그것은 결코 간단한 일이 아니었을 것이다. 이로 인해 공동체 안에 끊임없는 갈등과 분쟁이 일어나게 되었다. 바울 서신에 나타나는 공동체 내의 다양한 분쟁과 갈등은 이러한 상황을 반영하는 것일 수 있다. 또한 바울 이후 바울 계열의 저자들이 쓴 에베소서, 골로새서와 목회서신의 가정훈령에서는 다시 신분적·성적 위계질서를 강화하는 방향으로 퇴행하고 있는데, 그것 역시 갈라디아서 3:28이 내포하는 혁명적 변화가 교회 내에서 야기한 혼란에 대한 반응이라고 할 수 있다. 따라서 그러한 구절들은 갈라디아서 3:28의 세례고백문이 가져온 실질적인 파급력을 입증하는 역설적인 증거라고 할 수 있다.

초기 기독교 공동체 안에서는 누구나 인종과 계급, 성별에 따른 종교적·문화적·사회적 역할들에 의해 규정되지 않고 그들의 제자됨과 섬기는 능력에 따라 구별되었다. 그러므로 옛사람이 아니라 새사람이 되었다는 바울의 선포는 단순히 그리스도인의 심리적 태도의 변화를 나타내는 것이 아니라 그의 전 존재의 변화, 새로운 사회적 관계로의 변화를 나타낸다. 새로운 공동체로의 가입을 나타내는 상징적 행위인 세례는 바로 그러한 변화를 극적으로 드러내는 것이었다. 그리고 이제 이러한 새로운 사회적 관계로의 변화에는 성소수자들에 대한 관계 역시 포함되어야 한다. 초대 교회가 할례받지 않은 이방인들을 있는 그대로 공동체의 동등한 성원으로 받아들였듯이, 오늘 우리는 성소수자들에게 자신의 정체성을 바꾸기를 강요하지 않으면서 그들을 교회의 동등한 구성원으로 받아들여야 한다.

갈라디아서 3:28은 세례받은 개인에 대한 진술일 뿐만 아니라 공동체의 사회적 태도에 대한 자기규정이기도 하다. 이 구절은 기독교 공동체 내에서는 그 어떤 지배구조와 차별도 용납될 수 없다는 사실을 세 가지 범주로 반복해서 말하고 있다. 기독교 공동체 안에서는 인종, 계층, 성별의 구분과 무관하게 모두가 하나라고 말하고 있다. 그리고 이제 오늘의 상황에서는 여기에 한 가지 조항이 덧붙여져야 한다. 그리스도 예수 안에서는 "동성애자나 이성애자나 하나다." 갈라디아서

3:28이 당시 사회에서 혼란과 갈등을 초래했듯이, 이 새로운 조항 역시 오늘 우리에게 혼란과 갈등을 초래하고 있다. 그러나 초대 교회가 혼란과 갈등 속에서도 갈라디아서 3:28의 선언을 지키고 실천해왔듯이, 오늘 우리도 동성애자를 비롯한 성소수자를 그리스도의 몸의 온전한 지체로 받아들여야 한다. 왜냐하면 그것은 교회가 오랜 역사적 굴곡에도 불구하고 지켜온 복음의 본질에 속하기 때문이다.

어쩌면 성소수자는, 이방인 백부장 고넬리오의 선교에 앞서 미리 베드로의 환상 속에 나타난 하느님이, 질색하는 베드로를 향해 먹으라고 했던 온갖 더러운 벌레들 중 마지막 남은 벌레인지도 모른다.(행 10) 이때 거부하는 베드로를 향해 하늘로부터 음성이 들려 "하느님께서 깨끗하다고 하신 것을 더럽다고 하지 말라"(행 10:15)고 했다. 이후 고넬리오를 만난 베드로는 무릎을 꿇은 고넬리오에게 "일어나십시오. 나도 역시 사람입니다.(행 10:26)라고 말하고 "하느님께서는 나에게, 사람을 속되다거나 부정하다거나 하지 말라고 지시하셨습니다"(행 10:28) 하고 말했다. 제국의 군인이 냄새나는 한 식민지 백성 앞에 무릎을 꿇었고, 비로소 같은 사람으로 받아들여진 것이다. 고넬리오가 진정한 그리스도인이 되었음을 알아본 베드로는 "나는 참으로 하느님께서는 사람을 가리지 않는 분이심을 깨달았습니다"(행 10:34)라고 말한다. 유대인과 이방인,

아니 피억압 식민지 백성 중 한 사람과 제국의 군인이 가장 밑바닥에서 인간 대 인간으로 만났고, 하느님은 그런 만남을 이끄셨다. 로마제국에 의해 반란범으로 처형당한 사람을 주로 모시는 믿음을 제국의 군인이 받아들였고, 이 지점에서 베드로와 고넬리오는 동등하다. 믿음은 가장 취약하고 낮은 자리에서 둘이 만날 수 있게 했다. 식민지 백성과 제국의 군인이 만나 서로 상대방을 한 사람의 인간으로 대면하는 일이 가능해진 것이다. 하물며 대명천지에 성소수자를 한 사람의 인간으로 대면하는 것이 그렇게 어려운 일일까? 실은, 하느님이 깨끗하다고 하신 성소수자를 우리가 더럽다고 하는 것이 아닌가?

특정 성적 지향을 죄악시하는 것은 오랜 종교적·문화적 전통에 근거해 있다. 전통과 경험, 관습에 근거한 만큼 쉽게 바뀌지 않는다. 그러나 교회의 존립 근거인 그리스도의 복음의 본질에 근거해서 이제 기독교인들은 오랜 편견을 떨치고 살아 있는 인간, 상처받고 아파하는 이웃인 성소수자들을 있는 그대로 받아들여야 한다. 이를 위해 무엇보다 중요한 것은 소수이지만 우리 가운데 일부는 동성을 향한 성적 지향을 비롯해서 다양한 성적 지향과 성별정체성을 가지고 있다는 사실을 인정하는 일이다. 그러고 나면 이성애자들과 마찬가지로 그들도 자신의 성적 지향을 도덕적으로 책임 있게 표현할 수 있게 해주어야 하지 않겠는가. 그 길을 막는 것이야말로 성서와 율법을 앞세워 예수와 바울을 배격했던 사람들 편에 서는 것이다.

성서, 퀴어를 옹호하다

성서학자가 들려주는 기독교와 성소수자 이야기

초판 1쇄 발행 2020년 9월 14일
초판 2쇄 발행 2022년 1월 24일

지은이 박경미   펴낸이 오은지
편집 오은지 변우빈
북디자인 김은영   펴낸곳 도서출판 한티재

등록 2010년 4월 12일 제2010-000010호
주소 42087 대구시 수성구 달구벌대로 492길 15   전화 053-743-8368
팩스 053-743-8367   전자우편 hantibooks@gmail.com
블로그 www.hantibooks.com
한티재 온라인 책창고 hantijae-bookstore.com

ⓒ 박경미 2020
ISBN 979-11-90178-35-8 03300

이 도서의 국립중앙도서관 출판예정도서목록(CIP)은
서지정보유통지원시스템 홈페이지(http://seoji.nl.go.kr)와
국가자료공동목록시스템(http://www.nl.go.kr/kolisnet)에서
이용하실 수 있습니다. (CIP제어번호: CIP2020034897)